汉语借用动量词
及相关构式的
认知研究

过国娇 著

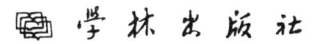

学林出版社

本书得到教育部人文社会科学研究青年基金项目"汉语借用动量词及相关构式的认知研究"的资助
（项目批准号为 19YJC740015）

序

　　有丰富的量词,一直被认为汉语语法特点之一,因而量词研究一直是汉语语法研究持续关注的热点问题之一。自其立类、定名以来,学界已从多个角度对专用量词尤其是个体量词进行了较为细致的探讨,而对借用量词的研究还显得相对薄弱,缺乏全面深入的认识,在研究内容和理论方法上都存在深入探讨的空间。近年来,随着认知语言学和构式语法理论的发展,为该领域的进一步研究提供了新思路和新方法。

　　国娇博士的新著《汉语借用动量词及相关构式的认知研究》正是在这样的基础和背景下进行的。本书运用认知构式语法的基本理论和方法,对借用动量词及其相关构式进行了较为系统全面的考察,并取得了凸出的进展。综合起来看,这些进展包括:第一,研究内容上,较为系统地考察了借用动量词的语言事实,挖掘借用动量词的语法特征和语义功能、认知动因及构式表现。第二,学术观点上,能运用现代语言学理论分析问题,提出一些新观点。如书中从认知语法的动态词类观出发,对借用动量词的性质和功能进行重新审视,认为动量词的借用过程实际就是名词、动词经历的非范畴化过程。再如在认知语法凸显观和构式语法整体观的视角下,对动词前"一+$M_{借}$"语义功能分化的阐释,对动词后借用动量短语"$MP_{借}$"宾语论元地位的重新思考,对两个带借用动量词镜像构式浮现义差异的解释,体现了认知和构式语法理论对汉语语法事实的解释力。做到描写与解释的有机结合。第三,在研究方法上,相比以往对量词简单例举的描写分析,书中基于大量的语料考察与统计,做到了定量与定性分析相结合,并注重语言事实的对比,如借用动量词与专用动量词的异同。这有助于全面深入认识借用动量词的使用特点和规律。

一直以来，国娇博士对汉语量词问题颇为关注。她的硕士和博士论文分别以专书量词和借用动量词作为考察对象。本书的研究正是她在博士论文基础上深化和提炼的成果。以她的博士论文和这本书相比较来看，这本书在研究的广度和深度上都有了拓展和提升，也有了新的发现，提出了新的观点，可以明显看出她在这七年中的成长和进步。

国娇博士的新著即将出版，可喜可贺。作为导师，我为她多年来的坚持和努力感到欣慰，同时也希望她能一如既往地不懈前行，做出更多更好的成果。真诚希望学界同仁对这部新著多提意见，多多指正。

2024 年 1 月 31 日

目 录

序 ··· 1

第一章 借用动量词的研究现状与理论背景 ····························· 1
第一节 国内外研究现状 ·· 1
第二节 本研究的学术和应用价值 ··· 11
第三节 研究对象和主要内容 ··· 12
第四节 理论基础及研究方法 ··· 13
第五节 语料及体例说明 ··· 20

第二章 名词、动词借用为动量词的语义条件及非范畴化表现 ······ 21
第一节 名词、动词借用为动量词的语义条件考察 ················· 21
第二节 名词、动词借用为动量词的非范畴化表现 ················· 36
第三节 借用动量词的性质和功能探讨 ·································· 51
第四节 本章小结 ··· 53

第三章 借用动量词的句法特征与语义功能 ····························· 54
第一节 借用动量词的句法分布特征 ····································· 54
第二节 借用动量词的语义功能分析 ····································· 80
第三节 借用动量词与专用动量词的句法语义差异 ················· 82
第四节 本章小结 ··· 86

第四章　借用动量词的认知基础及形成机制 ·············· 88
第一节　动量的认知及表述 ························· 88
第二节　认知转喻与借用动量词 ····················· 93
第三节　语素离析与借用动量词 ····················· 104
第四节　本章小结 ······························· 106

第五章　借用动量构式的宏观考察与认知识解 ············ 108
第一节　借用动量构式的存在理据及主要类型 ··········· 108
第二节　借用动量构式的分布特征及差异阐释 ··········· 111
第三节　借用动量构式的论元实现及其隐现规律 ········· 116
第四节　借用动量构式的认知识解 ···················· 120
第五节　本章小结 ······························· 125

第六章　借用动量构式的个案分析及其认知阐释 ··········· 127
第一节　"一 + $M_{借}$ + VP"的构式解析及其认知机制 ····· 127
第二节　"V + N + $MP_{借}$"的构式解析及其认知机制 ····· 138
第三节　"在 + L + VP + 一 + $M_{借}$"与"一 + $M_{借}$ + VP + 在 + L"的构式差异及其认知阐释 ······················· 148
第四节　本章小结 ······························· 164

第七章　结语 ···································· 165
第一节　本书的主要创获 ·························· 165
第二节　研究局限与待研问题 ······················ 166

参考文献 ······································· 168

后记 ·· 184

第一章　借用动量词的研究现状与理论背景

第一节　国内外研究现状

量词作为汉藏语系的典型特征之一,其相关问题一直是汉语语法学界关注的课题。从 20 世纪 50 年代量词的立类、定名开始,学者们在长达半个多世纪的研究过程中,对量词的探讨已经从早期的静态、孤立的分类描写(刘世儒 1965,赵元任 1979,吕叔湘 1982[1942],王力 1985[1943],高名凯 1986[1948]等)逐渐转向了动态的语义分析乃至多元分析(陆俭明 1987,马庆株 1990,邢福义 1993,邵敬敏 1993、1996,李宇明 2000 等)。从 20 世纪 90 年代开始,随着认知语言学在汉语语法学研究的兴起,汉语量词研究也开始"走向以解释为取向的认知研究"(宗守云 2008)。国内外学者对汉语个体量词的认知机制和范畴化进行了较为深入的探索(Tai & Wang 1990,Tai & Chao 1994,张敏 1998 等),并试图从文化和心理的角度探求量词的本质和规律。进入 21 世纪以后,量词研究取得了更多的突破和发展,尤其是基于认知论、语法化和类型学视角下的量词研究成果更为显著。如石毓智(2001)对个体量词维度比的分析,熊仲儒(2003)、宗守云(2010)等对个体和集合量词范畴化的探讨,范伟(2001)对个体量词语法特点的认知解释,揭示了汉语量词的一些认知规律。吴福祥等(2006)、姚振武(2008)对量词结构的历史探源,金福芬和陈国华(2002)、张谊生(2003)、安丰存(2009)、孟繁杰和李如龙(2010)等对个体量词语法化和语义泛化的考察,深化了人们对量词演变规律的认识。随着语言类型学研究的兴起,Aikhenvald(2000、2006)等对世界语言名词分类词的类型学考察,刘丹青(2002)对汉语方言量词类型差异的比较,李锦芳(2005)、徐丹和傅京起(2011)、张赪(2012)等从汉藏语系和人类语言出发对量词差异和共性进行审视,Gerner(2006、2009)对汉藏语系中汉语族、侗台语族、苗—瑶语族中工具动量词的阐释,Bisang(1999、2018)对汉语和东亚、东南亚语言中的动量词的长期关注,大大拓宽了量词的研究视野。总之,近年来,随着认知、语法化、类型学理论的兴起,汉语量词研究呈现出空前繁荣的景象,取得了较为丰硕的成果。

但综观当前汉语量词的研究成果不难看出,其内部呈现出明显的不平衡,具体表现在以下两方面：一是重名量词而轻动量词研究。邵敬敏（1996）认为"动量词在数量上没有名量词丰富，其组合情况和表义功能似乎也没有名量词复杂，因此，汉语量词的研究一直呈现出重名量轻动量的局面"。从我们 2023 年 11 月对知网的统计数据可以看出，在 5000 多篇的量词研究论文中专门涉及动量词的只有 300 多篇，而且一些专门关注动量词的论文大多是 20 世纪 90 年代后才出现的。可以说，无论从数量还是质量上看，动量词的研究都远远滞后于名量词研究。二是重专用动量词轻借用动量词研究。从目前动量词的研究成果看，在动量词的两个次类专用动量词和借用动量词中，大多研究都只涉及专用动量词，关于借用动量词的研究乏善可陈，大多对于借用动量词的探讨散见于对整个量词或动量词的研究中，许多论著和教材对其多是举例式地偶有提及。专门探讨借用动量词的研究论文非常少，只有少量的专题论文有所涉及。

综合起来，目前学界对借用动量词的研究内容可以概括为以下几个方面。

一、借用动量词的分类和性质探讨

汉语早期的语法文献既没给量词单独立类，也没有区分名量词和动量词。学者们把量词归入"单位词"（吕叔湘 1982[1942]）、"单位名词"（王力 1985[1943]）、"次数词"（高名凯 1986[1948]）等范畴，但已经对动量词内部的差异有所认识，并根据动量词的各种借用情况进行了简单的举例分析。其中学者们也相继提到了借用动量词的各个类别，如吕叔湘（1982[1942]）所说的"借用表现动作的工具的单位词（如看一眼）"，以及以动词为单位词（如笑一笑），王力（1985[1943]）提出的动词重叠（如坐一坐）、借用行为所藉的身体部位来替代单位名词（如瞅一眼）、借用行为所藉的东西来替代单位名词（如打一棍）、将双音的复合词拆开，即以其中的第二成分来替代单位名词（如睡一觉）。高名凯（1986[1948]）也提出了以身体和以器物为动作工具的次数词、对象次数词（如见一面）、短时次数词（如看一看）。不难看出，学界早期对借用动量词的类别并没有完全的共识，所使用的术语也不尽一致，但基本涵盖了本书所要研究的动量词的借用情况。

20 世纪 50 年代，《"暂拟汉语教学语法系统"简述》（1956）正式给量词以明确定名和分类，《简述》中明确提出："量词有两种：计算实体事物的是物量词，计算行为动作的是动量词。"并指出动量词不仅包括"次、趟、回、顿……"这些专用动量词，而且，表示时间段落和某些表示器具的名词常被借用表示动量（如玩了一天、砍了一刀等）。从此，量词成了汉语词类体系中的独立类别，作为次类的动量词的名称也因此确立下来，学者们开始关注其内部分类情况。如赵元任（1979）认为动量词表示动作的次数，并将其分为专用动量词、身体部位动量词和工具动量词，后两类即为借用动量词。黄伯荣、廖序东主编的《现代汉语》(1980)也基本沿用此框架,把动量词分为两类:专用动量词、借用动量词(又包括借用名词和借用动词两种)。朱德熙的《语法讲义》(2000[1982])则将动量词分成三类:专用动量词、借用名词、重复动词,后两类即为借用动量词。此后,张志公主编的《现代汉语》(1982)也将动量词分为专用动量词、借用动量词(包括借用时间表示动量的,如:一会儿、年、月等)。周一民的《北京口语语法(词法卷)》(1998)则将借用时间表示动量的一类单独立类为时间动量词。张斌主编的《现代汉语》(2002)更进一步将表示时间的词语设立为"时量词",使之与动量词、物量词并立。张美兰在《近代汉语语言研究》(2001)中将重复动词一类的动量词命名为同形动量词,使之与专用动量词和借用动量词并立。何杰(2001)从借源上对借用动量词分类作了较为全面的概括,她把借用动量词分为四种情况:(1)借用名词,又包括借用动作行为所凭借的工具器械(如砍一刀)、人体器官(如踢一脚)、所伴随的结果的名词(如跑一圈)以及表示时间的名词(如干了一天)四小类;(2)借用动词(如吓了一跳);(3)借用离合词的后一个语素(如睡一觉);(4)借用动词的重叠(如吃一吃)。以上学者不断丰富对借用动量词的分类研究,但分类视角基本是从借源上进行的静态分类。

邵敬敏(1996)打破传统语法对动量词的静态分类方法,通过分析动词与动量词的选择关系,结合动词与动量词的语义特征,从动态的角度把动量词分为四类:通用量词、自主量词、借助量词、情态量词。同时又把借助量词分为三个层面:器官量词、工具量词、伴随量词。这篇文章在学界产生了很大的影响,以后很多学者研究动量词,都在不同方面采用了这一分类方法。邵敬敏在《现代汉语通论》(2001)中则又进一步完善了借用动量词的分类,将其分为五类:器官量词、工具量词、伴随量词、同形量词和时间量词。

近年来,学者们在动量词分类方法上又有所创新,打破了以往多从动量词的来源、语义特征等标准对其进行分类的方法。如刘辉(2007)根据事件量词(即动量词)范畴化特征和隐含的关系将其分为"次"类量词和"下"类量词。他认为"次"类动量词范畴化的是一个完整事件(event),而"下"类量词则是对完整事件中的子事件(subevent)进行范畴化,二者之间构成的是"整体-部分"的关系。在这个分类框架下,器官量词和工具量词等借用量词全部被划入"下"类量词,并认为这些量词大都是"以单动作动词派生的活动事件类别为个体化对象的"。张宁(Niina Zhang 2015、2017)主张将动量词分为事件外部动量词和事件内部动量词,前者是将VP表示的事件作为一个整体进行计数,后者则用于计数事件的"子事件",并认为二者在句法分布上形成对立。器官量词和工具量词等借用量词则被他归入事件内部动量词,这与刘辉(2007)的分类方法非常相似。另外,国外有一些学者,如Paris

(2013)根据动量词与数词的选择搭配情况,提出汉语中应区分强势动量词(strong VCL)和弱势动量词(weak VCL)两类。前者可以与任何数词共现,而后者只能与数词"一"共现。Gerner(2009、2014)认为汉藏语系中汉语族、侗台语族、苗—瑶语族语言中工具动量词的作用是从组合角度对动词进行分类,这一手段不同于北美一些印第安语言中通过被合并的核心论元对动词进行的分类。不难看出,近年来学界对动量词的分类或着眼于其内部的语义功能关系,或是根据句法组合特征进行的分类。这些分类方法多是立足于类型学视角进行的考察分析,因此更有可能得到跨语言的验证。

关于借用动量词的分类,学界尚存争议的主要有两个问题:一是关于同形动量词与动词重叠的区分问题;二是时量词是否单独立类的问题。

自吕叔湘《中国文法要略》把动量词分为专用动量词、借用动量词和同形动量词之后,语法学界就一直存在着关于"V(了)一 V"格式到底应归属动词带数量补语还是归属动词重叠的争论。范方莲(1964)、朱德熙(2000 [1982])、张美兰(1996)、邵敬敏(1996)、何杰(2001)等都将"V(了)一V"结构中后一个 V 看作同形动量词,而王还(1963)、李人鉴(1964)、张静(1979)、邢福义(2000)等认为该结构属于动词重叠,其中的后 V 是动词的重叠形式。我们比较认同李宇明(2000)的观点,认为应综合历时发展和共时特征来看待这个问题。从历时渊源上看,动词重叠"V一V"式的产生确实与动词带数量补语现象尤其是同源动量词"V一V′"式有直接关系(张赪 2000)。但发展至今,现代汉语里表示少量、短时量的"V一V"式已基本接近构式化,如看一看、催一催等,整个构式表达的是一种虚量,其中的后 V 也不再表示具体动作的频次量,不宜再看作同形动量词。这与现代汉语中表达具体实量的"V一V′"格式并不相同,如"跳了一跳,挥了一挥"等,该"V一V′"式中的"V′"表达的是具体频次量,其中的数词"一"还可以被其他数词替换,如"跳了两跳,挥了几挥"等。本书只以表达实量的同形动量格式"V一V′"为研究对象,表达虚量的"V一V"排除在我们的研究范围之外。

对于时间量词的归属问题,有些学者将其看作借用动量词的范畴,如《"暂拟汉语教学语法系统"简述》(1956)、张志公主编的《现代汉语》(1982)、何杰(2001)、邵敬敏(2001)等,也有学者认为表述时间的词语具有比较特殊的句法语义特征,主张单独设立"时间量词",与名量词、动量词并行立类,如张斌主编的《现代汉语》(2002)。我们同意后者的看法,认为时间量词宜单独立类研究为好,不将其归入借用动量词的范畴,因此时间量词也不在本书的研究范围之内。

通过以上分析可以看出,自 20 世纪 50 年代动量词定名以后,学者们对于其内部分类日益细化,对于借用动量词的借用情况也逐步厘清,语法学界多从来源上把借用动量词分成借用名词和借用动词两类,然后再细分次类。而从语义类别上一般把借用动量词划分为五类:器官量词(看一眼);工具量词(击一棍);伴随量词(叫一声);同形量词(敲一敲);时间量词(写一分钟)。目前各家虽然在个别借用动量词的次类划分和归属上还存在一定分歧,如对同形动量词和时间量词的归属问题。我们认为,对借用动量词的小类划分和分歧问题实际上反映了不同语法学者观察和考虑问题的视角,其中并没有绝对的对错,只有相对的优劣。

对于借用动量词的词类性质问题,以往学界多是从词类划分的角度来权衡将其划分为名词或量词的得失利弊,如谭景春(2001)从方便词典编撰和标注的角度,根据临时量词的三个特点(可类推性;数量多、开放性;词义无明显变化),建议把借用动量词处理为名词的一种用法。李湘(2011)认为借用动量词不同于一般的专用动量词,它只是一种复现同指事件的表达策略,并没有实现量词的功能和身份,因此不应归为动量词一类,还属名词。而对于动词借用为动量词(主要是同形动量词)学界主要分歧在于将其看作动词重叠还是动词带数量补语,上文已经论及,在此不再赘述。而现有的现代汉语教材和语法著作对这个问题的处理则比较暧昧,往往只是把借用动量词分为借自名词和借自动词的两类,很少从性质和功能上探讨借用动量词的量词身份。宗守云(2012)认为在量词的类别系统中,借用量词是个敏感问题,究竟应不应该把借用量词纳入量词系统,是个值得思考的问题,这不仅仅是一个词类划分策略的问题,更加关系到如何认识借用动量词真正的实现机制和语言价值。我们认为目前学界对借用动量词词类归属问题的研究多采取静态的观察,缺乏动态的思考和认识,需要我们在认知语法词类观的指导下对之重新加以审视。

二、动量词借用的语义限制条件分析

近年来,动量词借用的语义条件是借用动量词相关研究中的一个核心问题。刘街生和蔡闻哲(2004)、周娟(2011)、李湘(2011)等相继探讨了名词借用为动量词的语义限制条件。

刘街生和蔡闻哲(2004)认为:只有在特定范围中受事性弱与V的相互选择性联系强且表示基本层次范畴充当工具成分的名词和极少一部分表示伴随成分的名词,才能进入表达动量的"V+数+N"格式而借用为动量词。

周娟(2011)从组合和聚合两个角度对器官名词借用为动量词的语义条件进行了探讨。她认为器官名词要成功实现借用,首先在聚合层面要具有可视性、位移性、工具性、基本层次范畴性和口语性等语义特征;其次,在与动词组合的层面,要求器官名词所指器官对象移动一个单位动程所需时量与动词所表单位动作所经历的时量要完全相等,且都具有瞬时性。

李湘(2011)则结合事件的及物性特征,着重分析了工具名词表达动量的语义条件。他认为特定事件中的工具格成分要想借用为动量词,必须在一系列及物性参项上都表现出显著的正向特征,具体体现为参与角色的个体性、施动行为的现场性、施事的强意愿性以及受事的强受影响性等。

目前研究者虽然对名词性成分借用为动量词的语义条件进行了探讨分析,尤其是对器官名词和工具名词借用的语义限制条件有了一定认识。学者们已经意识到这些借用条件不仅涉及被借用名词自身的语义特征,还受到与之搭配的动词语义限制,甚者事件语义层面的因素也会制约名词借用为动量词的实现。但总体来说,学界对动量词借用条件的语义限制分析并不全面,只注重到名词借用为动量词的情况,对于其他次类借用动量词,如同形动量词、离合词后一语素的借用条件并未涉及,有待我们进一步补充完善。

三、借用动量词的句法语义特征分析

关于动量词的语法功能,传统语法一般都认为其与数词组成的动量短语主要在句中作补语,在一定情况下也可作状语。如黄伯荣、廖序东在其主编的《现代汉语》(1980)中认为:动量短语经常用作补语,也可作为状语。胡裕树主编的《现代汉语(重订本)》(1995)则认为:动量词常用在动词后边,要求与动词配合。

20世纪90年代以后,许多研究者对动量短语前置动词前作状语的现象进行了许多有益探讨。李晓蓉(1995)认为用于动词前的动量短语并非其常规用法,因此在句法、语义以及与时间范畴和否定范畴共现上均呈现出一定限制特征,其使用目的主要是为了与后面的动词短语构成"小动量"与"大效果"的对比。殷志平(2000)也意识到动词前的动量短语处于非典型句法位置,且它们并不表示动量,重在说明动词结构的情状或方式。此后,王晓强(2003)认为动量短语前置用法主要是在重动句基础上删除前一个重动动词形成的,如"一次洗三件衣服"的表达是在重动句"(洗)一次洗三件衣服"基础上删除前一个重动动词"洗"形成的。陈欢(2004)也认为器官动量短语可以作状语,体现的是动作行为的某种方式,其后的VP短语通常为带结果补语、情状补语或趋向补语的动词性短语。李艳华(2006)对能够前置的动量词进行了考察,认为它们主要包括表示身体器官和工具器械两种借用动量词。而且,她还注意到副词"就"常与前置动量结构共现,这里的"就"包含说话人主观小量的评价,强调一下子达到某种程度结果;而不含"就"的动量结构主要表示动作行为的快捷。

杨娟(2004)结合106万字的语料探讨了动量短语与不同句法位置相互选择的情况。基于动量词的使用频率,她考察得出动量短语句法位置的典型性呈"补语＞状语＞定语＞主/宾语＞谓语"的顺序,并认为动量短语进入不同句法位置的语法意义并不相同,同时句法位置也赋予各位置上的动量短语以不同的形式。

关于动量词的语义特征比较经典的论述当属吕叔湘(1982[1942]),他指出动作的动量一方面和"量"的观念相关,一方面和"时"的观念相关。吕叔湘虽然提出了动量词[+计量]和[+计时]的两大语义特征,但并没展开对各个次类动量词的具体分析。

如果说传统语法主要是从静态的角度对动量词的语义特征进行考察,那么邵敬敏(1996)则从动量词与所搭配的动词之间的选择关系这一动态视角进行阐释。他指出,动词与动量词之间的选择关系首先取决于动词内部的各个小类,也依赖于动词本身的语义特征,还涉及动词的有关对象,因此借用动量词与什么样的动词组合,取决于动词的语义特点是否符合其与借用动量词的匹配机制。文章还指出与借助量词搭配使用的必须是"有依动词",借助量词与"有依动词"搭配使用主要是加强动词语义的形象性。

刘街生(2003)运用连续统的观点进一步细化了动量词各次类的语义特征。他认为动量词分为三个次类,即借用动量词、专用动量词和时量词,并指出它们在[+计事]和[+计时]这两个语义特征上构成了一个双向递变序列:[+计事]借用动量词→顿$_1$、场$_1$、遍、趟、下$_1$、次、回、番、通、顿$_2$、场$_2$、阵、下$_2$←时量词[+计时]。文章认为处于序列左边的借用动量词具有明显的[+计事]语义特征,右边的时量词具有鲜明的[+计时]语义特征。处于序列中心的专用动量词"次、回"在[+计事]和[+计时]语义特征上达到了一种平衡的状态。文章虽然提出了借用动量词具有[+计事]的语义特征,但对其究竟是怎样体现[+计事]的特点并没有展开论述。

刘辉(2009)认为事件量词(动量词)的"基本语义功能并非对动作行为计量/计数,而是对事件类别/次类进行个体化"。不同的事件量词在个体化(individuate)方式和对象上并不相同。"次"类动量词范畴化的是一个完整事件,"下"类动量词(主要是借用动量词)则是对完整事件中的子事件(subevent)进行范畴化,即以单动作(semelfactive)动词派生的活动事件类别为个体化对象。张宁(Niina Zhang 2015、2017)的观点与刘辉(2009)的观点基本相同。

阮贵义(2007)则通过借用动量词与相关成分的匹配关系,揭示了动词前的借用动量词和动词后的借用动量词的语义特征差异,即"借用动量词在动词后主要表示的是动态过程频次量,并且兼表短时的附加意义;借用动量词在动词前主要表现的是凸显动态过程的动态性,强调借用动量词对动态过程所产生的结果的影响,并且含有说话者的主观评价"。

总之,目前学者们都意识到借用动量词句法表义功能的特殊性,但多出于语感的描述,缺乏进一步的详细阐述。专门讨论借用动量词句法语义特征的论文还比较少见,大多研究都是建立在对整个动量词的分析上顺便提及借用动量词的。学界对于借用动量短语的句法功能尤其是它们用于动词前作状语的句法表现作了一定考察,对借用动量词的特殊语义特征,如[＋计事]特征等也有所论述,但总体来说缺乏对借用动量词句法和语义特征的专门和系统研究。

四、借用动量词的相关句式分析

近年来,一些包含借用动量词的特殊句式也引起了研究者的关注。李宇明(1998)对含有动量前置的"一＋量＋VP"句式进行了分析,他考察发现能够进入该句式中的借用动量词主要包括表身体器官和工具器械的名词,并认为整个格式义是强调动作行为的快捷,并包含主观大小量的色彩。

邵丹(2009)则运用句式语法的相关理论,将动量短语前置句式"一＋借用动量词＋VP"的语义界定为瞬时事件句,即"表示一个短时间内爆发的涉及结果或变化的动态事件过程"。并提炼出句式的超预期原型主观义为"事件的发生超出说话人的心理预期"。

周娟、张玉洁(2013)也对状中型"一量＋VP"构式进行了阐述。她们认为该构式是"台球模式"在语言层面的投射,其中"量"所承担的语义角色既可以是"动量的计量单位",也可以是"能量的传输工具",并会随人们对"台球模式"不同要素的凸显而发生变化。该文还认为此构式是一个以典型成员为基础,不断拓展的原型结构,其拓展路径也受到"台球模式"的制约和牵制。

过国娇、陈昌来(2016)进一步对"一＋$M_{借}$＋VP"构式进行了分析讨论。他们认为该构式在语义上实际已分化出两个同形构式,即表"快捷义"式和表"反差义"式。两个同形构式的内部构件呈现出各自不同的句法语义特征,体现的是认知主体对意象图式不同成分或关系的凸显。两个分化构式在语用功能上虽然各有侧重,但它们主要表达的都是一个"超预期"的事件,即事件的发生超出了说话人的心理预期。

马晓燕(2007)主要对比分析了两个带借用动量词的"一＋M＋VP＋在＋L"和"在＋L＋VP＋一＋M"句式的语法语义特点。她发现两个构式中的动量词和动词(短语)大量交叉,但在构式浮现意义上却呈现出完全对立的状况。并认为"一＋M＋VP＋在＋L"是超预期、强攻击力度和严重后果的自然语序,而"在＋L＋VP＋

一+M"则是可预期、弱攻击力度和非严重后果的自然语序。

过国娇(2022)则从认知视角对这两个带借用动量词的"在+L"镜像构式浮现义差异进行了阐释。认为造成"在+L+VP+一+M借"和"一+M借+VP+在+L"两个镜像构式在[±反复]、[±意愿]、[±强攻击力度]、[±严重后果]等构式中浮现意义有差异的原因比较复杂，既与言者对动词的不同心智扫描方式有关，也受到人们对构件"在+L"关注度不同的影响，而且两个构式与动词的不同整合关系也会使其产生迥异的语义浮现。

不难看出，随着认知语言学的发展，学界开始从句式理论视角探讨借用动量相关构式的问题，但现有的分析还比较零散，主要集中在对某个个案的分析，对于整个借用动量构式缺乏系统认识和建构，对个案的分析也不够全面和深入，有待我们进一步挖掘和阐释。

五、借用动量词的认知机制阐释

从20世纪90年代开始，随着认知语法在国内的兴起，汉语量词研究开始走向以解释为取向的认知研究(宗守云 2010)。一些学者也开始尝试运用认知语法理论来解释汉语动量词的相关问题。如范利和聂春梅(2001)、邵勤(2005)、张媛(2012)、王艳滨(2016)等对名词借用为动量词的形成和认知机制进行了探讨分析。

范利和聂春梅(2001)试图从认知语言学的视角对名词临时作量词的语义演变规律进行解释。她们考察认为名词临时作动量词的优先顺序为：[+工具]名词＞[+人体器官]名词。究其认知动因在于：人类作为"万物之灵"，在思想观念里习惯于"只能是人利用工具，而不是沦为工具"的认知范式，并不愿意承认我们的人体器官其实也是一种可凭借的工具。因此人体器官名词借用为临时量词往往要比其他外在工具名词都晚一些。

邵勤(2005)运用认知理论对动量词的形成机制进行了专题探讨。该文从对动词所表现的动态过程的认知研究出发，全面考察了隐喻和转喻机制对动量词产生和使用的影响，并提出了专用动量词的形成机制主要是经过了转喻和隐喻的过程，而借用动量词则是通过转喻形成的。但是这篇文章更多的是对单个专用动量词的历时用法进行的简单列举，并没能真正揭示动量词的认知过程和功能。

张媛(2012)利用心智哲学以及认知语言学的研究成果，对汉语动量词的认知呈现过程进行了分析。她认为动量词在心智中的呈现过程可分为语前思维阶段、语言思维阶段Ⅰ和语言思维阶段Ⅱ三个阶段，提出了动量词呈现的认知模式。并认为动量词的呈现是从以身体活动为主要思维内容到以构式表现为主要思维内容,动量概念越来越清晰,越来越接近自然语言的表达方式,语言的构式性也逐渐增强的过程。动量词在心智中的形成过程符合人类认知从低级形式向高级形式发展的过程。

王艳滨(2016)通过自建的小型封闭语料库,运用参照点理论和事件域认知模型(ECM),对借用动量词的转喻类型和机制进行了探讨。他把借用动量词分为因果类、伴随类、器官类、工具类、时间类及拷贝类六种类型,并认为"借用动量词的形成基于转喻机制,在同一ECM中可作为动量参照点的必须是凸显因子,经过一定频次的使用而固化为动量构式"。

总之,随着认知语法的发展,学者们也开始借鉴认知语法的相关理论来分析汉语动量词的形成机制问题,不过已有的这些认知研究多倾向于专用动量词,对借用动量词的认知机制探讨不够,未能真正系统揭示动量词借用产生的认知规律。

六、前人研究存在的局限

综上所述,尽管学界对借用动量词的研究已经取得了一定进展,但在广度和深度上仍有较大的研究空间,现有研究主要存在以下局限:

第一,对借用动量词语言事实的梳理缺乏全面和系统性。借用动量词数量众多、类型庞杂。现有的描写分析还处于零散的状态,研究内容也不全面,主要涉及的是名词借用为动量词的情况,尤其对器官、工具型借用动量词探讨较多,关于其他类型的借用情况,如动词借用为动量词的研究还比较欠缺。

第二,对借用动量词的功能和性质认识比较模糊。目前对于借用动量词的性质、功能及特征的分析,多采取静态的观察和描写,往往从词类划分的角度来权衡将其划分为名词或量词的得失利弊,缺乏动态的思考与认识,需要我们在认知语法词类观的指导下重新加以审视。

第三,重语言事实的描写,轻理论机制的探索。在研究范式上,已有研究多以结构主义的描写分析为主,对借用动量词的句法表现和语义特征等有了初步的探索,但这些研究仍未形成系统,也缺乏现当代语法理论的指导。近几年基于认知语言学视角的研究虽有明显增长,但鲜见将认知语言学与构式语法理论相结合的研究成果,以致对很多借用动量现象无法进行充分的解释。

第四,多举例式描写分析,缺乏基于大规模语料库的宏观考察。对于借用动量词这个开放的类,简单的举例描写显然难以全面揭示其使用特点和规律,需要我们展开基于大规模语料库的语言事实考察和研究,以便全面清晰地认识借用动量词的面貌和特点。

第一章 借用动量词的研究现状与理论背景

总而言之,自量词定名以来,学界虽然对借用动量词的分类、句法语义特征、认知机制等有了初步探索,但这些研究相对于专用动量词尤其是个体量词来说还显得相当薄弱,缺乏全面深入的认识,在研究内容和理论方法上都存在值得深入探讨的空间,尤其是近年来认知语言学和构式语法理论的发展,为该领域的进一步研究提供了新思路和新方法。

第二节 本研究的学术和应用价值

自量词定名以来,学界已从多种角度对专用量词尤其是个体量词进行了较为深入的研究,而对量词家族中的非典型成员——借用动量词的研究还显得相对薄弱,关注较少。认知语法认为语言研究应该兼顾中心与边缘现象,语言中某些被视为边缘成分而被忽视的非常规表达现象,可能为这类语言事实提供一个合理的解释,语言学界必须对其作出合理的解释,确定其在人们语法知识体系中的合适位置,否则根本就谈不上理论的充分性。本研究的开展正是基于这个理念,我们选择量词中的非典型成员——借用动量词现象进行全面、系统地考察研究,相信对探求量词的本质和规律以及完善整个量词系统是很有必要和价值的。另外语法研究的目的之一是语法应用,本研究可以促进量词成果的实际应用,比如对对外汉语教学和词典编纂发挥指导作用。

具体来说,本研究的学术和应用价值体现如下:

第一,从探索汉语词类发展的角度看,本研究将在全面描写借用动量词的语言事实基础上,进一步挖掘其背后深层的认知机制和构式表现,我们的研究有助于完善和深化整个量词系统研究,有助于扭转量词研究中重专用动量词而轻借用动量词的一贯做法,重新认识借用动量词在语法体系中的地位。

第二,从完善语言理论的角度看,本研究将尝试把认知语言学和构式语法理论的一些研究成果应用到借用动量词上,不仅可以使我们对借用动量词的认识更加深入,而且在一定程度上可以丰富并验证量词的认知理论。

第三,从规范汉语现状的角度看,我们希望在基于实际语料和频率统计的基础上,对借用量词的使用规律和认知理据进行分析,在此基础上归纳总结一些典型性借用动量词,为今后量词词典的编撰提供指导与参考。

第四,从加强语言应用的角度看,本研究成果可以为汉语教学及其面向外国人的国际中文教学研究提供一定的教学依据和相应的服务支持。量词的习得一直是国际中文教育中的难点问题,本研究将梳理和阐明汉语借用动量词使用的理据和规律,有利于国际学生更容易、便捷地习得借用动量词。

第三节　研究对象和主要内容

一、研究对象

从借源上看，名词、动词（包含离合动词后一语素）都可借用为动量词，具体来说，我们的研究对象主要包括以下两大类和五小类借用动量词。

其一是借用名词而来的动量词：

借用表示动作行为所凭借的身体器官名词作动量词，简称器官动量词，如：踢一脚、看两眼、打几拳等。

借用表示动作行为所凭借的工具器械名词作动量词，简称工具动量词，如：放一枪、砍两刀、打几棒等。

借用表示某些动作行为所伴随的结果名词作动量词，简称伴随结果动量词，如：叫一声、跑两圈、迈几步等。

其二是借用动词而来的动量词：

借用与动作本身同形的动词作动量词，简称同形动量词，如：拜一拜、搓两搓、晃几晃等。

借用离合动词后一个语素作动量词，如：睡一觉、打两仗、见几面等。

在全面梳理名词、动词借用为动量词的语义条件及其句法语义特征基础上，我们将主要从认知的视角对借用动量词的功能和性质进行再认识，对其背后深层的认知机制和产生动因进行深入挖掘，同时把借用动量词放在构式整体观的视角下来观察，并通过典型构式的个案分析来全面认识借用动量词的使用特征和认知理据，从而为当前的量词研究与教学应用提供新的解释与思路。

二、主要内容

内容上，本书共分为七章。

第一章主要概述国内外前人的相关研究成果及存在的问题，提炼本研究的学术和应用价值，介绍本书的理论基础、研究方法及主要框架。

第二章主要探讨名词、动词借用为动量词的语义条件及非范畴化表现。我们逐类考察名词、动词借用为动量词的语义限制条件，并运用认知语言学的非范畴化理论，从语言的动态性来考察借用动量词的非范畴化特征，以揭示借用动量词的性质和功能。

第三章系统考察借用动量词的句法特征与语义功能。通过对借用动量词的句法分布及其与相关成分搭配、共现情况的考察,系统阐述其句法语义功能;通过比较专用动量词与借用动量词的句法语义差异,更全面地揭示借用动量词的句法语义特征。

第四章我们对借用动量词的认知基础及形成机制进行阐释。在梳理动量范畴认知和表述的基础上,本章主要对各类借用动量词形成的认知动因和生成机制进行探讨分析。

第五章主要从宏观层面对借用动量构式及其认知识解进行分析。从构式语法的视角阐释借用动量构式的存在理据、主要类型;从认知视角对其分布特征差异、论元实现和隐现以及构式的认知识解进行阐释。

第六章为借用动量构式的个案分析及认知阐释。借鉴 Goldberg(1995、2006)构式语法以及认知语法的相关理论对典型借用动量构式"一 + $M_{借}$ + VP""VP + N + $MP_{借}$"以及两个带借用动量词构式"在 + L + VP + 一 + $M_{借}$"和"一 + $M_{借}$ + VP + 在 + L"等进行分析阐释。

最后结语一章总结归纳了本书的基本观点,指出进一步研究的方向。

第四节 理论基础及研究方法

我们将在结构语言学研究方法的基础上,以认知语言学理论和构式语法理论为指导,对借用动量词的相关问题进行全面分析和阐释。

一、理论基础

1. 认知语言学理论

从 20 世纪末开始,尤其是进入 21 世纪以来,认知语言学已经引起了广泛的关注,成为国内语言学界研究的热点。许多专家学者在介绍国外认知语言学理论的基础上,有效地运用这些理论、方法来考察汉语的句法语义问题,并取得了丰硕的研究成果。这些研究成果主要集中在汉语的词类和句式的范畴化(如石毓智 2000,赵艳芳 2001 等)、汉语的隐喻结构系统(如沈家煊 1999,束定芳 2000,刘大为 2001 等)、汉语中的句法象似性表现(如张敏 1998 等)、汉语构式的句法语义分析(如崔希亮 2001,沈家煊 2002,张旺熹 2006,王寅 2007,张伯江 2009 等)、汉语类型学的认知解释(如刘丹青 2003 等)、汉语语法化的认知解释等几个方面,大大开拓了汉语研究的视野。

本书主要采用认知语言学中的范畴化和非范畴化理论、概念转喻理论、意象图式和认知识解理论等来解释名、动词借用为动量词的性质功能、认知机制以及构式表现。

1) 范畴化和非范畴化理论

范畴化(categorization)问题一直是认知研究的中心论题。从认知的角度看，范畴化主要是指"人类在现实社会中看到相似性并据以将可分辨的不同事物处理为相同的类别，由此对世界万物进行分类，进而形成概念的过程和能力"。(张敏 1998)范畴化的主要作用在于使复杂的客观事物在我们的认识中显得层次分明和井然有序。

范畴化的结果往往是一个层级系统。由于范畴内部各成员在认识和理解事物方面的作用并不相同，因此对客观事物范畴化或者分类的结果往往形成一个金字塔式的层级系统，由上位层次范畴(superordinate categories)、基本层次范畴(basic-level categories)和下位层次范畴(subordinate categories)三个层级构成。上位层次范畴具有高度抽象概括特征，其成员很难通过完形结构来把握，比如"动物、家具、交通工具"等。基本层次范畴是人类概念层级中最重要的，在人们的心理中占有特别凸显(salient)的地位，如"猫、椅子、汽车"等。由于这个层次的范畴在人类认知中的基本地位，所以Rosch(1978)称其为基本层次范畴。下位层次范畴是对基本层次范畴的进一步细化，如"波斯猫、扶手椅、敞篷跑车"。在人类概念层级中，最重要的不是较高层次的范畴也不是较低层次的范畴，而是位置居中的基本层次范畴。Lakoff(1987)将基本范畴的特点归纳为十条。张敏(1998)、赵艳芳(2001)、王寅(2007)、李福印(2008)等在Rosch(1978)、Lakoff(1987)的研究基础上对基本范畴的特点进行了提炼总结，我们觉得王寅(2007)的概括较为全面精炼，他把基本范畴层次的特点概括为：经验感觉上的完整性；心理认知上的易辨性；地位等级上的优先性；行为反应上的一致性；语言交际上的常用性；相关线索的有效性；知识和思维的组织性。总之，对基本范畴的各种研究表明，基本范畴是人们认识事物、理解世界的最直接、最基本的层面，是认知的重要基点和参照点(cognitive reference point)，也是进行范畴化最有力的工具，它让认知主体付出最小的认知努力而收获最大量的信息，因此基本层次范畴也成为交际中使用最频繁、最广泛的一个范畴层次。我们将结合基本层次范畴的特点，对名词借用为动量词的语义条件进行分析探讨。

非范畴化(decategorization)是范畴化的重要组成部分。这一概念最早由Hopper和Thompson(1984)提出来，主要用来解释词的范畴属性的动态性。刘正光(2005)认为非范畴化主要包含两层含义：一方面涉及语言变化，另一方面涉及认识方法。他指出"在语言研究层面，非范畴化指在一定的条件下范畴成员逐渐失去范畴特征的过程。这些成员在重新范畴化之前处于一种不稳定的中间状态，也就是说在原来范畴和它即将进入的新范畴之间会存在模糊的中间范畴,它们丧失了原有范畴的某些典型特征,同时也获得了新范畴的某些特征。在认识方法层面,非范畴化是一种思维创新方式"。同时他也指出要更好地认识非范畴化的概念,必须要区分好非范畴化与范畴化的关系问题。非范畴化与范畴化就像一个硬币的两个面,二者共同构成一个有机的整体、一个完整的过程。如果说范畴化是从个别到一般,是把具有某种相似性的许多独立个体归为一类,并且提取出它们的共有属性,那么,非范畴化则是从一般到个别。它试图解释那些违背抽象出来的共有属性的"非理想的"语言现象。(刘正光、刘润清 2005)

刘正光(2005)还指出语言的非范畴化过程会在句法语义上表现出一系列特征:"在语义上,语义抽象与泛化是非范畴化的前提;在句法形态上,范畴的某些典型分布特征(句法/语义特征)消失,范畴之间的对立中性化。范畴分布特征的消失为范畴成员跨越自己的边界或者说为一个范畴中的实体进入另一范畴打开了方便之门;在语篇和信息组织上,功能发生扩展或转移;在范畴属性上,或由高范畴属性成员变成低范畴属性成员,或发生范畴转移。"

词类非范畴化的过程体现了语言发展与创造的动力来源,反映出人类认知的基本方式,即这种语言运用反映了语言使用者怎样利用现有的语言资源表达日益丰富的概念内容和思想的过程。Werner 和 Kaplan(1963)指出,语言最经济有效的原则是"旧瓶装新酒",即在现有的语言资源的基础上扩展其意义和功能。Traugott 和 Heine(1991)等也指出,在语法化背后潜伏着一个非常具体的认知原则,即"利用旧途径表达新功能"的原则。当然,正如刘正光(2005)指出的:"语言实体的语义与语法功能的扩展最终体现的是人类最重要的认知能力之一:范畴化能力。非范畴化是其中的一个十分重要的组成部分。"

我们本书将运用非范畴化理论,从语言的动态性来考察名词、动词借用为动量词过程中所呈现出的一系列非范畴化特征,以探讨借用动量词的性质和功能。

2) 概念转喻理论

"转喻(metonymy)"一词源于拉丁文 denominatio。传统语言学一般都把转喻(metonymy)看作为"借代"修辞格,即陈望道(1976)指出的用一种事物的名称替代另一种与之密切相关事物名称的修辞格,而且传统修辞学认为"借代"仅仅是一种使语言生动、便于理解的表达手段。随着认知语言学的发展,人们普遍意识到转喻的认知和概念本质。认知语言学认为转喻不仅是一种修辞方式,也是一种认知机制,它跟隐喻一样,是人类认知世界的基本方式。因为转喻是概念、思维层面上的问题,对人类推理具有重要的作用,因此认知语言学家称之为概念转喻(conceptual metonymy)。

认知语言学认为物体、事件、概念的属性是多方面的,其中最凸出的、最容易记忆和理解的属性,即凸显属性,是人们最先、最多注意的,转喻就是基于人们的这种基本经验,在相接近或相关联的不同认知域中,一个凸显事物替代另一事物,并倾向于用具体的有关联的事物代替抽象的事物的认知现象。如 Lakoff 和 Johnson(1980)在他们的著作《我们赖以生存的隐喻》一书中就明确指出,转喻跟隐喻一样,是我们日常思维的一种认知方式和现象,它通过一个人、一个物体或者一个事件的凸显性成分来理解整个人、物体或事件的认知方式。Langacker(1993)和 Radden & Kovecses(1999)则从心理可及(mental access)的角度来理解转喻。Langacker(1993)认为转喻就是一种参照点现象,由转喻词语指定的实体作为一个参照点(cognitive reference points),为被描述的目标提供心理可及(mental access),并同时把听读者的注意力引导到目标上。Radden & Kovecses(1999)也把转喻定义为一个认知过程,在这一过程中,一个概念实体(源域)为另一概念实体(目标域)提供心理通道的认知操作过程。Croft(1993)和 Barcelona(2002)则利用域凸显来阐释转喻。Croft(1993)认为概念转喻是同一认知域矩阵中次认知域(secondary domain)和主认知域(primary domain)之间的凸显关系。Barcelona(2002)对转喻的定义为"从一个概念域,即源域,向另一个概念域,即目标域的映射"。他同时还对概念转喻的生成机制进行了阐释,认为概念转喻的生成不仅要满足转喻映射的某一默认类型,而且还要受到认知原则和交际原则的制约。

我们认为转喻机制是借用动量词形成的最主要的认知机制。对于借用动量词的认知过程,我们也试图通过转喻这种认知方式进行解释分析。

3) 意象图式与认知识解

意象(image)和意象图式(image schema)是认知语义学中最重要的概念之一。Langacker(1987)认为"意象"指的是"对一个客观事物或情境由于'识解'方式的差别——凸显的部分不同,采取的视角不同,抽象化的程度不同……而形成的不同的心理印象"。意象图式的概念最初是由 Lakoff & Johnson(1980)在概念隐喻理论中提出来的。该概念提出以后,引起了诸多学者的关注和探索。如 Johnson(1987)探讨了意象图式的体验基础以及意象图式在意义构建和推理中的作用,Lakoff(1987)则用意象图式理论构建了自己的范畴理论,Talmy(1983)、Langacker(1987)运用意象图式理论建立了认知语法体系。Ungerer & Schmid(1996)则将意象图式界定为"来源于我们在日常生活中与世界的互动经验的简单而基本的认知结构"。本书主要运用 Langacker 关于"意象图式"的研究成果进行相关分析。

识解(construal)指的是人们的认知能力,不同的认知方式作用于同一情景,导致了不同的语言表达和不同的意义。Langacker 的"意象"概念主要是为了描写语义结构而设的,它强调的是以不同方式识解情景的能力。对于同一情景,人们可以选择不同的属性加以注意,调整这些属性的显著度(salience),从不同的视点(perspective)去观察和识解,以及作不同程度的抽象化和具体化,从而形成不同的意象。例如,下面四个句子描述的是相同的情景,但各自构成不同的意象。

a. The clock is on the table.
b. The clock is lying on the table.
c. The clock is resting on the table.
d. The table is supporting the clock.

以上例 a 是最自然的概括性表达,后三句则分别凸显了不同的侧面。例 b 凸显的是钟与桌面呈直线排列的关系,例 c 强调的是其空间关系中的静态性,例 d 则凸显了桌子对施加于钟的引力的阻碍(张敏 1998)。

Langacker 也常用示意图式来呈现意象的结果。例如他对英语里 Enter、Into、In 这三个词的述义所作的意象扫描图式分析就非常生动(Langacker 1987)。下图 1-1、图 1-2 中的箭头表示动词过程所延伸的时间,tr 表示射体(trajector),即过程中凸显度最高的实体,而 lm 表示界标(landmark),即凸显度仅次于射体的实体。

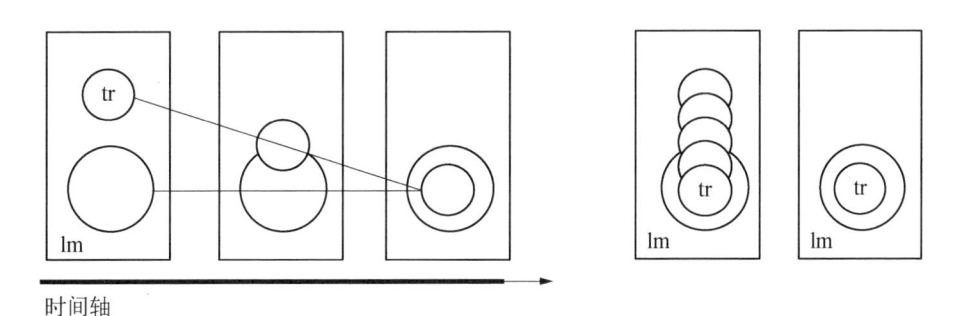

图 1-1　Enter 的次第扫描图式　　　　图 1-2　Into、In 的总括扫描图式

他认为 Enter、Into、In 这三个词所反映的情景其实是相同的,都是表示某一物体进入某一容器所作的不同方式的描写,但是它们的扫描方式和识解并不相同。图 1-1 显示的是动词 Enter 的意象扫描图式。它勾勒的是过程,其意象是次第扫描(sequential scanning)的结果,即成分状态是一个接一个地被处理,因此示意图中标示出了射体相对于界标的位置在不同状态中产生了变化的过程,时间过程得到凸显,示意图中用加粗的轴线表示;图 1-2 呈现了介词 Into、In 的意象扫描图式。它们勾勒的都是关系,是总括扫描(summary scanning)的结果,即所有成分状态组合起来作为一个单一的完形被感知。但二者也有细微区别,介词 Into 的意象图式中的射体虽然也是运动的,但各个成分状态处于依次迭合状态,介词 In 的意象图式中射体是静态的,各个成分状态也处于静态的叠加状态。

本书中我们对借用动量词的形成机制以及借用动量构式的分析等都要涉及意象图式和认知识解相关理论的运用。

2. 构式语法理论

构式语法（construction grammar）是在 20 世纪 90 年代兴起的，是在认知语言学批判乔姆斯基的语言理论背景下产生的。作为认知语言学的一个重要分支，构式语法理论由于其成形的体系结构、形式化表征手段以及坚实的认知和功能学基础，已经发展成一种成熟的语言学理论框架，在语言学上的重要地位也日益凸显。构式语法作为新兴的语法理论具有很强的解释力，为汉语中一些疑难问题提出了新的研究思路和解释方案，特别是对那些特殊的句法格式。

构式语法并不是一个单一的理论，而是一整套理论研究的综合。杨坤（2015）认为构式语法形成了两大派系：基于形式主义的构式语法理论和基于使用模型的构式语法理论。前者包括 Fillmore 和 Kay 等的"伯克利构式语法"（berkeley construction grammar）、Steel 的"流变构式语法"（fluid construction grammar）等，虽然他们并不赞成生成语法的"派生说"，也不同意把构式置于语法的"边缘"地位，但其研究主要还是在生成语法理论框架下进行，主要目标是解释语言的概括性。后者包括 Lakoff 和 Goldberg 等人的"认知构式语法"（cognitive construction grammar）、Langacker 的认知语法的构式思想、Croft 提出的"激进构式语法"（radical construction grammar）等，这些研究主要在认知语言学的理论框架下进行，主要目标是对语言知识的表征提供解释，并将其理论应用于语言处理、语言习得、语言演化、心理学等交叉领域。由此可见，构式语法理论并不是一个单一的理论，而是代表了一种研究范式，是一整套理论研究的综合。我们现在对于"构式语法"的界定普遍采用的是 Goldberg（1995、2006）提出的"构式语法"的主要观点。在 1995 年的著作中她很强调构式的不可预测性（unpredictability），即认为任何语言格式，只要其形式或功能的某些方面不能从其组成成分或其他已经存在的构式中得到完全预测，就应该被看作是一个构式。而在 2006 年的著作中她则意识到不可预测性并不是设定构式的一个必要条件，认为"即使有些语言格式可以得到完全预测，只要它们的出现频率很高，这些格式仍然会被语言使用者存储为构式"。我们认为许多包含借用动量词的结构表达，它们不仅具有较高的使用频率，而且也不仅仅限于表量，其意义具有一定的不可预测性，即构式意义并不等于各个成分语义的简单组合，这些特征确立了借用动量表达的构式地位。

与以词汇为中心的语法理论不同，构式语法强调语义整合，认为构式意义的产生来自构式的构件（component）对整体意义形成的贡献以及与整体意义的互动和谐。首先，动词事件与构式事件不同的整合方式，对构式意义整合的作用不同。

Goldberg(1995)认为：构式首先规定了动词表达的事件类型以某种方式整合进构式表达的事件类型,动词事件可以是构式事件的子类、结果、方式、前提等。当动词事件是构式事件的子类时,动词的词汇意义只是在构式义的统辖范围内,不能增添新的语义,动词义即构式义。当动词事件通过结果、方式、前提等方式与构式事件建立连接时,动词义为构式增添新的语义。其次,动词的参与者角色与构式角色不同的熔合方式也会引发构式产生不同的浮现意义。动词的参与者角色与构式角色的熔合主要由语义一致原则(the semantic coherence principle)和对应原则(the correspondence principle)决定。动词的参与者角色需要经过与构式角色的熔合才能最终显现为句法成分与动词共现。通常情况下,被侧重的参与者角色如果被理解为是构式论元角色的实例时,这两个角色在语义上一致,可以在句法上得到表达。有时,如果某个特定角色能够得到一个确定解读时,构式可以明确地将其遮蔽(shade)、剪切(cut)或合并(merge),因此它们在句法上可以没有显性表达。Talmy(2000)认为研究与动词共现的搭配成分可以帮助我们找出动词表达的事件框架中较为凸显的元素,确定事件框架中的"注意窗"(window of attention)。当动词作为构式事件的前提时,施事与构式角色熔合,则凸显前提事件的施动性。当施事角色受到构式角色的遮蔽,受事角色与构式角色熔合时,前提事件的施动性进入了"注意脱漏"(gapping)。(雍茜 2012)

本书的第五章和第六章主要借鉴和吸收了构式语法的主要思想,比如说构式的整合功能、完形功能、构式压制、凸显观等,将这些思想融合在各类借用动量构式的意义、结构和功能的考察中,力求将构式理论与汉语实际有效地结合起来。

二、具体研究方法

其一,借助于电子语料库和检索软件,对足够量的相关研究语料进行穷尽性检索,以考察借用动量词的借用条件、句法语义特征等。

其二,以认知和构式语法理论为指导,结合语义语法学理论对借用动量词的形成和构式表现给予说明和解释。

其三,定性和定量研究相结合。基于自建的封闭语料,对借用动量词及相关动量构式的语言事实进行全面的梳理,并对其使用频次及分布情况进行统计,以阐释借用动量词的使用特征和规律。

其四,对比研究方法。通过借用动量词与专用动量词的对比,甚至与汉语亲属语言或跨语言的事实对比,进一步揭示和验证汉语借用动量词的使用机制和特点。

总之,本书在具体的行文过程中将努力作到：描写和解释相结合、定性与定量相结合、归纳与演绎相结合。

第五节　语料及体例说明

本研究的语料来源主要有以下三个方面：

其一，北京大学中国语言学研究中心"现代汉语"语料库（CCL语料库）。

其二，前人研究材料，主要是字典、词典及论著中的用例。

其三，网络检索及自拟语料。网络语料主要通过百度、人民网等检索工具进行检索搜集，并注意不规范用例的剔除；自拟语料一般根据个人语感拟出例句，然后进行个别询问和筛选。

本书语料用例一般都不标注出处。不合语法规范的用例前面标"*"，语感上不太容易被接受的用例前面标"?"，用例的变换式前面标"'"。在行文中，有些语料以短语形式出现，大部分语料以句子形式出现，我们尽量保持句子原貌，但有时为了方便论述，也适当地进行了一些删减。

体例上，各章节标题按一、1. ……顺序表示，如果有更下一层，用1)、2)、3)……，相应的，再下一层用a、b、c表示。注释一律用脚注，不用尾注。

为了便于行文和节省篇幅，本书在符号的使用时用了码化形式，如用"$M_{借}$"来替代借用动量词，"V"代替动词，"N"代表名词，"$MP_{借}$"代替借用数量短语，"VP"替代谓词及谓词性短语，"NP"代替体词及体词性短语等。

第二章　名词、动词借用为动量词的语义条件及非范畴化表现

相比专用动量词的封闭性,大多借用动量词次类呈现出一定的开放性特征。从来源上看,借用动量词主要是借自名词、动词(包含离合动词),究竟什么样的名词、动词可以借用为动量词？以往研究多是列举式地提及,本章我们首先将对各类借用动量词的语义限制条件进行考察分析,力求总结一些典型借用动量词的语义特征。其次,对于如何看待借用动量词的词类属性问题,学界以往的研究也多采取静态观察,往往从词类划分的角度来权衡将其划分为名词或量词的得失利弊,缺乏动态的思考。本章第二部分将立足认知语言学动态词类观的视角,借鉴非范畴化理论对名词、动词借用为动量词所呈现的非范畴化特征进行分析,以求重新审视借用动量词的词类性质与功能。

第一节　名词、动词借用为动量词的语义条件考察

一、身体器官名词借用为动量词的语义条件

1. 身体器官名词的借用情况考察

作为词汇系统的重要组成部分,身体器官名词数量众多,根据周娟(2011)统计共有 1048 个,但这些器官名词大多为医学界所使用,我们日常生活中经常使用的器官名词只有 50 个左右。它们可以分为头部器官名词、肢体(上肢和下肢)器官名词、躯干器官名词以及内脏器官名词。

我们在 CCL 语料库、百度网——输入这些常用的身体器官名词进行搜索,考察它们能否被借用为动量词[①]。结果发现,真正能实现动量词借用的只有 18 个,它们是:

头部器官名词(8 个):

---

① 我们的统计标准需要满足两个条件：一是能进入"V+数+N"或"数+N+V"两个动量格式；二是其中的"数+N"之间不能再插入修饰 N 的名量词。

鼻子、耳朵、口、脑袋、舌头、头、眼、嘴/嘴巴

肢体器官名词(8个):

脚、拳/拳头、手、腿、膝盖、掌/巴掌、指头、肘/胳膊肘

躯干器官名词(1个):

屁股

内脏器官名词(1个):

嗓/嗓子

各列举如下:

(1) 玛力说着,哈着腰在花上闻了一鼻子。
(2) 这些年,好多的节目,是听一耳朵就恶心得想吐。
(3) 二喜说:"我一个人,蚊子多咬几口捡不了什么便宜,凤霞可是两个人啊。"
(4) 你要知道他们的老底儿,也是照样一脑袋顶他们一溜跟头!
(5) 他连连舔了几舌头,就闭了眼在灯下幸福地回味着白糖的味。
(6) 二虎瞅冷子对着楞秋儿的耳朵猛力撞了一头。
(7) 陆小凤拾起了一片,只看了两眼,掌心忽然冒出了冷汗。
(8) 所以我一听到那三个字犹如被水蛭蜇了一嘴,几乎叫出声来。
(9) 马老先生在汽车后面干跺了几脚,眼看着叫汽车跑了。
(10) 孙国义揪住小王的披肩发,用力一拽,另一只手向小王头上连击数拳。
(11) 突然从他背后跳出一个人来,正是那陆福庆,一手推开了阿四。
(12) 老太太踢了大黑一腿:"怎这么讨厌,一边去!"
(13) 施工方揪记者衣领抢相机,一膝盖顶到民警肚子上。
(14) 张无忌每当五人追近,便反手向后拍出数掌。
(15) 二嫂点了小玉一指头说:"险些你的小命就完了。"
(16) 许三多抢过去背他,被他一肘打开。
(17) 梁必达恶狠狠地盯着陈墨涵,欲待发作,又忍住了,一屁股砸在小凳上。
(18) 整整几天斑虎都显得烦躁不安,时不时就要吼几嗓子。

从考察中可以发现,并非所有的常见身体器官名词都可借用为动量词,能实现借用的主要是一些头部器官名词和肢体器官名词,躯干器官和内脏器官名词基本不能借用,我们只找到了"屁股、嗓子"两个相关用例。另外,这些能借用为动量词的器官名词一般是跟外界互动性比较强的身体器官,它们是各类身体动作得以实

施的工具凭借,因此我们(过国娇 2019)也把它们称为人体工具名词。

根据身体器官与外界的互动功能不同,它们又可分为以下两类:

一是感知觉类"五官"名词。人们主要通过这些"五官"与外界进行视觉、听觉、嗅觉、味觉、触觉等方面的互动。主要包括以下 7 个:

鼻子、耳朵、口、舌头、嗓/嗓子、眼、嘴/嘴巴

二是打击类身体器官名词。人们往往把这些身体器官或部位当作对外界打击或互动的工具使用,主要有以下 11 个:

脚、脑袋、屁股、拳/拳头、手、头、腿、膝盖、掌/巴掌、指头、肘/胳膊肘

2. 身体器官名词借用为动量词的语义特征

根据我们(过国娇 2019)的考察结果,综合刘街生、蔡闻哲(2004)、周娟(2011)和何杰(2001)的分析,我们发现这些可以借用的身体器官名词通常具有以下语义特征。

1) 直观性

直观性是指能借用为动量词的身体器官名词所指称的对象一般都是外显的,能为我们的视觉和听觉所直接感知,具有可视或可听性。像上面我们考察出的能借用为动量词的头部器官和肢体器官名词,它们都具有外显的可视性。内脏器官名词因为不具有可视性,通常不能实现借用,但这里面有一个例外就是"嗓子",虽然它不具有可视性,但是能发声,具有可听性,也比较直观。总之,能借用为动量词的身体器官名词一般都具有直观性的特征。

2) 位移性

周娟(2011)认为位移性是指身体器官动量词所指代的器官在帮助动作主体实现某个动作行为时,会伴随该动作行为产生相应的位移运动,往往是动作开始,其位移开始,动作结束,器官的位移终止。例如"瞪一眼、咬两口、打两拳、踹几脚"等动作在实行"瞪、咬、打、踹"的过程中,它们所凭借的器官"眼、口、拳、脚"等都出现了相应的位移运动。不过,由于受身体器官本身位置和特征等影响,它们在动作行为实施过程中的位移幅度大小存在一定差异,例如"瞪一眼、咬两口"中"眼睛"和"口"的位移幅度就比"打两拳、踹几脚"中的"拳"和"脚"的位移幅度小。身体器官动量词所具备的位移属性特征也可以解释腰部、肚子、肚脐、背部、胸部等躯干器官名词不可借用为动量词的原因,因为这些躯干名词通常并不具有可移动性特征。而且,我们考察还发现位移性越强的身体器官名词通常借用为动量词的能力越强,比如运动能力较强的肢体器官名词借用为动量词的使用频率就普遍高于位移幅度

较小的头部器官名词借用而来的动量词。

3) 基本层次范畴性

刘街生、蔡闻哲(2004)认为能借用为动量词的名词通常为基本层次范畴(basic-level categories)的名词,我们在考察时也发现了身体器官动量词的这一属性,请比较下面例(19)—(22)中 a、b 两列在句法上的对立:

(19) a. 看了一眼　　b. *看了一丹凤眼
(20) a. 踹了一脚　　b. *踹了一左脚
(21) a. 弹了一指头　b. *弹了一食指
(22) a. 揍了一拳　　b. *揍了一右拳

很明显,当 a 列中的"眼、脚、指头、拳"属于基本层次范畴成员的身体器官名词时,动量表达比较自如,而 b 列中的"丹凤眼、左脚、食指、右拳"为下位范畴成员的器官名词时,表达则不太合法。为什么基本层次范畴的名词更容易借用为动量词?根据认知语言学的观点,基本层次范畴是典型的原型范畴,更具有认知上的凸显性,能让人更容易识别、理解和记忆。与相对应的上位范畴和下位范畴成员相比,它们具有更符合人们认知体验的系列特征属性,如经验感知上的完形性、心理认识上的易辨性、地位等级上的优先性、行为反映上的一致性、语言交际上的常用性等系列特征。因此,借用基本层次范畴的身体器官名词作动量词,不但符合人的认知需要和认知体验,且更具有适用性。

4) 口语性

借用身体器官名词而来的动量词往往带有鲜明的口语色彩(何杰 2001)。我们在考察中也发现了这一特征,以下例(23)—(26)a、b 两列中都为表示同一部位的身体器官名词,但口语色彩较浓的 a 列中的"嗓子、脑袋、巴掌、指头"显然比 b 列中"喉咙、头颅、手掌、手指"更倾向能借用为动量词:

(23) a. 喊了一嗓子　b. ?喊了一喉咙
(24) a. 顶了一脑袋　b. ?顶了一头颅
(25) a. 拍了一巴掌　b. ?拍了一手掌
(26) a. 戳了一指头　b. ?戳了一手指

二、工具器械名词借用为动量词的语义条件

1. 工具器械名词的借用情况考察

陈昌来(1998)认为,在人类的日常生活中,可作为工具的物件很多,可分为很

多类别,但这些生活中的工具物件只构成语言工具成分的潜在可能性,并不都能构成语义结构中的工具成分。那么究竟什么样的工具器械名词可以借用于动量词?其典型成员的语义特征如何?

首先,我们以林杏光等(1987)的《简明汉语类义词典》中所提供的工具物件名词为蓝本来逐一考察每个工具器械名词借用为动量词的情况,我们判断工具器械名词能否借用为动量词的标准和方法与身体器官动量词的相同。考察前,我们对其中的部分方言名词进行了删减,并合并了相同义位的工具物件名词。结果发现,在该词典近 500 个工具物件名词中,能作为工具动量词使用的只有 26 个,它们分别是:

刨子、扳手、笔、铲子、锄头、锤子、刀(子)、掸子、弹子、电棒、斧头(斧子)、镐头、剪刀(剪子)、锯(子)、筷(子)、榔头、镰刀、犁、耙子、钳子、扫帚、梳子、铁锹、凿子、钻子、锥子

另外,为了更全面客观反映这一语言事实,我们还考察了殷焕先、何平(1991)、刘子平(1996)、郭先珍(2002)等几本现代汉语量词词典中的工具动量词,共统计出工具动量词 27 个,如下所示:

板、版、棒(子)、笔、鞭、锄、锤、刀、斧子、篙、竿、卦、棍、剪刀、箭、键、筷子、耙、拍、盘、炮、枪、锹、扇、网、针、锥子

从考察中不难看出,虽然生活中的工具物件名词很多,但能常借用为动量词的工具器械名词数量还是比较少的。我们两次统计的动量词在个体上虽然存在一定的差异,但涵盖了基本相同的语义类别,主要包括日常劳作类(以农具、工匠具为主)、文体类、武器类等几个类别,其中日常劳作类又占了工具动量词的绝大多数。综合两类统计结果我们共得到一般工具动量词 43 个,按语义类别分别统计如下:

第一为日常劳作类,共 27 个:

刨子、扳手、铲(子)、锄头、锤(子)、掸子、斧/斧头(子)、篙、镐头、竿、剪刀(剪子)、锯(子)、筷(子)、榔头、犁、镰刀、耙(子)、钳子、锹/铁锹、扫帚/扫把、扇、梳子、网、凿(子)、钻子、针、锥(子)

第二为文体类,共 6 个:

笔、版、卦、键、拍(子)、盘

第三为武器类,共 10 个:

板(子)、棒(子)、鞭(子)、刀(子)、弹子、电棒、棍(子)、箭、炮、枪

当然,需要说明的是,有些日常劳作类的工具虽然有时也会临时借用为武器类工具来使用,如镰刀、锄头、斧头、铲子、扫帚等,但它们的主要功能还是以日常劳作为主的,所以我们仍把它们归入日常劳作工具一类。另外,以上我们只是在字典辞书基础上初步考察出的一些较典型可借用的工具器械名词,实际上,工具器械名词是一个开放的类别,理论上只要能作为工具使用的名词都可以纳入该类,具有临时性,不可以穷尽列举。

2. 工具器械名词借用为动量词的语义特征

对于工具器械名词这样的开放类别,我们可以通过对这些典型词语的考察来总结一些它们的借用规律和特征。我们发现它们通常具有以下典型语义特征。

1) 手控性

手控性主要是指工具动量词所指对象的动作行为通常是由使用者双手来控制的。例如,我们上面所提到的43个工具动量词所涉及的动作,其移动都是靠手力来控制的。而像《简明汉语类义词典》中提到的一些靠动力装置或是机械装置的帮助来移动或运行的工具器械,如"电动机、电话机、电脑、火车、汽车"等就很难借用为工具动量词。

2) 位移性

这里的位移性特征跟器官动量词的语义特征相同,主要是指工具动量词所指代的对象在"帮助实现某种动作行为时,具有与动作行为相伴随的位移特征"(周娟2012)。例如,"砍一斧子、写两笔、射几箭"中的"斧子、笔、箭"在实行"砍、写、射"的过程中,都会伴随这些动作行为发生而产生相依存的位移,动作开始,位移开始,动作结束,位移结束。而那些在帮助实现某种动作行为的过程中不具有明显位移特征的工具物件,如"电视机、柴油机、沙发"等,一般不能作为工具动量词使用。

3) 不变形性

所谓不变形性,是指工具器械动量词所指代的对象,在动作过程中没有明显的变化和耗损。它们既没有性质、状态、数量、外形、所属等明显变化,也没有被耗费,仅仅有位置上的变化,因此可以重复使用。陈昌来(1998)认为工具成分的[＋不变形]的特征可以使它跟动作所使用的材料成分区分开来,后者具有明显的变形性和被耗费性。以上43个工具动量词,都具有[＋不变形]的语义特征。而像《简明汉语类义词典》中提到的"牙膏、香皂"等盥洗用具以及"墨水"等文具,它们在动作实行过程中都伴随一定的消耗过程,即形态属性的变化,因此它们并不算真正意义上的工具成分,更像材料成分,所以都不能借用为工具动量词。

4) 基本层次范畴性

在考察的过程中,我们也发现了另一个与身体器官名词借用相同的条件,即处于同一范畴的工具器械名词,只有基本层次范畴的工具器械名词,才能借用为动量词,其上位范畴和下位范畴成员的借用都受到限制。如借用为动量词的"刀、笔、鞭"等都是表示基本层次范畴的名词,其下位范畴名词如"钢刀、毛笔、长鞭"等通常都不能借用,其上位范畴名词如"工匠用具、文娱用具、武器"等也不能借用为动量词。这与基本范畴层次的基本特征密切相关,具体原因见本章前面第一小节身体器官名词的相关借用条件分析。

5）力量的等量传递性

在考察中,我们发现像"绳子、绷带、毛巾"等名词,它们虽然都是实施某动作行为所凭借的工具成分,但并不能借用为动量词,这是为什么呢？周娟（2012）用力量的等量传递性来解释,我们觉得有一定的道理。她将力量的等量传递性界定为"所指代的对象,应具有把人施加于其上的外力等量传递于受事客体的特性"。我们上面所提到的 43 个工具动量词所指代的对象,其力量的等量传递性都很明显,显然都能将外力等量传递给相关的受事客体。因此,"鞭子"虽然与"绳子、绷带、毛巾"等同是条状物的工具名词,但"鞭子"可借用为动量词（如"抽两鞭子"）,而"绳子、绷带、毛巾"却不能借用为动量词（如不能说"抽两绳子""打一绷带""甩两毛巾"）,其中最主要的原因,就是前者具有力量的等量传递性,而后者不具有这一语义特性。

三、伴随结果类名词借用为动量词的语义条件

1. 伴随结果类名词的借用情况考察

汉语中除了借用身体器官和工具器械名词来作动量词外,也常借用身体动作行为所产生的伴随结果名词性成分来计量动作的量。比如"走"会伴随距离的产生,"喊"会伴随声音的发出,因此人们就用"步""声"来称量这两个动作行为,于是就有了"走两步""喊几声"的动量表达,其中的"步""声"就是伴随结果动量词。在现代汉语动量词中,该类量词是一个相对封闭的类,常用的主要有"步、圈、程、笔、画、划、道、声、曲"等几个。根据它们的语义来源,可以将其分为以下三小类：

位移类：

步、圈、程

书写类：

笔、画、划、道

声伴类：

声、曲

位移类伴随结果量词"步、圈、程"主要是借用动作主体位移所产生的空间距离名词而来的动量词,分别由"两脚各移动一次的距离""圈子""路程"义借用而来。例如:

(27) 段誉并不还手,斜走两步,又已闪开。
(28) 孙毛旦为了让大家看清楚些,又骑着车在打麦场转了一圈。
(29) 走了一程,周炳提议道:"咱们逛花市去。"

"笔、画、划、道"4个书写类伴随结果量词则是借用由笔、刀等工具书写或刻画出来的笔画或痕迹义名词而来,比如:

(30) 梅若鸿这小子,随便涂画几笔,居然可以卖两百块!
(31) 胡杏叫姐姐伸出手来,在她的手心里画了两画,胡柳忍不住笑出来了。
(32) 这九个字的繁体都是九画,每天写一画,全部描完刚好八十一天。
(33) 徐药师戴上老花镜,仔细察看着手上的骨头,用指甲在骨面上划了几道。

声伴类结果动量词"声、曲"分别借用喊叫、演唱或演奏等动作所产生的"声音"或"歌曲、曲子"义名词而来,例如:

(34) 马跃南紧绷的脸没有笑意,不时冲着场上大吼几声。
(35) 为感谢社区医护人员,著名演员袁世海带着女儿专门为医护人员唱了一曲。

2. 伴随结果类名词借用为动量词的语义特征

首先,我们要正确理解伴随义,这里所谓的伴随义,是指结果动量词所指对象是伴随身体动作的实施而产生的,同时事物量度(空间量、时间量)与动作过程相伴始终。如"跨一步""哭喊几声",无论是"跨出的步子"还是"哭喊的声音",都是与动作过程"跨"和"哭喊"相伴始终的,而且"跨"的幅度大,步子就大,"哭喊"的时间长,声音持续就长。因此,从对伴随义的理解我们可以总结出伴随结果类名词借用为动量词的两个主要语义特征:生成性和动态性。

1) 生成性

生成性是与现成性特征相对立的一组范畴。陈昌来(2003)认为典型的受事具有现成性特征,即它们在动作行为发生时其所指称的事物已经存在,是现成的事物。而具有生成性的事物并不是事先就存在的,是伴随动作的发生和实施临时生成和产生的新创客体。以上"步、圈、程、笔、画、划、道、声、曲"所指称对象的产生必须依赖于被观察的行为,它们都是被观察的动态过程临时创造出的从无到有的成果。例如"跑几步""走一程",其中的"步""程"都是通过动作主体位移所产生的空间距离,"步"是指行走时两脚之间的距离,而"程"是指人行走过的路途,它们的存在依赖"跑""走"动作的实施;"喊一声""唱一曲"也是一样,"声"是"喊"这一行为的成果,"声"必须通过"喊"这一行为的实施存在。"曲"在被"唱"之前它只是对应一个概念,存在于人的意识中,并不具有任何物质外壳,而"唱"这个行为赋予其声波振动等物理性质,因此"曲"的存在是通过"唱"这一行为而实现的。

有些伴随结果名词可以同时用来称量事物(作名量词)和称量动作行为(作动量词),例如"圈"兼具名量词和动量词两种用法。当它们用来称量具体事物时,它们所称量的事物通常具有现成性,这有别于它们用来称量的动作行为具有生成性特征。"圈"作为名量词使用时,主要用来计量环状的物体,这个被计量的环状物体通常是现成的事物,如以下例(36)、(37)中的"珍珠项链""胡子"都是事先已经存在的事物,具有现成性特征。

(36) 王和她的丈夫去印尼进行国事访问时带着一圈珍珠项链,还穿上绸缎衣服和高跟鞋。

(37) 做饭的是一位老汉,身材很高,很瘦,鹰钩鼻子,下巴下面,有一圈胡子,烂眼圈。

而当它作为动量词计量绕圈的动作行为时,它所指称的对象必须通过动作行为"绕"在空间的一段圆状位移才能实现,因而不是现成的,是临时生成的。如以下例(38)、(39)中的"圈"状动作结果必定是伴随"转"和"盘旋"的实施才临时形成的。

(38) 吴先生亲自开车带我们在鸭场转了一圈,然后参观养鸭大棚。

(39) 日军两架飞机奔袭而来,盘旋几圈后,对村庄山地狂轰滥炸。

2) 动态性

所谓动态性是指这种伴随着动作过程而产生的某种结果往往具有动态变化性。比如我们前面提到的"走几步""喊两声",无论是"跨出的步子"还是"哭喊的声音"都会伴随动作过程的变化而变化,如果位移客体"跨"的动作幅度大,步子就大,"喊"的时间长,声音持续就长。再比如上面例(38)、(39)中的"圈"必然是因动作实施而产生的一个"动态圈",而例(36)、(37)中被名量词"圈"称量的对象则是一个客观存在的"固有圈",不具有动态性。再看下面的例子:

(40) 金环紧走几步,赶过父亲,抢着掀起谷草门帘——他们到家了。

(41) 飞船刚入轨时是椭圆轨道,飞行几圈后要进行变轨。

(42) 他吻了一下爱妻的额头,就站起来,大笑三声,又大哭三声,走出去,消失不见了。

(43) 他的学生为记录老师关心弟子之情,他每来一次,就在墙上记一画,五次便成一"正"字。

以上各例中动作的伴随结果会随着动作的调整而产生相应的动态变化,如例(40)中动作主体"紧走"前后所跨出的步子幅度大小肯定是不一样的,例(41)中飞船在每次"变轨"前后形成"圈"的路径和形状也是不同的,例(42)中的"她"几乎在同时可以发出不同性质的声音:哭声和笑声,而例(43)中学生所记的"正"字中的这五画的形状显然也是各异的。

四、同形动词借用为动量词的语义条件

1. 同形动词借用为动量词的情况考察

我们的考察范围限于用来称量动作频率或次数的、数词实用的同形动量词,不包括数词已经虚化的"V一V"结构中的"V"。例如:

(44) 华子用筷子敲一敲桌子:"还不是嫌挣钱太少,养不活你。"
(45) 螺蛳太太得意地笑道:"我不是这样子逼一逼,哪里会把你的话逼出来?"

例(44)中数词"一"的意义实在,指动作发生的实际次数,其后的同形动词"敲"是用来称量"敲"这一动作行为的频次。而例(45)中"一"意义已经发生虚化,主要作用是表示动量小,持续时间短等,它属于"V一V"结构,跟"说一说、听一听、试一试"等都是虚化的表达,不在我们的考察范围内。当然,从历史源流来看,这类数词虚用的"V一V"结构是由数词实用的同形动量构式演变而来,随着"一"的作用降低,脱落后形成了"VV"结构,又成为现代汉语中重叠形式"VV"的来源(张赪2000)。

动词可以从不同视角分类,从音节特征看,可以分为单音节和双音节动词。我们考察发现可以借用为动量词的同形动词主要为单音节动词。我们首先对《现代汉语词典》(第7版)中的单音节动词进行了周遍性统计,共整理出1370个单音节动词。然后在北大CCL语料库中对能进入"V(了)数 V"表达实量的借用构式中的同形动词进行筛查,得到可进入该构式且使用频率较高的动词有以下120个,列举如下:

按、摆、拜、搬、抱、蹦、比、拨、擦、踩、蹭、颤、扯、抽、踹、吹、捶、戳、呲、搐、掸、捣、蹬、瞪、掂、颠、点、动、抖、跺、摁、拂、福、滚、吼、划、画、晃、挥、挤、嚼、搅、举、撅、噘、看、磕、叩、扣、撩、拢、搂、捋、掠、抹、眯、瞄、抿、摸、挠、捻、捏、拧、扭、拗、拍、抛、碰、瞟、撇、瞥、扑、掐、跷、敲、翘、亲、揉、搔、扫、闪、伸、甩、耸、踏、抬、叹、弹、踢、舔、跳、捅、托、歪、望、闻、吻、握、舞、掀、削、擤、嗅、扬、摇、咬、咂、眨、蘸、张、招、折、挣、指、皱、抓、转、撞、钻

通过以上考察可知,可借用为动量词的典型同形动词为 120 个,约占 1370 个单音节动词的 8.7%。而且,它们都为身体动词,即它们所代表的动作行为只和身体部位有关,不涉及身体以外的事物(王珏 2004)。据李金兰(2006)统计,身体动词的数量为 635 个,那么能借用动量词的同形动词约占整个身体动词总数的 19%。

2. 同形动词借用为动量词的语义特征

我们发现,这些能被借用的同形动词通常具有以下语义特征。

1) 近体性

王海峰(2011)认为这些"以人的肢体、器官直接或间接参与发出"的身体动词具有近体(proximal)特征,并称它们为近体行为词。依照身体动词所依赖的身体器官,它们主要可以分为头部动词、上肢动词、下肢动词、内脏动词、全身动词等,而能借用为动量词的同形动词主要为上肢动词(约占一半以上),然后是头部动词、全身动词以及下肢动词。具体说来,其中尤以手、口、眼、脚部的动作动词最为丰富,而内脏动词基本不能实现借用。以上可借用的 120 个同形动词按照所依赖的身体器官整理分类如下:

头部动词(28 个):

吹、呲、瞪、吼、嚼、噘、看、眯、抿、瞄、瞟、瞥、撇、翘、亲、闪、叹、舔、望、闻、吻、擤、嗅、咬、眨、张、皱、咂

上肢动词(68 个):

按、摆、搬、抱、比、拨、擦、踩、扯、抽、捶、戳、搓、撑、捣、掂、点、抖、摁、拂、划、画、挥、挤、搅、举、撅、磕、叩、扣、撩、拢、搂、捋、掠、抹、摸、挠、捻、捏、拧、扭、拗、拍、抛、掐、敲、揉、搔、扫、伸、甩、耸、抬、弹、捅、托、握、掀、削、扬、摇、蘸、招、折、挣、指、抓

下肢动词(8 个):

蹦、踹、蹬、跺、跷、踏、踢、跳

全身动词(16 个):

拜、蹭、颤、窜、动、颠、蝠、滚、晃、扑、碰、歪、舞、转、撞、钻

王珏(2004)还根据身体动作是否施及发出该动作的身体器官以外的人或物的标准,将其划分为身体及物动词和身体不及物动词两类。身体及物动词所表示的动作既可以施加于外物,也可以施加于施事者自身,如"张三咬了李四一口,张三打了自己两拳"中"咬"和"掐"的动作或是涉及他物,或是涉及实施者自身。这一类动

词占据可借用的身体动词的一半以上,如眼部动词"看""瞄""瞥""瞟""望",口部动词"吹""嚼""亲""吻""咬",手部动词"按""搬""抱""拨""擦""踩""扯""捏",下肢动词"踹""踢",全身动词"拜""碰""撞"等都属于身体及物动词;身体不及物动词所表示的动作仅仅涉及发出动作的身体器官自身,而不能施加于外物,包括施事者自身,也就是说该器官既是动作的发出者,又是动作的承受者。如眼部动词"眯""闪""眨",口部动词"呲""噘""撇""抿""张",上肢动词"比""伸""耸",下肢动词"蹦""跳",全身动词"颤""动""滚""晃""歪"等都是身体不及物动词。这部分动词也约占据可借用的身体动词的近一半左右。

2) 动作性

范晓、杜高印、陈光磊(1987)把动词分为动作动词和非动作动词,其中非动作动词又包括判断动词、存现动词、使令动词、能愿动词、心理动词、趋向动词、先导动词等。从动作动词和非动作动词来看,能够借用为同形动量词的均为动作动词,它们都可以进入动作动词的以下两个验证格式:

a. 动词+(宾语/补语)

b. "别"+动词+(宾语)

相较之下,判断动词、存现动词、使令动词、能愿动词、心理动词、趋向动词、先导动词等非动作动词均不能进入这两个格式。李临定(1990)指出单音节动词大多是表示具体动作的动词,双音节动词大多是表示抽象行为的动词,因此从音节特征上我们也可以判断这些可借用同形动词的动作性特征。

3) 可短时重复性

另外,能够实现借用的身体动词都是单动作动词(semelfactive),即这些动作的进行是对器官的一次使用就能完成的,它们往往也具有[+瞬时性]的语义特性(Smith 1991)。在这些单动作实施过程中,能量传导通常是在动作现场瞬时完成的,如例(46)—(48)中的"跳""滚""眨"等都是瞬时完成的动作。

(46) 孙达得腿长跑得快,跑到一棵大树下,突然跳了一跳,双手一拍屁股。

(47) 梁冀的话还没说完,这个八岁的孩子已经倒在地上,滚了几滚,断了气。

(48) 奚望的眼睛调皮地眨了两眨,转过脸去笑了。

单动作实施的整个过程虽然不能持续但可以反复进行,因此能借用的身体动词还具有反复的语义特征。例(47)、(48)"滚了几滚""眨了两眨"表示多次发生的单动作,应当解读为重复性语义(repetitive reading)。(陈平 1988)

因此,我们可以概括能借用为动量词的同形动词一般为具有动作性、可短时反复实施的单音节身体动词。

五、离合词后一语素借用为动量词的语义条件

1. 离合词的类别及其借用情况考察

离合词借用为动量词,实际是指离合词中的后一个语素借用为动量词,这是借用动量词的一个来源,也可以说是对离合词的扩展使用,使其成为动量短语。吕叔湘(1982[1942])、何杰(2001)等都提到了有的离合词中间插入数词后,把后面的语素借来当动量词使用的借用情况。

汉语中的离合词数量众多,根据王素梅(1999)考察,《现代汉语词典》(修订本)中有标记的离合词有 3228 个,其中还不包括近年来新增的,以及词典视为非离合词却能拆开来使用的。数目众多的离合词,哪些能中间插入数词,使后一语素借用为动量词,需要我们一一甄别,并总结出一些借用规律。

根据离合词的组合形式,可将其分为动宾式、动补式、联合式、主谓式四类。

首先,动补式离合词并不能被离析借用为动量表达。由于补语的功能主要在于说明动作行为的结果状态、趋向、可能性或者说明性状的程度等,因此当补语与动词结合为动补式离合词时,通常不具备计量的性质,很难通过离析来表达动作量。比如,"挨近、拔高"等,其补语是表结果的;"出去、过去"等,其补语是表趋向的,它们都不能插入数词成为动量短语。

其次,联合式离合词内部两个成分属于并列关系,没有主次之分,也很难通过离析的方式来表达动量,如"游泳""改革"等都不能插入数词成为动量短语。

再次,有些主谓式离合词虽然也可以插入数词,如"心软、心寒、心酸、手软、嘴刁"等可插入数词"一",构成类似于动量的表达结构"心一软、心一寒、心一酸、手一软、嘴一刁"等,但实际这类结构只是限于表达心理或生理的一种状态变化,并没有称量动作行为的频率或数量的功能,而且插入的数词仅限于"一",这个"一"类似于体的功能(陈前瑞、王继红 2006),因此主谓式离合词也不能构成借用动量表达。

综上,我们认为在离合词的动补式、联合式、主谓式、动宾式四种类型中,仅有动宾式离合词可以借用为动量表达。那么,究竟什么样的动宾式离合词可以插入数词,使其后一语素借用为动量词?

我们对《现代汉语词典》(第 7 版)中的动宾式离合词进行了周遍性统计,共整理出 3862 个动宾式离合词。[①] 然后在北大 CCL 现代汉语语料库中对能进入"V(了)数 O"离析结构表达动量的动宾式离合词进行筛查,得到可进入该构式且使用

[①] 《现代汉语词典》(第 7 版)中对离合词的标注方法是在其拼音中添加"//",如:见面 jiàn//miàn,我们依据此标准进行统计。

频率较高的动宾式离合词有以下 29 个：

吵架、吃惊、闯关、打架、打炮、打枪、打仗、打针、跌跤、瞪眼、发言、干杯、告状、过关、见面、将军、救命、鞠躬、吭声、迈步、跑步、射箭、摔跤、睡觉、踏步、投票、退步、应声、转圈

2. 动宾式离合词借用为动量词的语义特征

综观这些可借用的典型动宾式离合词，我们发现他们具有以下语义特征。

1) 近体性

这些能进入"V（了）数 O"构式的典型离合词多为表现日常生活行为的近体（proximal）动词，即它们所代表的行为通常是"以人的肢体、器官直接或间接参与发出的行为"（王海峰 2011）。它们涉及的肢体器官主要有"口""眼""手""脚""脸"乃至整个身体等，例如：

与"口"相关：

吵架、发言、告状、吭声、应声

与"眼"相关：

瞪眼

与"手"相关：

打架、打炮、打枪、打针、干杯、将军、射箭、投票

与"脚"相关：

跌跤、迈步、跑步、摔跤、踏步、退步

与"脸"相关：

吃惊、见面

与"身体"相关：

闯关、打仗、过关、救命、鞠躬、睡觉、转圈

2) 可重复性

可进入该构式的动宾式离合词多表示重复性高的具体行为动作，它们大多为表现日常行为的惯常性动作，例如：

吵架、吃惊、打架、跌跤、瞪眼、发言、干杯、告状、见面、救命、鞠躬、吭声、迈步、跑步、摔跤、睡觉、踏步、退步、应声、转圈

其次是一些可遵循既定程序重复操作或发生的动作行为,例如:

闯关、打炮、打枪、打仗、打针、过关、将军、射箭、投票

3) 自反性

另外,可进入该构式的动宾式离合词大多还具有自反性特征。李湘(2011)概括"自反性"的特征为事件语义关系中动作的发出者和动作的接受者同指。如果从事件场景中的能量流向来看"自反性"特征的话,在实施"自反"性动作时,施动者发出的能量除了自及其身以外并不流向其他客体;反之则为"非自反"性动作。如"吃惊、跌跤、瞪眼、发言、鞠躬、吭声、迈步、跑步、摔跤、睡觉、踏步、退步、转圈"等离合动词,它们所指称的动作行为都只是涉及施事自身,能量没有流向其他客体,都是比较典型的自反性行为。而有些交互性交互(reciprocal)动词,如"吵架、打架、干杯、见面、打仗"等,其语义结构中虽然涉及不止一个参与者,但这些参与者其实都是施动者,并不是动作能量流向的目标,通常被视为自反动词的一种;还有一些离合动词如"告状、救命、应声、打炮、打枪、打针、将军、射箭、投票"等看似反例,但实际上,它们作为离合词使用时,更倾向于指涉一种施事发出的动作行为,故而本质上也是自反性的。

4) O 弱受事性

从动宾式离合词 VO 的内部成分特征来看,能进入该构式的离合词的宾语成分 O 具有弱受事性特征,它们多是充当前动词 V 的伴随结果或凭借工具,例如:

O 表前动词 V 的伴随结果:

吵架、吃惊、打架、跌跤、发言、告状、见面、鞠躬、吭声、迈步、跑步、摔跤、睡觉、踏步、退步、应声、转圈

O 表前动词 V 的凭借工具:

打炮、打枪、打仗[①] 打针、瞪眼、干杯、射箭、投票

同时,我们在考察时也发现那些含强受事性宾语成分 O 的动宾式离合词一般不能构成"V(了)数 O"动量表达,例如:

插花、吃饭、打鼓、读书、刮脸、关机、裹脚、剪纸、遛马、烹茶、升旗、烫发、洗手、轧钢、撞车

以上这些动宾式离合词中的宾语成分 O 都具有强受事性特征,相关离合词则

---

① "打仗"中的"仗"本义为兵杖,刀戟总名(武器)。

不能插入数词形成"V(了)数O"表达,如我们不说"吃了一饭""剪了一纸""烫了一发"等。

刘街生、蔡闻哲(2004)认为在以V为核心表达的事件中,充当伴随成分和工具成分的名词N由于受事性弱,对事件的语义贡献小,因此容易进入"V+数+N"格式借用为动量词。我们认为动宾式离合词中的宾语成分O多为动作行为的伴随结果或凭借工具,也具备弱受事性特征,这是它们能够借用为动量词的原因之一。

本节中我们主要对各类借用动量词的借用情况进行了较为详细的考察,并总结了它们能够实现借用的语义限制条件。不难看出,虽然各类借用情况个性大于共性,但是也具有一些共性特征。比如可以实现借用的器官名词和工具名词都具有基本层次范畴、位移性等特征,同形动词和离合动词的借用则都具有近体性和可重复性特征。而且,不管是器官类、工具类、结果类、同形类和离合动词类借用动量词,它们都与身体动作行为紧密关联,或是直接借用身体动作本身来称量,如同形动词类、离合动词类,或是借用身体动作的凭借物来称量动词,如人体器官和工具器械类,或是借用身体动作实施伴随的结果名词来称量动作。这些都体现了语言的"具身性"本质特征,即语言的存在是身体性的,语言是身体的产品,身体动作的实施过程就是意义的表达过程。(许先文2014)

第二节 名词、动词借用为动量词的非范畴化表现

在绪论中,我们提到以往学界(谭景春2001,李湘2011,宗守云2012等)对借用动量词性质和功能的研究多采取静态的观察,多是从词类划分的角度来权衡将其划分为名词或量词的得失利弊,缺乏动态的思考。本节我们将借鉴认知语言学的非范畴化(decategorization)理论对此问题进行重新审视。我们认为名词、动词借用为动量词现象其实就是名词、动词经历的非范畴化过程,它们处于名词、动词范畴到量词范畴的中间状态,体现了词类语法功能的多义性、语言系统的动态性和创新性。

根据非范畴化的观点,名词、动词借用为动量词的过程就是它们丧失范畴属性特征的过程:在句法表现上,它们丧失了名词和动词的一些形态句法分布特征,如名词不可再接受量词、形容词等的修饰,动词时体特征和带宾语功能的弱化等;语义功能上,名词、动词在非范畴过程中或非范畴化后,它们不再能指称具体的实体或动作行为,转而表达更抽象、更一般的意义。非范畴化的最终结果是名词、动词

的功能和范畴发生转移。下面我们将分别阐述汉语名词、动词借用为动量词的非范畴化表现。

一、名词借用为动量词的非范畴化表现

1. 语义的非范畴化特征

典型的名词一般具有指称功能,具有真实世界中的指称对象,代表具体的事物,一般都占据一定的空间,表现出大小、高低、厚薄、聚散、离合等特征(陈平 1988)。当器官、工具、结果名词借用为动量词时,通过转喻机制的运作,它们不再表示某种实体器官、工具或实体,而是指涉与该器官、工具、结果相关的一类动作事件,继而实现对动作的计量,例如:

(49) 孙逵怒吼一声,吼声中已向这青衣人攻出三拳。

(50) 李朝东一跃上了马,加了两鞭,那马飞也似的向前冲去。

(51) 觉慧在外面敲得更急了,他接连唤了几声。

很明显,这几例中的借用动量词"拳、鞭、声"等不再是指称实体的器官、工具或声音,而是指涉与这些器官、工具或声音相关的一类动作事件。由"实体义→事件义"的转移,使得借用动量短语的指称功能弱化,而述谓性却增强了,并显现出很强的主观化倾向。

1) 述谓性

刘劫生(2000)把包含借用动量词的"数+N"结构,如例(49)中的"三拳"、例(50)中的"两鞭"、例(51)中的"几声"等称为"事件NP",而且认为这种"事件NP"具有动态性和述谓性,主要表现在以下几个方面:

首先,它们可以用于一些专门的动词前加词之后,例如:

(52) 国际队后卫解围没有顶出禁区,跟上的孙治凌空一脚,球贴着门柱进了球门。

(53) 李原见有人出来阻挡,回手一刀,锐利的瑞士军刀刺破了商师傅的胳膊。

(54) 只见老王一个箭步冲到司机旁,叫司机不要开门,回身几步就把一个颧骨很高的青年按倒在座位上。

"凌空""回手""回身"等词通常用在动词性成分前,但在例(52)—(54)中,它们都用于"事件NP"前,从中不难看出"事件NP"的述谓性特征。

其次,这种"数+N"结构后还可带趋向补语"过去""下去""下来"等,例如:

(55) 鲁达听了大怒,猛地一拳头过去,顿时打落了对方三枚牙齿。

(56) 道尔尕第一个抡起八磅锤,一锤下去,没打到钢钎上,从王耀的头边滑了过去。

(57) 但两圈下来,她感到比以往比赛时要累,觉着不"好玩"了。

有人认为此类格式中的趋向动词"过去""下去""下来"充当谓语,而我们倾向把它们看成趋向补语,因为这里的"数+N"结构往往要重读,而"下去""下来""过去"等趋向动词往往轻读,这与趋向动词作补语轻读的特点相符。"数+N"结构与趋向补语的结合,从另一个侧面证明了"数+N"结构的述谓性特征。

另外,有时"数+N"结构还可以受某些状语性成分(副词、拟声词等)修饰,也可单独作为一个分句,陈述一个事件,例如:

(58) 赵志敬又是害怕又是愤怒,斗地一掌,反手打了他一记耳光。

(59) 方丈红了脸,随手解嘲似的猛地一锤子,一片石屑猛然击中了他的右眼。

(60) 只一声,芮小丹骤然有一种灵魂之门被撞开的战栗。

(61) 雅赫雅也顾不得心疼衣料,认明霓喜的衣领一把揪住,啪啪几巴掌,她的头歪到这边,又歪到那边。

(62) "叭——"的一鞭,三套大车走了。

(63) 一天早上,林喇桂"啊呀"一声,扑到姐姐怀里。

有时,"数+N"结构还可以与施事主体结合成句,或是直接独立成句,陈述一个事件,例如:

(64) 她们你一脚、她一拳,打的清娥只顾抱头躲藏,哪里还有什么还手之力。

(65) 二人你一枪,他一刀,来来往往,斗到十几个回合,不分胜败。

(66) 一眼,他看明白纸条上的字是老三瑞全的笔迹。

(67) 一刀,二刀,三刀,杨先华仍死死扭住歹徒不放。

(68) 一声,两声,沈醉笑了,发觉自己笑了,干脆埋在枕头里大笑,笑到筋疲力尽。

总之,包含借用动量词的"数+N"结构不仅可以接受谓词前加词、副词成分修饰,而且还可带趋向补语,有时还可以独立成句,其句法表现呈现出较强的述谓性特征。

2)主观性

名词借用为动量词范畴化过程中语义的变化更多地体现其意义的主观化运用。沈家煊(2001)指出:"主观性是指语言的这样一种特性,说话人在说出一段话的同时表明自己对这段话的立场、态度和感情。"这种主观性表达更多体现在借用动量短语分布在动词前的"数+动量+VP"格式中,其实这一格式中的动量成分已经淡化了数量意义,数量特征减弱,重在表达说话者的主观意义(姚双云、储泽祥2003)。这种主观化的体现,如果对比"数+动量+VP"与"VP+数+动量"两格式会看得更清楚:

(69) 丹巴刚一转身,却被棕熊打了一掌,腿部受伤不轻。
(70) 菲菲一掌打在鲁鲁鼻子上,把鼻子抓破了。
(71) 持刀的歹徒恶狠狠地朝张志宏的后背连刺两刀。
(72) 美国兵从身上掏出了匕首,一刀刺在她的心口上。
(73) 段誉斜踏两步,后退半步,身如风摆荷叶,轻轻巧巧地避开了。
(74) 卡拉斯兴奋的涨红着脸,一步踏进国王的家。

例(69)、(71)、(73)为"VP+数+动量"格式,其中的动量成分"一掌""两刀""两步"位于动词"打""刺""踏"后面,表示动作的发生频次。而在例(70)、(72)、(74)的"数+动量+VP"格式中,动量成分"一掌""一刀""一步"位于动词"打""刺""踏"前面,此时它们计量功能弱化,重在表示动作的方式和情状。不难看出,动量成分在这两种格式中表达的意义是不同的。格式"VP+数+动量"中,动量成分表示的是客观意义,也就是说准确地表示了数量意义。因此其中的数词可以替换成不同的数量,可以说"刺两刀""踏两步"等;而格式"数+动量+VP"中,其中的动量成分表达的是主观意义,也就是说它偏移了数量意义,数量特征减弱了,主观性增强了。因此其中的数词一般限于"一",可以说"一掌打在鼻子上""一刀刺在心口上""一步踏进家",而一般不说"两掌打在鼻子上""三刀刺在心口上""四步踏进家"。"数+动量+VP"借用动量格式表达主观意义时淡化了数量意义,这种主观意义正是说话人要表达的意义。相比之下,专用动量词"次"就不能体现这种主观化的表达,当"次"用于动词前后时并没有凸显这种主观意义,表达的都是数量意义,例如:

(75) 他采访了乔姆斯基多次。
(76) 他多次采访了乔姆斯基。

那么,"数+动量+VP"格式究竟体现了什么样的主观义?表达了说话者怎样的主观情感、态度和语气?

a. 生动形象的表义效果

据宋玉华(2009)考察,"一+动量+VP"常用于口语色彩较浓的文学作品,如网络文学等,使表达自由灵活、形象生动。所以如果我们把下面例(77)—(79)中的

借用动量词替换为意义相近的专用动量词"下",效果就会完全不同:

(77) 李小龙一脚将"华人与狗不得入内"的木牌踢得粉碎。
(77′) 李小龙一下将"华人与狗不得入内"的木牌踢得粉碎。
(78) 他的笑声忽然停顿,就像是忽然被人一刀割断了咽喉。
(78′) 他的笑声忽然停顿,就像是忽然被人一下割断了咽喉。
(79) 王竹还没缓过气来,郭麻子一步跨进房。
(79′) 王竹还没缓过气来,郭麻子一下跨进房。

变换式(77′)—(79′)中的专用动量词"下",除了表示动量和动作快速之外,一般不提供其他信息;而原式例(77)—(79)中的借用动量词"脚、刀、步"除了表达"下"的意义外,还可使人们通过工具或伴随结果联想到整个事件,增强了动作的动态效果,因此,起到了表达生动形象的作用,实现了语义增值。

b. 主观少量义

李宇明(1998)认为"一+动量+VP"结构表达主观小量,常与主观量标记"就"共现,例如:

(80) 李金鳌笑了笑,将伤腿搭在桌沿上,一掌就将腿骨击断。
(81) 宋江一看就怒发冲冠,手起刀落,一刀就把这两个人杀掉了。
(82) 他都是写他,好比画家,他画一个人物,不是一笔就钩出来了。

例(80)—(82)中动词前的"一+量"成分与后面的动词短语VP形成"小动量—大结果"的鲜明对比,不仅强调行为动作的快捷,而且含有"一下子就达到了某种程度或结果"的意义。其中"一量"表"主观小量"义,而且可以在形式上得到证明:

第一,"一量"前可添加主观小量的标记词"只"或"只X"(只用、只需、只要等),例如:

(80′) 李金鳌笑了笑,将伤腿搭在桌沿上,(只用)一掌就将腿骨击断。
(81′) 宋江一看就怒发冲冠,手起刀落,(只用)一刀就把这两个人杀掉了。
(82′) 他都是写他,好比画家,他画一个人物,不是(只)一笔就钩出来了。

第二,有时,"一量"中的数词不限于"一",还可以是其他数词,但不管用什么数词,数量短语在说话人眼中都是表示主观小量,例如:

(83) 母亲扫了几眼那半碗鸡蛋和张英才,叹口气,端起碗三两口就吃光了。
(84) 在毫无预警的状况下,乌骨陆一跃向前,两刀就砍倒了两名对手。

(85) 齐虹几步就追上了她,正好在最低的一层石阶上把她抱住。

例(83)—(85)中的数量短语"三两口""两刀""几步"对比后面的"吃光""砍倒两名对手""追上她"等结果短语表达的都是说话人的"主观小量"义。

c. 主观认识和情感

据我们(过国娇、陈昌来 2016)考察,人们运用"一 + M借 + VP"构式主要想表达一种预想不到的超预期事件和结果,常常和意外模态副词"忽然/突然、竟/竟然、不料、谁知、没想到"等搭配使用,表达自己的主观认识和情感,请看下面的用例:

(86) 柳青青咬着牙,忽然一拳往他鼻子上打了过去。
(87) 相隔十年,他竟一眼认出了当年献花的女学生,准确地喊他"小章"。
(88) 谁知一刀砍了个空,把个枕头给砍烂了,床上也没动静。
(89) 不料一声炮响,花盆子又落下一层。
(90) 走在草棵里,没想到一脚踩了一条花皮青蛇,她呀的一声尖叫往前猛跳,一下子就撞到朱预道的背上。

有时候这些意外模态副词即使不出现,但也可以很顺利地添补上去,例如:

(91) "南霸天"(突然)一刀剁来,他一闪身,飞起左脚把刀踢飞!
(92) 见他进门,她忙不迭起身相迎,(谁知)却遭他一掌挥来,霎时震得眼冒金星。
(93) 陆小凤坐下来,(竟然)一口就吃了两个,忽又问道:"李燕北呢?"
(94) (没想到)招弟儿不管她妈,一步就跨进来啦,沉着脸,屋里人就一愣!

因此,包含借用动量成分的"一 + M借 + VP"构式常常表达了一个超出说话人预期之内的事件,并在此基础上带来说话人的一些主观评价。

其次,包含借用动量成分的"一 + M借 + VP"构式有时候还表达说话人"气急败坏、无可奈何"等主观情感。经常可以和表主观意愿的心理动词"恨不得""巴不得"等搭配使用,例如:

(95) 艾莉表面上跟宝珠说笑,其实,她巴不得一口把宝珠吞进肚里
(96) 马英在屋里看着气急了,真恨不得一棍子把他揍死!
(97) 庞涓恨不得一步赶上齐国的军队,就吩咐大军摸黑往前赶去。

语义的述谓性和主观性特征都不是名词的典型特征,这说明名词借用为动量词时已出现了一定程度的非范畴化。

2. 句法形态的非范畴化特征

器官、工具和伴随结果名词在借用为动量词过程中,除了意义的非范畴化以

外,会同时丧失作为名词的一些句法形态特征,并获得新的动量词范畴的功能。

1) 丧失名词的部分形态句法特征

一方面,在句法表现上,它们丧失了名词的一些典型的句法分布特征,如它们前面一般不可以再带名量词或定语等修饰成分,例如:

(98) 爸爸一怒之下,踢了一(＊只/＊长长的)脚,这是唯一一次打她。
(99) 闯王左手勒紧辔头,右手用力抽了两(＊根/＊细长的)鞭。
(100) 匈亲王最擅长音乐,便时时弹奏几(＊个/＊优美的)曲。

另一方面,我们可以观察到不少借用动量词都有两种存在形式:一种是完整名词的形式,一种是去名词化形式,如"拳头/拳、刀子/刀、棍子/棍、鞭子/鞭、锤子/锤、斧头/斧、剪刀/剪、锄头/锄、铁锹/锹、锥子/锥、筷子/筷、板子/板、步子/步、曲儿//曲、圈儿/圈、声儿/声"等,但这两种形式的借用动量词在句法表现上存在明显差异,例如:

(101) a. 揍一/?三/＊几十拳头 b. 揍一/三/几十拳
(102) a. 砍一/?三/＊几十刀子 b. 砍一/三/几十刀
(103) a. 打一/?三/＊几十棍子 b. 打一/三/几十棍
(104) a. 迈一/?三/＊几十步子 b. 迈一/三/几十步
(105) a. 唱一/?三/＊几十曲儿 b. 唱一/三/几十曲

很明显,例(101)—(105)a 组中名词的完整形式借用为动量词时与数词的搭配能力极弱,一般限于"一",而 b 组中去名词化形式的借用动量词与数词的搭配性较强,一般没有限制。也就是说,去名词化的借用动量词比完整形式的借用动量词具有更多的量词性。我们也可理解为,随着名词范畴特征的强弱变化,借用动量词内部呈现出了一种"名词→动量词"的连续统效应:名词性范畴越强(完整名词形式)的器官、工具和伴随结果名词借用为动量词的能力越弱,名词性范畴越弱(去名词化形式)的器官、工具和伴随名词借用为动量词的能力越强。这也从另一方面说明越典型的借用动量词越会丧失名词的部分形态句法特征的事实。另外,我们对这些去名词化形式的借用动量词作了一下统计发现,部分借用动量词的去名词化用法已经在实际语料中占据了主导地位,其使用频率远远超过其完整名词形式的借用动量词用法。而且,这些去名词化形式的借用动量词,在口语中已经基本丧失了其名词功能的独立用法,在句子或句法结构中,其名词功能用法我们一般使用其完整形式,如"拳"在现代汉语口语中除了作动量词使用外,已完全丧失名词的功能用法,其名词功能的用法必须用"拳头"来表达,这部分借用动量词主要包括以下

第二章 名词、动词借用为动量词的语义条件及非范畴化表现　　43

这些：

器官动量词：

拳、掌、肘

工具动量词：

版、棒、鞭、铲、锤、斧、卦、棍、拍、盘、锹、锥

结果动量词：

步、划、曲、圈、声

对于这部分借用动量词的性质,我们认为它们已经向专用动量词功能漂移了,即达到了非范畴化的最终结果,实现了名词范畴向动量词的范畴转移。

2) 获得动量词的部分句法特征

首先,借用为动量词的名词获得了量词最显著的特征：与数词直接组合搭配构成"数＋N"结构。而现代汉语中名词通常不能直接跟数词组合,这是名词非范畴化的一个最重要表现。在此不再举例赘述。

其次,名词借用动量词后同时也获得了动量词的其他句法形态特征,如可以重叠,构成 AA、一 AA、一 A 一 A 等形式,这也是一般名词所不具有的句法特征,例如：

(106) 掌掌劈出,掌掌落空,这是桃花岛的劈空掌。
(107) 那人刀招愈来愈紧,刀刀不离段誉的要害。
(108) 她醒来的时候,声声呼唤着,我的崽呀,你在哪里?
(109) 两名契丹兵抓住游坦之,一拳拳往他胸口击殴。
(110) 那矮胖子毫不理睬,只是一斧斧的往树上砍去,嘭嘭大响,碎木飞溅。
(111) 杨全生咬着牙一步步爬上高楼,供血不足的大脑使他一阵阵晕眩。
(112) 孩子们涌进来,父母们迎上去,一口一口地喂饭。
(113) 他就土法上马,把钢板烧红后用大锤一锤一锤地砸出圆弧面。
(114) 室内游泳池内,赵蕾和周瑾一圈一圈地游着,不时避开迎面或横向游来的人。

另外,借用动量短语与指示代词直接搭配构成指量短语也比较自由,这是动量短语比较常见的句法分布,例如：

(115) 这似乎出乎亚修拉姆的意料之外,他向后退了一步躲过了这一脚。
(116) 那一瞬间的光芒,那一刀的速度,根本就没人能说得出。

(117) 他向后退着跑了几步,自己觉得这几步跑得很有个样子。

句法功能上,借用动量短语与专用动量短语一样,都可作补语和状语,具体见第三章分析,例如:

(118) 鸿渐轻打一拳,放他走了,下去继续吃早饭。
(119) 在《精武门》中,李小龙一脚踢碎了"华人与狗不得入内"的耻辱牌。
(120) 打了几鞭,宋胡闹嚎叫得像猪,渐渐就认熊了。
(121) 薛仁贵一箭射穿内甲,唐高宗大吃一惊,命令另取坚甲赏给他
(122) 他们夫妻肩并肩在山路上走一程,送一程,难分难舍。
(123) 步入教堂大厅,仿佛一步踏入了幽深浩渺的苍穹。

而且,我们发现个别借用动量词还已经发展出了对事件进行个体化的功能,如"脚、笔、声、曲"等,例如:

(124) 5 分钟之后,申思一脚任意球又敲开了敖东队的大门,奠定胜局。
(125) 我特意提醒画家们,只需几笔写意,不宜多费功夫。
(126) 苏淳从心底深处发出深深的一声叹息,摇摇头,换了双鞋子出去了。
(127) 街头一曲高歌,对歌唱者来说是一种娱乐和享受,但对大多数行人和临街住户而言,则是一种折磨。

据邵敬敏(1996)考察,专用动量词的个体化功能比较强,它们一般都能跟事件名词搭配,构成"动量短语+事件 NP"结构,如"一次比赛、一场暴雨、两回辩论、十下扣球、几趟公差"等都是比较通行的表达。但借用动量词的这种个体化用法还比较少见,大多数借用动量词还不能对事件进行个体化,如下面这些借用动量短语后似乎不太能补出其他事件名词。

一眼(?N)　　两口(?N)　　几拳头(?N)　　一程(?N)
一棍子(?N)　两斧子(?N)　几剪(?N)　　　一步(?N)

借用动量词个体化功能发展不好,正显示出它们处于名词到动量词非范畴化的中间状态。

综上所述,名词借用为动量词的过程呈现出一系列非范畴化特征,如语义上丧失名词的指称功能,呈现述谓性及主观性等特征,句法形式上的去名词化倾向,部分借用动量词已经达到了非范畴化的最终结果,实现了从名词范畴向动量词范畴的转移。然而,借用动量词并没有达到相当程度的非范畴化,因为其运行机制只通过了认知转喻,没有进一步隐喻泛化(见第四章产生机制的具体分析),所以语义并

没有完全抽象化，其句法上的个体化功能也没发展好。这正说明大部分借用动量词还处在范畴属性上的中间状态，即处于非范畴化的过程中。

二、动词借用为动量词的非范畴化表现

这里的动词借用为动量词的非范畴化包括同形动词借用为动量词和离合动词的后一语素借用为动量词的两种情况，下面分别论述。

1. 同形动词借用为动量词的非范畴化特征

1）语义的非范畴化特征

单音节动作动词是典型的动词代表，其主要语义功能应该是陈述，但是高航（2018）认为单音节动词中的动作动词进入同源动量结构"VNumVc"后，后一同形动词"Vc"已经发生名词化，并认为这是实现动作的指称与量化的重要手段。

首先，这种名词化意义在由数量短语构成的回指结构和序数词结构中表现得尤为明显，例如：

(128) 一位纽芬兰生物学家研究青蛙，他把青蛙放在地上，叫它跳。这一跳，跳了4米，生物学家写下记录："一只4条腿的青蛙可跳4米。"

(129) 彭和尚道："且慢，纪姑娘，请受我彭和尚一拜。"说着行下礼去。纪晓芙闪在一旁，不受他这一拜。

(130) 第一跳，8米01！果然状态良好。第二跳，8米11，又进一步。后面又跳出了8米26、8米27和8米29的成绩，表现出稳定的竞技水平。

(131) 传统婚礼是一拜天地，二拜高堂，夫妻对拜。实际上原来还有一个，第二拜是拜祖先，第三拜是拜高堂，后来变成二拜高堂。

例（128）—（131）中的"跳""拜"用于回指结构和序数词结构中，它们所指称的动作显然已被概念化为事物，其名词指称义比较明显。

其次，来自英语的相关语言事实也显示同形动词借用为动量词实际为其同形动词的名词化形式，二者虽然描述的是同一事件，有着相同的概念内容，但是认知识解的方式并不相同。这类似于 Langacker（1991）提到的英语中"fight a good fight"和"die a terrible death""smiled a beautiful smile"等同源宾语结构中的动词和宾语的关系。它们后面所接的宾语是用该动词的名词形式来重复其对应动词的动作概念。人们对"VNumVc"同形动量结构中的动词与动词对应的名词化形式的认知识解方式并不相同，对动词 V 的识解采取的是顺序扫描的认知方式，过程中的各个成分状态实体、动词的过程所延伸的时间都得到了凸显；而对其后动词名

化形式 Vc 则采取了总括扫描的认知方式,由成分状态组成的整体区域得到凸显,而动词的时间性不再凸显(高航 2018)。

因此,从认知语法的角度观察,同形动量词及其同形动词的认知合成过程完全相同,但是它们凸显部分不同,同形动词凸显过程,而同形动量词可以被看作凸显物化的过程,强调对实体整体述义的把握。

2) 句法形态的非范畴化特征

a. 丧失动词的部分形态句法特征

首先,时体标记"了"等通常只能出现在"V 数 V"中的前一同形动词后面,而不能出现在借用为动量词的后 V 之后,例如:

(132) 他手中的令旗又向上连挥两下,向左右摆了三摆,横队变成三路纵队,继续在鼓声中向着将台前进。

(132′) *他手中的令旗又向上连挥两下,向左右摆三摆了,横队变成三路纵队,继续在鼓声中向着将台前进。

(133) 鸠摩智盘膝坐在香后,隔着五尺左右,突然双掌搓了几搓,向外挥出,六根香头一亮,同时点燃了。

(133′) *鸠摩智盘膝坐在香后,隔着五尺左右,突然双掌搓几搓了,向外挥出,六根香头一亮,同时点燃了。

(134) 老道这一问,使那人由胆怯转为了恐慌,嘴咂了两咂,眼睛看着那只桌子上的手套。

(134′) *老道这一问,使那人由胆怯转为了恐慌,嘴咂两咂了,眼睛看着那只桌子上的手套。

其次,及物性同形动词借用为动量词后通常不能再带宾语,宾语性成分往往被介词引介前置或承前省略。例如:

(135) 他用手向那小洞指了两指,战士们一起扑上去堵住洞口。

(136) 所长翻着白眼,停止了咀嚼,将酒糟鼻伸到他衣服上仔细地嗅了几嗅。

(137) 杨过伸手在他乳下穴道上揉了两揉,那官员胸臆登松,一口气舒了出来,慢慢站起,怔怔地望着杨过。

(138) 其是那些小白花,远蒲老师闻了几闻之后心里无比的痛快。

(139) 店伙几乎还不相信,拿起一个来舔了一舔,凉凉的,甜甜的,再咬了两口。

(140) 杨子荣上前两步,用脚踩着虎背,蹬了两蹬,死老虎已全身松软。

第二章 名词、动词借用为动量词的语义条件及非范畴化表现

b. 获得动量词的部分句法特征

首先表现为能与数词直接组合成动量短语,这是动量词最主要的句法特征。例如:

(141) 鸿渐快乐得心少跳了一跳。

(142) 如是,他拜了三拜,上了三炷香,便走进西耳房去了。

(143) 拔丝山药可以绕着筷子转五转而丝不断。

(144) 然后站在一旁,向山下指了几指,是向战士们指点着滑行路线。

其次,部分同形动量词可以重叠,但这一功能形式还不完善,我们只发现"一A一A"这一种重叠形式,例如:

(145) 杜聿明觉得太阳穴一跳一跳地刺痛,血直往头上涌。

(146) 永继妈大叫起来,并且一蹦一蹦地要去拽小群。

(147) 她也剪成了女兵的短发,说话时也一甩一甩的。

(148) 伊秋高兴地大笑起来,她的乳房随着她的气息一颤一颤。

(149) 等我们回到家里时,有庆站在屋前哭得肩膀一抖一抖。

(150) 阿紫听他语气严峻,双眼一眨一眨的,又要哭了出来。

(151) 照明弹一颗颗地升起,大电筒一闪一闪地直晃。

从同形动词借用为动量词的非范畴化特征来看,语义上的非范畴化主要表现为通过名词化来实现对动作的指称与量化。句法上的非范畴化特征又体现在两方面:一是丧失动词的部分形态句法特征,如带体标记和宾语受限;二是获得了动量词的部分语法特征,如与数词直接组合为动量短语,部分同形动量词可构成"一A一A"重叠形式。

2. 借用离合词后一语素表达动量的非范畴化特征

借用离合词后一语素表达动量往往是在动宾式离合词离析后的"V(了)数O"结构中实现的,相对于其他几种借用动量词次类,离合词后一语素独立表达动量的功能较弱,而对整个离析结构依存性高,因此本小节在论述其非范畴化特征时将结合整个"V(了)数O"离析动量结构进行阐释。

1) 语义的非范畴化特征

动宾离合词离析后构成"V(了)数O"动量结构,常用来表达主观量和非常规事件。

a. 主观量表达

"V(了)数O"结构常通过添加一些主观性形容词来表达主观量,体现说话人

对相关动作事件的主观认识或评价。

有些"V(了)数 O"结构中可插入形容词"大"和"小",表达说话人对行为事件关涉量大小的主观认识和判断,例如:

(152) 可是有一次,华威先生简直吃了一大惊。

(153) 那人已有了几分酒意,被江淮这样用力一推,差点摔了一大跤。

(154) 小女孩实在是太"神勇"了,三天打一大架、两天打一小架,几乎天天都伤痕累累,不是这里瘀青、就是那里流血。

(155) 我坐在她床沿上睡了一小觉,醒来见被子给撩在一边。

(156) 斯拉格霍恩说完以后向赫敏鞠了一小躬。

有时候,"大""小"还可以放在"V(了)数 O"构式前面,例如:

(157) 李嘉诚大吃一惊,忙问:"舅舅,你让我到哪里去呀?"

(158) 夏琳与他具有很相似的情感,但却体力透支,她非常想不管不顾地倒头大睡一觉。

(159) 刚才为了给他取名字,刘星还和夏雨小吵了一架,现在又和好如初了。

汉语的形容词多少都带有一定主观性,张黎(2007)认为"大、小"是属于主观性表达较强的两个形容词。以上用例中的"大、小"表达的是说话人对"V(了)数 O"相关事件所涉及量大小的主观认识和判断。

另外,有些"V(了)数 O"结构中也可插入其他评价性或感受性形容词,表达说话人对相关事件的主观评价和感受,例如:

(160) 徐永禄没有正面答,只说:"成败得失,指顾间事,且风水轮流转,英嘉成得着了今次的教训,可能在将来会打漂亮的一仗。"

(161) 村人们自然都念他的好,在一次选举会上,全村人庄严地投下了神圣的一票,选他做了村长。

(162) 我在医院睡了很香甜的一觉,翌日醒来,第一眼看到的人,竟然也是你。

李善熙(2003)认为与一般叙述性形容词相比,评价性和感受性形容词更能体现说话人的主观性。以上例(160)—(162)中分别插入了评价性形容词"漂亮""神圣"和感受性形容词"香甜",表达了说话人对"打一仗""投一票"和"睡一觉"等相关事件量的主观评价和感受。

b. 非常规事件表达

相比于离析前的动宾式离合词,离析后的"V(了)数 O"结构表达的事件通常是非常规的。请对比以下用例:

第二章　名词、动词借用为动量词的语义条件及非范畴化表现　　49

(163) 朋友见面握手,表示友好,这是全世界通用的一种"符号"。
(164) 二十二晚上,他和牛老者见了一面,牛老者背着太太借给他一千块钱。
(165) 不讲合作只讲分工,只能天天吵架,无法工作。
(166) 据说在宋蔼龄捐款的当夜,夫妻二人还吵了一架。
(167) 对"双差生""流失生"要因人施教,不要动不动就向家长告状。
(168) 当天夜里,李世民进宫向唐高祖告了一状,诉说太子跟元吉怎么谋害他。

一般来说,例(163)、(165)、(167)中的离合词"见面""吵架""告状"表达的是常规事件,而例(164)、(166)、(168)离析后构成"V(了)数O"结构后表达的事件是非常规的。我们可以通过以下变换分析进行测试:

(163′) *没想到,朋友见面握手,表示友好,这是全世界通用的一种"符号"。
(164′) 没想到,二十二晚上,他和牛老者见了一面,牛老者背着太太借给他一千块钱。
(165′) *没想到,不讲合作只讲分工,只能天天吵架,无法工作。
(166′) 没想到,据说在宋蔼龄捐款的当夜,夫妻二人还吵了一架。
(167′) *没想到,对"双差生""流失生"要因人施教,不要动不动就向家长告状。
(168′) 没想到,当天夜里,李世民进宫向唐高祖告了一状,诉说太子跟元吉怎么谋害他。

2) 句法形态的非范畴化特征
a. 丧失离合词的部分形态句法特征

离合词一般能以AAB的方式重叠使用,但离析后的"V(了)数O"结构不能再以这种方式进行重叠。例如:

(169) 饭后,催王妈把碗筷收着走了,自己就躺到床上先睡一觉。
(169′) *饭后,催王妈把碗筷收着走了,自己就躺到床上先睡睡一觉。
(170) 东阳立起来,吊着眼珠,向东方鞠了一躬。
(170′) *东阳立起来,吊着眼珠,向东方鞠鞠了一躬。
(171) 石埒大哥也在河东举义反辽,曾北出崞口,与金兵狠狠地打过两仗。
(171′) *石埒大哥也在河东举义反辽,曾北出崞口,与金兵狠狠地打打过两仗。

其次,一般的离合词可充当主语、谓语、宾语、定语等多种句法成分,如以下例(172)—(175),但是离析后的"V(了)数O"结构句法功能上却受到很大限制,通常在句中作谓语,如例(176),其中的"数O"也可前置作状语,如例(177)。

(172) 睡觉可以恢复我们的精神,运动使我们的肌肉更健壮

(173) 努尔哈赤回到都城赫图阿拉时,费格拉哈便白天睡觉,夜里值班。
(174) 而且,吃完就爱睡觉,这样不长脂肪不长胖才怪呢。
(175) 晚上睡觉的枕头、被单,也都是新洗、新烫。
(176) 天亮时,敌人才发觉上了当,而抗联战士已吃饱饭后睡了一觉。
(177) 虎子吃完鸡蛋,躺在炕上一觉睡到了半晌午。

b. 获得动量词的部分句法特征

首先表现为离合词的后一语素能与数词直接组合,或与序数词、指代词组合构成指量短语。例如:

(178) 刘金生回到营房,一觉整整睡了一天一宿!
(179) 今天第一面见到千代子时,御木已经在想,她是不是已经成孤儿了。
(180) 这一跤她跌得很痛,但她拍拍灰尘后站了起来。

其次,动宾式离合词一般不可以再带宾语,如瞪眼、告状、见面、将军、救命、射箭、投票、应声等,但离析后的"V(了)数O"结构可以带宾语,常常放在动词V和数量短语中间,例如:

(181) 康故意皱起眉头,狠狠地瞪了她两眼。
(182) 第二天,导演找到编辑部来了,向我们的一位副主任告了我一状。
(183) 他从外方回来,狗姐姐早已是竹林庄的"史大嫂"了,在史家庄也见过狗姐姐几面。
(184) 几乎在同一时刻,鲁维阴洪亮的低吼声自黑暗的深处冒了出来,用最简短的两个字救了她一命。
(185) 这就跟下棋一样,有时我们会绕过小卒,直接将他们一军。
(186) 一位50多岁姓董的同志急急忙忙赶来,找到储蓄所副主任郑群英,说要在服务明星评比中投她一票。
(187) 窦惠红着眼,轻轻应了他一声:"我在这儿。"

个别离合词后一语素构成的数量短语也能够重叠,但是用例很少,例如:

(188) 人家老外一小杯晃一下午,我们当啤酒一样一杯杯干。
(189) 白酒是豪爽的,适宜一杯一杯地干。
(190) 其时,我没有使用秘技,而是从人族、神族到虫族,一关关地过,一级级地升。
(191) 关山林被揪出来不久他也被揪了出来,审查、交代、批斗,一关一关地过。

总之,动宾式离合词离析后表达动量的非范畴化特征主要体现在:语义上的主观化和非常规事件的表达;句法上会丧失原有范畴的一些特征,如不能进行AAB式重叠,句法功能大大受限,同时也获得了一些新的句法特征,如与数词直接组合,并可以带宾语成分等。

第三节 借用动量词的性质和功能探讨

那么,我们应如何看待借用动量词的性质和功能问题?宗守云(2012)认为在量词的类别系统中,"借用量词是个敏感问题,究竟应不应该把借用量词纳入量词系统,是个值得思考的问题"。以往的语法著作和教材对这个棘手的问题多采取回避的态度,往往只是把借用动量词分为借自名词和借自动词的两类,而很少从性质和功能上探讨借用动量词的量词身份。谭景春(2001)从方便词典编撰和标注的角度考虑,并根据临时量词的三个特点——数量多、开放性;词义无明显变化;可类推性——建议把借用动量词处理为名词的一种用法,词类不变,仍然是名词。李湘(2011)通过论证指出"借用动量词"其实是一种复现同指事件的表达策略,并没有实现量词的功能和身份,因此"借用动量词"这一名称"名不符实",我们觉得这似乎又有点儿"矫枉过正"。对于借用动量词的性质和功能问题,郭锐(2000)有关语法动态性的观点对我们认识借用动量词比较有启发意义。他根据词的词汇层面的表述功能,把汉语词性分为词汇层面的词性和句法层面的词性。并认为词汇层面的词性就是词语固有的词性,需要在词库中标明,而句法层面的词性是词语在实际运用中产生的,主要由句法规则控制,具有很大的语境依赖性,无需在词典中标注词性。据此,他认为"名词作状语"一类用法在词汇层面实际还是名词,在句法层面的词性是副词充当状语。换句话说,"名词作状语"用法中的名词词性范畴并没有发生改变,应该还属名词范畴,只是在句法上其功能范畴发生了转移,担任副词或介词短语的功能充当状语,其词性范畴并没有发生改变。根据非范畴化的观点,这体现了名词的功能多义性用法。

当然,通过前面对名词、动词借用为动量词非范畴化特征的考察,我们认为名词、动词借用为动量词的情况与"名词作状语"情况虽然有相似的地方,也有自己的发展特点,我们应该辩证来看待名词、动词借用为动量词的性质和功能问题。

首先,名词和动词的非范畴化路径并不相同,名词是直接借用为动量词,而动词先是要经历名词化,再借用为动量词。

其次,借用动量词内部成员的非范畴化程度也不一样。大多数借用动量词还只是处于非范畴化的中间状态,还没有实现范畴的改变,即这些借用动量词在非范畴化的作用下,只是在句法层面上实现了名词或动词功能的转移,担任了动量词的功能,但在词汇层面的词性仍然还是名词或动词,它们体现的是名词和动词的功能多义性特点。当然,我们也不应该忽略部分借用动量词已经完全丧失名词功能的事实,如去名词化形式的"拳、掌、肘、斧、锤、鞭、步、圈、声"等,它们在现代汉语口语表达中,基本只能作动量词来使用。我们认为这部分借自名词的动量词实际上已经达到了非范畴化的最终结果,不仅实现了名词功能向动量词功能的转移,而且实现了名词范畴向动量词范畴的真正转移,即它们已经取得了动量词的身份,我们可以在词类身份上把它们归入动量词的范畴,因此,在词典编撰时,最好对这部分动量词的词性范畴进行标注。由此可见,发生功能和范畴的转移是名词非范畴化后的必然结果,但由于非范畴化程度的差异,处于中间状态的借用动量词内部也呈现出一定的差异,体现了语言发展的动态性。

  名词、动词借用为动量词现象其实就是名词、动词经历的非范畴化过程,借用动量词作为名词和动词范畴到动量词范畴的中间范畴,呈现出了一系列非范畴化特征:语义上的主观化倾向,句法形式上的去名词化或动词化特征,语篇组织上的功能扩展或转移。我们利用非范畴化理论来解释借用动量词现象具有理论解释的可信度和实践操作的可依性。理论上,借用动量词的存在实际上体现的是语言系统的创新性和动态性特征。为了满足不断出现的认知与表达需求,名词、动词在非范畴化的作用下,能够不断获得动量词的意义与功能,体现了语言的创新与发展。同时,由于非范畴化程度的差异,处于中间状态的借用动量词内部也呈现出一定的差异,大部分借用动量词还只是处于范畴化过程中,只有小部分借用动量词实现了动量词范畴的转移,体现了语言发展的动态性。实践上,这也为词典编撰和语言教学提供了依据和便利。以往的词典编撰由于缺乏可以操作的标准和依据,对借用动量词的收入随意性较大,数量不一,如郭先珍(2002)的《现代汉语量词用法词典》中收录借用动量词27个,殷焕先、何平(1991)《现代汉语常用量词词典》收录借用动量词23个、刘子平(1996)《汉语量词词典》中收录了18个借用动量词,而且由于借用动量词的开放性,每部词典收录的借用动量词个体也不相同。我们认为造成目前这种混乱现状的原因其实就是缺乏相关理论的指导,本章我们利用非范畴化理论对借用动量词的考察结果可以给词典编撰和语言教学提供一定依据。我们认为对借用动量词的收录可以根据它们非范畴化的程度和结果来进行判断选择,已经发生范畴转移的借用动量词应该作为词典的收录对象,如前面我们考察出的去名词化形式的这部分借用动量词,它们已经发生范畴的转移,在实际表达中只能作为动量词单独使用,即它们已经取得了动量词的身份。根据我们的考察,这一部分数量比较小,可以把握。另外,大多数借用动量词体现的是名词和动词到动量词非范畴化的一种中间状态，它们并没发生范畴的转移，这些借用动量词则无需在词典中标注。这样作既可免去词典编撰时大量标记兼类的麻烦，缩小词典的篇幅，节省资源，也易于语言学习者的学习和判断。学习者只要掌握名词、动词借用为动量词的句法语义特征，就能够自主判断并自主运用。这实际上是掌握规则，而不是学习细节（刘正光 2005）。

第四节　本章小结

本章我们试图回答以下两个问题：
第一，什么样的名词、动词可以借用为动量词？
第二，如何看待借用动量词的性质和功能问题？

针对第一个问题，我们逐类详细考察了身体器官名词、工具器械名词、伴随结果名词、同形动词以及动宾式离合词借用为动量词的语义特征。考察发现，能够借用为动量词的器官名词通常具有[＋直观性]、[＋位移性]、[＋基本层次范畴性]、[＋口语性]等语义特征；能够借用为动量词的工具器械名词一般具有[＋手控性]、[＋位移性]、[＋不变形性]、[＋基本层次范畴性]、[＋力量的等量传递性]等语义特征；伴随结果名词借用为动量词的语义限制条件是[＋生成性]和[＋动态性]；同形动词借用为动量词则具有[＋近体性]、[＋动作性]和[＋可短时重复性]特征；能够离析产生动量用法的动宾式离合词通常具有[＋近体性]、[＋反复性]、[＋自反性]和[＋O弱受事性]等系列特征。

其次，我们主要运用非范畴化理论，从语言系统的动态性和创新性来考察借用动量词的性质和功能。考察发现名词、动词借用为动量词的过程实际上就是名词、动词经历的非范畴化过程，并呈现出一系列非范畴化特征。如语义上的主观化倾向，句法形式上的去名词化或动词化特征，语篇组织上的功能扩展或转移。但借用动量词的非范畴化程度并不是很高，因为其运行机制只通过了转喻，没有进一步隐喻泛化，所以语义并没有完全抽象化，其个体化功能也没发展好，功能上只有部分借用动量词发生了范畴的转移，大部分借用动量词在词汇层面还是属于名词、动词的范畴，只是在句法层面上名词、动词功能发生了转移，担任了动量词的功能，体现的是名词、动词范畴的功能多义性。我们运用非范畴化理论对名词、动词借用为量词现象所进行的分析，具有理论解释的可信度和实践操作的可依性。理论上它体现了语言系统的创新性和动态性，增强了理论解释的可信度。实践上它为词典编撰和语言教学提供了依据和便利。

第三章　借用动量词的句法特征与语义功能

汉语中既然有了专门称量动作行为的专用动量词,为什么还要借用名词或动词作动量词?与专用动量词相比,这些借用动量词究竟有何特殊的句法语义特征和表达差异?以往研究对这些问题的关注不够,本章将通过对借用动量词的句法分布及其与相关成分搭配、共现情况的考察,系统阐述其句法语义特征;并通过比较专用动量词与借用动量词的句法语义差异,更全面地揭示借用动量词的句法语义功能。

第一节　借用动量词的句法分布特征

我们根据借用动量词与动词搭配使用的情况,发现借用动量词一般出现在动词后"VP+数+动量"、动词前"数+动量+VP"和独用的"数+动量"[①]三个句法格式中,而且各类借用动量词在这些格式中的句法分布情况不尽相同。

一、分布格式

1. 位于"VP+数+动量"格式

位于动词短语后构成"VP+数+动量"结构,这是借用动量词最常见的句法分布,几乎所有类型的借用动量词都能出现在这个句法位置,例如:

(1) 刘板眼本来已经进了办公室,听了这话又特意回去踹了两脚。
(2) 室里刷刷刷连抽十鞭,游坦之咬紧牙关,半声不哼。
(3) 可是满喜才走了四五步,能不够又叫住他说:"满喜你且等等!"
(4) 梁队长忽然向后伸出大手摆了几摆,抑制住大家渴望战斗的情绪。
(5) 有挑战者,即入场比赛,共摔三跤,多赢者获胜。

该格式中的动词一般为单音节动词,与借用动量词组合的数词选择相对比较

[①] 我们这里的独用概念主要着眼于借用动量词是否与句中核心动词构成搭配关系而言。位于动词前和动词后的借用动量词通常与动词构成直接的搭配关系,而独用格式中的借用动量词一般不与动词构成直接的搭配关系,在句中具有比较灵活的句法分布。

自由。在实际的语料中,个别器官动量词如"头""手""屁股"等较少出现在"VP+数+动量"格式中,它们常出现在动词前的"数+动量+VP"格式中。

2. 位于"数+动量+VP"格式

"数+动量+VP"也是借用动量词比较常见的句法分布格式,大多数借用动量词也都可以出现在这个位置,例如:

(6) 儿子一口吹灭了灯,拉开窗帘,察看窗外的时光。
(7) 烤肉还没断气,一棍子打下去,将来吃起来就是一块淤血疙瘩,很不好吃。
(8) 一个女人钻出车一步迈进旅馆门廊,向亮着一盏灯的旅馆门厅楼梯走去。
(9) 丁春秋反手想再抓第十人时,一抓抓了个空。
(10) 勾魂使者道:"若是一跤跌下去,就没有腿了。"

该格式的主要特点是与借用动量词组合的数词比较受限,通常为"一",后置的动词通常不能是单音节动词,而必须是动宾式、动结式或动趋式等较复杂的短语。考察发现,有些不具有打击义的工具动量词通常不能出现于该格式,如"盘""卦""版"等。

3. 位于"数+动量"独用格式

在语料考察中,我们也发现有些借用数量短语并不跟核心动词发生联系,在句中具有比较灵活的句法位置,它们或位于句首,或位于句中和句尾,有时甚至独立成句,个别借用动量词还发展出了修饰名词的用法。我们把这些"数+动量"借用动量格式称为独用格式。

a. 位于句首

(11) 这一脚好不厉害,登时将她踢得脏腑震裂,立即毙命。
(12) 前两箭双方各打9环,第三箭都射出8环,仍然打成平手。
(13) 这一蹦,让那人一阵惊喜,拉着她的手只说漂亮了,漂亮了。
(14) 这一圈走下来基本上已经夜幕降临了,约会的目的顺利达成!
(15) 那一觉香啊,居然足足睡了24个小时!

b. 位于句中

(16) 阿飞反手一掌,将她摔了出去。
(17) 那一瞬间的光芒,那一刀的速度,根本就没人能说得出。
(18) 但在这一圈的最后一个弯道,我从反光镜里居然没看见他。
(19) 在他那一跳的时候,他想着:要用脚尖沾地呀,可不要用脚跟沾地。
(20) 但是卡拉蒙的这一跤只是个幌子,他手中的刻在阳光下一闪。

c. 位于句末

(21) 一灯举手斜立胸口，身子微晃，挡了这一掌。

(22) 公社革委会主任冷笑着又是几枪。

(23) 五号马领先了整整两圈。

(24) 她赶快将兰芝搀起，还了一拜。

(25) 终于要开口了，宋建平心不由嗵地一跳。

这类独用的"数+动量"结构前面常常会添加"这/那、第、每"等指示成分或者定语性修饰成分，此时整个结构指代一个事件。

d. 独立成句

有时，"数+动量"结构也能独立成句，这时通常具有一定表述性。例如：

(26) 讨债的和还债的拍着胸膛吵闹，一拳，鼻子打破了。

(27) 一个大无畏的血肉之躯在承受着令人发指、惨不忍睹的屠戮，一刀，两刀，五刀，十刀，二十刀……

(28) 剑奴们再进，丁鹏再退。一步，两步，三步，四步。

(29) 光环扩散着，一圈，又一圈……

(30) 然而跌一跤，又一跤，屡屡跌跤，就无长智可言了。

e. 特殊用法

另外，在独用格式中，我们发现借用动量词的一种特殊用法，那就是与名词搭配构成"一+动量+NP"结构，如："脚、枪、声、曲"等。

(31) 李国旭一脚漂亮的直接任意球使他们1∶0击败了沈阳金德。

(32) 方枪枪也抬起头，只见自家那幢四层红砖楼赫然矗立在一枪射程内，顶层一间阳台上有一大一小两个人在凭栏远眺。

(33) 那些人一见，一声尖厉的口哨响起，随即向外逃去。

(34) 街头一曲高歌，对歌唱者来说是一种娱乐和享受，但对大多数行人和临街住户而言，则是一种折磨。

我们认为以上例(31)—(34)中的"脚、枪、声、曲"与"一趟北京花了我两百块"中"趟"的用法相似，依然是动量词，不是名量词。如果用专用量词来替代，仍以"次"为佳，"个"不妥。

从上面的考察我们可以看出，借用动量词在句内一般有三个分布格式，即动词后的"VP+数+动量"、动词前的"数+动量+VP"和独用的"数+动量"格式。常用的借用动量词一般都能进入动词后的"VP+数+动量"格式中，但有些器官动量词却较少进入该格式,如"头""手""屁股"等;常用的借用动量词也都能出现在动词前的"数+动量+VP"位置,但有些不具有打击义的工具动量词却不能出现于该格式,如"盘""卦""版"等。而"数+动量"独用格式中的借用动量词一般要求与表示近指的"这"、远指的"那"、遍指的"每"、表次序的"第"等词同现,这种指称性表达使借用动量词能灵活地出现在句首、句中、句尾,甚至独立成句。个别借用动量词,如"脚""声""曲"等还发展出了修饰名词的用法。

4. 分布情况考察

从上面的考察中,我们并不能看出各类借用动量词在这三个格式中的具体分布情况。究竟哪个格式是借用动量词的常见分布位置?各类借用动量词的句法分布是否存在差异?我们还需作进一步的考察分析。我们主要依据借用动量词个体典型特征多少(如与数词搭配,句法分布等特征)以及使用频率(排除某些动量词兼名量词用法等干扰因素)。为此,我们分别选择了器官动量词、工具动量词、伴随结果动量词、同形动量词、借用离合词后一语素作动量词中使用频率最高的典型个案"脚""刀""声""动""觉"进行统计分析。我们共检索到"脚"的用例2797个,"刀"的用例1205个,"声"的用例30322个,"动"的用例482个,"觉"的用例1171个,它们在三个格式中的分布比例见下表3-1。

表3-1 借用动量词的句法分布及比例

借用动量词 \ 分布格式	"VP+数+动量" 例句	比例(%)	"数+动量+VP" 例句	比例(%)	"数+动量" 例句	比例(%)	总计 例句	比例(%)
脚	774	27.7	1496	53.5	527	18.8	2797	100
刀	407	33.8	425	35.3	373	30.9	1205	100
声	20927	69.1	6197	20.4	3198	10.5	30322	100
动	384	79.6	90	18.7	8	1.7	482	100
觉	657	56.1	465	39.7	49	4.2	1171	100

从表3-1可以看出,各次类借用动量词的句法分布情况存在一定差异。

首先,器官动量词"脚"和工具动量词"刀"都较多地分布在动词前面的"数+动量+VP"格式中,这在器官动量词"脚"的使用中表现得更为明显,"脚"在该格式中的使用超过了一半,占了53.5%,"刀"在该格式中的使用频率也是三类格式中最高的,超过了35%。可见,出现于"数+动量+VP"格式是这两类借用动量词较为常见的优势分布位置。当然,它们在"VP+数+动量"中也具有较高的分布频率,分别占到了27.7%和33.8%。在独用格式中也有不低的使用频率,分别达到了18.8%和30.9%。

其次,与前面两类借用动量词相比,伴随结果动量词"声"、同形动量词"动"和借用离合词后一语素作动量词"觉"的优势分布位置是动词后的"VP+数+动量"格式,分别达到了69.1%、79.6%、56.1%。这三类借用动量词也较多分布在"数+动量+VP"格式中,分别达到了20.4%、18.7%、39.7%。但是它们较少分布于独用格式中,只有10.5%、1.7%和4.2%的使用频率。

总体来说,动词后的"VP+数+动量"格式和动词前的"数+动量+VP"格式为借用动量词的两个典型分布格式。

二、与数词、动词性成分的选择搭配

马庆株(1990)认为"量词的意义往往须在量词与它前面成分组合的时候,或者在数量结构与后面的成分组合的时候才能充分地显示出来。量词与数词的关系最密切,要分析量词就有必要同时分析数词"。邵敬敏(1996)指出,"动词与动量词之间的选择关系首先取决于动词内部的各个小类,也依赖于动量词本身的语义特征,还涉及动词的有关对象"。下面我们将分别考察借用动量词与数词和动词性成分的选择搭配情况,以深入了解借用动量词的句法特征。

1. 借用动量词与数词的选择搭配

通过考察发现,借用动量词与数词的选择搭配主要与两个因素有关:一是与分布格式相关,不同分布格式中的借用动量词对数词的选择搭配不尽相同;其二,不同类型的借用动量词对数词的选择搭配也展现出一定的个性特征。

1) "VP+数+动量"格式中的数词选择

用于动后"VP+数+动量"格式时,借用动量词对数词的选择比较自由、灵活,这些数词在许多情况下可以比较自由地进行替换,各类借用动量词具体选择情况如下。

a. 与器官动量词搭配的数词

在器官动量词中,那些打击类器官动量词与数词搭配较为自由,如"拳、掌、脚"等,例如:

(35) 又斗数招,苗人凤忽地跃起,连踢三脚。
(36) 那僧人立即收掌,双拳连环,瞬息间连出七拳。
(37) 又是一只红烛陡然熄灭,如此连出五掌,劈熄了五只红烛。

第三章 借用动量词的句法特征与语义功能

上述例子中的数词能够相互替换，或者也可以用其他数词来代替，但通常是"十"以内的数。器官动量词也可以与表示概数的"两、几、数"等搭配使用，例如：

(38) 齐夫人吃了两口，便吃不下去了，手举着筷子发呆。
(39) 马老先生在汽车后面干跺了几脚，眼看着叫汽车跑了。
(40) 孙国义揪住小王的披肩发，用力一拽，另一只手向小王头上连击数拳。

不过，有些感知类器官动量词与数词搭配的时候受到一定限制，如"眼、耳朵、嗓子、鼻子"等，与它们搭配使用的数词仅限于"一、两、几"等，例如：

(41) 孙七爷听到了一耳朵，赶紧说："四大妈，听！"
(42) 她的笑容温和优雅，风姿更动人，就连傅红雪都忍不住要多看她两眼。
(43) 乘着武端看菜单之际，他把抹布放在肩头，掏出鼻烟壶，脆脆地吸了两鼻子。
(44) 整整几天斑虎都显得烦躁不安，时不时就要吼几嗓子。

除了"一、两、几"等概数词外，这些感知觉器官动量词一般不能与其他具体数词搭配使用，如我们不说"看了三眼""闻了四鼻子""喊了六嗓子"等表达。

从"VP+数+动量"格式中，我们可以看出，"脚、拳、掌"等打击类器官动量词所带的数词较为丰富，与它们搭配使用的数词比较自由、灵活，在许多情况下可以比较自由地进行替换；感知觉器官动量词一般只能与某些固定的数词构成数量短语，如"眼、鼻子、耳朵、嗓子"等，与它们搭配使用的数词通常仅限于"一、两、几"等。

b. 与工具动量词搭配的数词

相比器官动量词，工具动量词在"VP+数+动量"格式中与数词的搭配更为自由、灵活。与它们搭配的数词既可以是"十"以内的数字，也可以是数目比较大的数字，如"百、千、万"等。例如：

(45) 孙承祖趁春玲去打汪化堂之际，蹲到她侧面，照姑娘脑后打了一棒子。
(46) 那个负伤在地的弟兄又急忙挣扎坐起，向老虎肚子上连砍两斧，将老虎砍死。
(47) 他们鱼贯而出，对着死狗又开枪射击了八到九枪。
(48) 自成骂了一句，回头对亲兵们说："先抽他一百鞭子！"
(49) 包龙星："你这个禽兽，来人，给我打他一万二千七百三十八板……"
(50) 计算机计算过钞票上的点和线，一个点要刻几刀，一张钞票要刻上百万刀。

而且，它们也可以与"几、两、数"等概数词搭配使用，例如：

(51) 杨过也不敢多挨时刻,扬鞭在驴臀上连抽几鞭,驴子发足直奔。

(52) 海边派出所的胖子看着地上的烟棵,不时掏出一个小本子记上两笔。

(53) 一针扎下,可使哑人开口;捻上数针,开膛破肚动手术也不觉痛。

我们可以看出,在"VP+数+动量"格式中,工具动量词与数词的搭配通常比器官动量词更丰富、自由和灵活。有些表感知觉的身体器官动量词如"眼""耳朵""鼻子""嗓子"等,只能与某些固定的数词构成数量短语,而工具动量词与数词的搭配非常自由,没有这个限制,与它们搭配使用的数词既可以是"十"以内的数字,也可以是数目比较大的数字,如"百、千、万"等,还可以是"几、两、数"等概数词。

c. 与伴随结果动量词搭配的数词

大多数伴随结果动量词对数词的选择通常也没有限制,在许多情况下这些搭配的数词都可以比较自由地进行替换,例如:

(54) 女招待个个把发髻梳得跟牛犊舔过似的,跪着给客人倒酒,有时还清唱一两曲。

(55) 等那个站岗的下到二楼,又停了一会,仔细一听,毫无动静,便把那点着的烟卷在空中画了三画。

(56) 走下来是二十六步,但他把最后一步缩小,这样就正好走了二十七步。

(57) 当达到这一书写长度时,这颗小钢珠已经转完了 100 万圈。

有时候,与它们搭配使用的也可以是概数词"几、两、数"等,例如:

(58) 高山缺氧,唱几曲、跳几下就会使人心跳加快、气喘吁吁,体质稍弱一点的,就会因支撑不住当场晕倒。

(59) 小家伙嗅了嗅,转了两圈,啊呜啊呜抗议了两声,走了。

(60) 吴春的嗓音哽咽,连咳了数声,两位多愁善感的女士抹起眼泪来。

(61) 一笑腾腾退出数步,只感胸口气血翻涌,寒冷彻骨。

个别伴随结果动量词,如"程""声$_2$"通常只能与"一"搭配使用,例如:

(62) 去的那天,刘坤模送彭德怀,送了一程又一程。

(63) 黑李要是离家几天,连好朋友们他也要通知一声。

对于"叫、喊、哭、笑、叹息、欢呼、吼、吹、咳嗽、骂"等绝大多数以发音器官声音的发出为表述核心的动词来说,其后的动量词"声"既可搭配数词"一",也可为"一"以上别的数词,我们称之为"声$_1$"。但是,对于"通知、通报、告诉、问候、招呼"等以内容的表述为核心的动词来说,其后的"声"则一般只能与"一"搭配,而不能为"一"

以外别的表数词语,我们称之为"声₂"。

d. 与同形动量词搭配的数词

据高航(2018)统计,与同形动量词搭配的数词也包括两类:一类是表示"十"以内的确定数量,例如:

(64) 小喜头也不回,只把手伸回背后来摆了一摆,开开门跑出去了。
(65) 他搬动自己的脚掌,又踹了两踹,最后,他总算囫囵着回到了岸上。
(66) 二僧左手同时缓缓伸起,向着对方弹了三弹。
(67) 拔丝山药可以绕着筷子转五转而丝不断。
(68) 两人相对拜了八拜,竟然在天下英雄之前,义结金兰。

另一类为表示不确定数量的概数词,如"两、几、数"等。其中数词"几"的出现频率最高,其他数词都可以被"几"替换而不影响小句的可接受性。

(69) 王九妈端详了一番,把头点了两点,摇了两摇。
(70) 萨尔顿朝香蕉跳了几跳,可始终够不着。
(71) 那滚在山沟里的马寨主怕敌人跟着袭击,在山沟中连滚数滚,这才跃起,他手中本来拿着一对链子锤。

e. 与借用离合词后一语素作动量词搭配的数词

与借用离合词后一语素作动量词搭配的数词多为"一""两""几",尤以插入数词"一"为常,例如:

(72) 临上车,王东实向姜书记和送行的人们深深地鞠了一躬。
(73) 他们想和鲁鲁嗅鼻子,或打一架,鲁鲁都躲开了。
(74) 游击队打了两仗以后,分遣冀东各地,准备大暴动。
(75) 梁波只得被迫地说:"才见过几面,'八'字还没见一撇!"

有些可以搭配其他十以内的数值,但用例较少,例如:

(76) 刘墉到了太液池边没有跳,直眉瞪眼地冲池水鞠了三躬,他又回来了。
(77) 瞧着鞋子,杨军补充着说:"是苏中老百姓慰劳的,跑了几百里,打了四五仗,你看底没有通,帮子没有坏,线没有绽。"
(78) 中国、瑞典乒乓男队各闯九关,再次在决赛中"会师"。
(79) 法国留学生梅雪上台与高凤莲较量,引起台下一片鼓掌声,连摔十跤,梅雪虽拜下风,却也乐意融融。

有少部分离合词只能插入数词"一",不能与其他数词搭配使用,如"吃惊、将

军、救命、发言"等,例如:

(80) 宋美龄冷丁吃了一惊,一时倒没有了主意。
(81) 造反派被将了一军,仍不甘心,还是硬迫他吃。
(82) 这一跌反而救他一命,因为佑天战士那一刀扑了个空。
(83) 老郑迈着沉重的大步在前走着,始终不发一言。

总之,与借用离合词后一语素作动量词搭配的数词多为"一、两、几"等,尤其以插入数词"一"为常,极少其他数词形式。

2)"数+动量+VP"格式中的数词

相比较而言,在"数+动量+VP"格式中,与各类借用动量词搭配使用的数词都非常受限,通常只限于数词"一",例如:

(84) 文浩没说话,一拳砸在啸风家的铁门上,顿时手指乌青。
(85) 他一锄头挖下去时,忽然看到地下露出块鲜红的衣角。
(86) 李密一声令下,埋伏的瓦岗军将士一齐杀出,把张须陀的人马团团围住。
(87) "滚开!"道静激怒地喊了一声,一跳跳到了桌子边。
(88) 于是,夜里也就自动取消了值班的规矩,几个人一觉睡到大天亮。

以上例句中的数词"一"通常不能自由替换为其他数词。虽然该格式中有的借用动量词还可以与"一"以外的数词进行搭配,但这种情况在我们所收集到的语料极少。例如:

(89) 两人过来,三拳两脚把他打倒在地,拖到一旁,紧紧地守着他。
(90) 一个理发兵走来,不待他坐好,三两刀就剃光了他多年蓄留的长发。
(91) 他的两条大长腿两三步跨下楼,把箱子夺过来。
(92) 阮太太几圈还没兜成,就被教练判断为学不会的。

虽然以上几例中的数词都不是"一",而是"两""三""几"等概数词,但如果把这些数词联系到整个上下文来看,这些概数词仍有表量少的意义。如例(89)—(92)中的"三拳两脚"就把"他"打倒在地,"三两刀"就已经把"长发"剃光了,"两三步"就跨下了楼。

总之,从收集到的实际语料看,能够在"数+动量+VP"格式中出现的数词是很有限的,一般只限于"一"。该格式中能够与"一"以外的数词进行匹配的借用动量词不多,这时它们所构成的借用动量短语通常具有少量义。李晓蓉(1995)认为该格式内的"少量"是"对比关系的一方",李宇明(1998)认为上述的"少量"是主观小量的评价,我们认为该格式中的借用动量短语的表义应该从构式整体的角度来

第三章 借用动量词的句法特征与语义功能

考察。具体分析见第六章借用动量词相关构式的个案分析。

3)"数+动量"独用格式中的数词

经考察,该格式中的数词通常也限于"一",例如:

(93) 父亲在我屁股上留下生平最狠的一掌。

(94) 到处是毁墙的炮声,每一炮,都像在梁思成的心中炸响。

(95) 这一拜,便算拜了阳教主为义父。

(96) 金三爷的方头红鼻子一齐发了光,一步,他迈到牌桌前。"谁滚出去?"

(97) 许三多栽倒在地上,他痛得连支撑一下的力气都欠奉,结结实实的一跤。

与其他数词搭配使用的情况很少,与概数词"两、几"有较少用例:

(98) 这两巴掌等于打掉了他以后的尊严,使他在人前永远抬不起头来!

(99) 有谁能断定,这几枪到底是什么意思呢?

(100) 当巴戈茨基摆脱了最险的那几步,大大地松了一口气,回过头往后看了看。

(101) 冯婕今天超过了姚伟丽,但她只在最后一跳中发挥出色,前几跳是在6米30多。

综上所述,我们认为借用动量词与数词的搭配主要与两方面要素相关:

一方面与借用动量词的分布格式相关。首先,在"VP+数+动量"格式中出现的数词比较自由,这些数词在许多情况下也可以比较自由地替换。其次,与"VP+数+动量"格式中的数词不一样,"数+动量+VP"格式和"数+动量"独用格式中的数词受到的限制都是比较大的,数词一般只限于"一",它们与"一"以外数词搭配的用例较少。

另一方面,与借用动量词的类型密切相关。虽然从整体来说,动后"VP+数+动量"格式中的借用动量词与数词搭配比较自由,但各类别借用动量词与数词的搭配还是存在一定差异。工具动量词、伴随动量词相对更加自由,它们既可以搭配"十"以内的数字,也可以是数目比较大的数词"百、千、万"等,还可以是概数词"几、两、数"等。但是器官动量词、同形动量词、借用离合词后一语素作动量词与数词的搭配比较受限,它们通常要求与"十"以内的小数目和概数词搭配使用。有些感知类的器官动量词如"眼、耳朵、嗓子、鼻子"等,它们与数词搭配的时候受到更严格的限制,与它们搭配使用的数词仅限于"一、两、几"等,它们一般不能与其他数词搭配使用,如我们通常不说"看了三眼""闻了四鼻子""喊了六嗓子"等表达。有些借用离合词后一语素作动量词仅限于与数词"一"搭配,如"吃一惊、将一军、救一命"等。

2. 借用动量词对动词的语义选择

动量词与动词之间存在着一种相互选择的关系,也就是说动量词与动词的匹配一方面取决于动量词自身的语义特征,同时也跟动词本身的语义特征密切相关(邵敬敏 1996)。在第二章中,我们对于具有什么语义特征的名词、动词可以借用为动量词的情况作了较为详细的考察,但是我们也发现即使是具有这些语义特征的借用动量词并不一定能构成合法的动量表达,例如:

(102) a. 闻一鼻子　　b. *捏一鼻子

(103) a. 踢一脚　　　b. *走/跑一脚

(104) a. 刺一剪刀　　b. *玩一剪刀

(105) a. 走几步　　　b. *巡游几步

比较以上这几组对立用例,"鼻子""脚""剪刀""步"都符合名词借用为动量词的语义特征,为什么 a 列合法,b 列却不合法?我们认为这很好验证了邵敬敏(1996)的观点:一个合法的借用动量表达不仅跟借用动量词本身的语义特征相关,而且跟与其组合的动词也有密切联系。那么能与借用动量词搭配使用的动词具有什么样的语义特点?各类借用动量词与动词又有何搭配规律?因为同形动量词是与自己同形的动词搭配使用,离合词借用为动量词的语义特征我们在第二章都已作考察,本节我们主要考察器官动量词、工具动量词和伴随结果类动量词与动词的选择搭配情况。

1) 器官动量词对动词的语义选择

根据我们(过国娇 2019)考察分析,能与器官动量词搭配的动词一般具有以下语义特点:

a. 器官凭借性

所谓器官凭借性是指这个动作的完成需要借助人体器官的帮助才能完成,也就是说器官和所搭配的动作之间存在一种"凭借物—动作"的关系。像前面例(102)b 列中所说的"捏一鼻子"之所以不成立,就是因为"捏"与"鼻子"之间构成的是施受关系,而并非"凭借物—动作"的关系。一个动词所表示的动作是否能和某个器官构成"凭借物—动作"的关系,通常可以通过对该动词进行义素分解的方式获知,例如对动词"闻、踢、瞟、舔"而言,《现代汉语词典》(第 7 版)的解释是:

【闻】:用鼻子嗅。(P1374)

【踢】:抬起腿用脚撞击。(P1284)

【瞟】:斜着眼睛看。(P1001)

【舔】:用舌头接触东西或取东西。(P1297)

很明显,词典对这些动词进行义素分析时已经包含了相应的器官义素在内,如"闻"包含的器官义素是"鼻子","踢"包含的器官义素是"脚","瞟"包含的器官义素是"眼睛","舔"包含的器官义素是"舌头"。徐默凡(2004)根据动词的语义框架理论,认为这里的"器官义素"实际是动词的语义框架对"器官凭借论元"提出的语义要求,可见,这些动词的语义框架都对器官凭借论元提出了明确的要求。我们可以用"用+N+V"格式来检验这种"凭借物—动作"的关系,能够进入这种格式的就存在上述这种关系,否则就不存在。如前面例(102)a 列中的"闻—鼻子"可以变换为"用鼻子闻",而 b 列中的"捏—鼻子"却不能变换为"用鼻子捏",所以,前者是存在"凭借物—动作"关系,后者不是。

b. 单动作性

但是我们也发现许多需要借助人体器官才能完成的动作动词,并不一定就能和器官动量词组合成合法的动量表达,例如:

(106) *走一脚(腿)/跑一脚(腿)

"走、跑"等动作都要借助"脚"或"腿",可我们不能说:走了一脚(或腿)、跑了一脚(或腿),相似的情况还比如:

(107) *揉一手/卷一手
(108) *说一口(嘴)/唱一口(嘴)

"揉、卷"等动作都要借助于"手",可我们也不能说"揉一手、卷一手","说、唱"等要借助"嘴"或"口"才能完成,但我们一般也不说:说了一口(或嘴)、唱了一口(或嘴)。通过观察,我们发现"走、跑、揉、说、唱"等动作的进行并不是对器官的一次使用就可以完成的,也就是不具有 Smith(1991)所说的单动作性(semelfactive),所以也不能与器官动量词搭配组合。这些动词的非单动作性我们来看《现代汉语词典》(第 7 版)的相关注解便可得知:

【走】:人或鸟兽的脚交互向前移动。(P1746)
【跑】:两只脚或四条腿儿迅速前进。(P981)
【揉】:用手来回擦或搓。(P1108)
【卷】:把东西弯转裹成圆筒形。(P710)
【说】:用话来表达意思。(P1232)
【唱】:依照乐律发出声音。(P150)

既然"手来回擦或搓"才可以称之为"揉","脚交互向前移动"才可称之为"走","两只脚或四条腿迅速前进"才可称之为"跑",因此,从时量上看,完成"揉、走、跑"

单位动作所需的时值显然要大于"手"摩擦一次或"脚"往前移动一次所需的时值，这样，如果把"手"作为"揉"的计量单位或把"脚"作为"走、跑"的计量单位，显然是不合适的了。"卷、说、唱"的情形与"揉、走、跑"相类似，"卷、说、唱"等动作的进行并不是对器官的一次使用就可以完成的，动作一次完成的时值与器官的一次使用所需时间不能吻合，即它们也不是单动作性动词，所以也不能与相应的器官动量词搭配使用。

能带器官动量词的动词通常具有单动作性，如前面提到的"踢、瞟、舔"等，即它们完成一个动作的来回正好是对器官的一次使用。具有单动作特征的动词通常不能出现在进行体中（郭锐1993），因此，我们判断一个动作是否为单动作动词可以通过添加"在"或"着"等进行体助词来进行区别，不能与"在"或"着"共现的为单动作动词，否则为非单动作动词，例如：

（109）＊他正踢了一脚。
（110）＊他舔着一舌头。
（111）他正走着。
（112）他正唱着。

例（109）和（110）不能允准进行体表达，其中的"踢"和"舔"为单动作动词，而例（111）、（112）与进行体助词"在"或"着"的搭配非常自如，因此其中的"走"和"唱"都不是单动作动词。单动作动词能与器官动量词自由搭配，非单动作动词不能与器官动量词搭配使用。

c. 瞬时性

正如前文分析指出的，能够与器官动量词搭配使用的一般是单动作动词，而且我们也发现要真正构成合法的动量表达，这些单动作动词所表单位动作同时还必须具有[＋瞬时性]的语义特性，即在这些单动作实施过程中，能量传导必然是在动作现场瞬时完成的，整个过程可以反复但不能持续。这种[＋瞬时性]语义特征也可以在句法上得到印证：

（113）＊不停地看了一眼。
（114）＊慢吞吞地顶一脚。
（115）不停地看了几眼。
（116）慢吞吞地顶了几脚。

例（113）、（114）中的动词"看""顶"本身所指涉的事件可以是一个瞬间完成的动作，也可以是一个延时性的动作，但一旦它们带上了"一眼""一脚"等动量成分，则只能是指一个瞬间完成的动作,所以此两例动量前的"不停地""慢吞吞地"等表示长时性的修饰成分与单动作的[＋瞬时性]语义特征相矛盾,故该两例不能成立。但"看""顶"等瞬时单体动作也可以反复发生,如例(115)、(116)所示,此时"看几眼""顶几脚"已经成了一个具有内部结构的反复性(iterative)事件。陈平(1988)认为当这类动词表示多次发生的活动时,应当解读为重复性语义(repetitive reading),因此就可以接受"不停地""慢吞吞地"等凸显动作过程的修饰语了。器官动量词的[＋瞬时性]语义特征也决定了像"注视、凝望、阅读"等表示长时特征的动作动词通常不能与之搭配使用。

总之,身体器官名词要想成功地借用为动量词并与相关动词构成合法的动量表达,不仅取决于这些身体器官名词自身的语义属性,而且与所搭配的动词的语义特征密切相关,它们之间是互相选择匹配的关系。

可是,每个器官动量词与动词的搭配能力并不是均衡的,有的器官动量词与动词搭配的能力很强,可与多个动词搭配使用,如"头、眼、口、掌、脚"等,而有些器官动量词与动词的搭配能力则很受限制,只能跟有限的一个或两个动词搭配使用,如"脑袋、鼻子、舌头、耳朵、屁股"等。因为人体器官与外界互动时,可以发出各种各样的动作,有的器官可以发出多种动作,如"看一眼、瞪一眼、瞥一眼、瞅一眼、瞟一眼、瞄一眼"等,有的器官只能发出很少甚至一个动作,如"闻一鼻子,舔一舌头,听一耳朵"等。而从动词对器官动量词的选择搭配而言,主要呈现出以下两种关系:

第一,专一性搭配关系(偶配关系[①]):大多数与器官动量词搭配的动词只能与一种专属的器官动量词进行搭配,这些动词与相应的器官动量词形成了一对一的配对关系,如"看→眼、踢→脚、吃→口、闻→鼻子、听→耳朵、叫→嗓子、舔→舌头、掴→巴掌"等。陈昌来(2003)认为,这些动词与器官动量词之间的依存性很强,动词词义中直接蕴涵了器官动量词的语义,人们一般从动词词义就可以直接推断出器官动量词的存在。如当我们说到"看"这个动作时,必然会想到要凭借"眼睛","舔"这个动作也必然要凭借"舌头"才能完成。徐默凡(2004)把这种动词称为"人体类专一性工具动词",并认为人体类专一性工具动词就是以人体器官为工具的动词,也就是说"这些动词的语义框架对器官工具论元提出了明确要求"。徐默凡还根据《汉语动词用法词典》统计出这一类人体类动词共有 121 个,其中又以与"手"和"嘴"相关的人体类动词最多。这恰好证明了语言是客观世界的忠实反映。在现

[①] 王珏(2001)认为当器官名词(QM)一定具有某个器官动词(OD)的动作义,而器官动词(OD)一定且仅能包含有该器官名词(QM)的部位时,二者构成"偶配关系",反之为"非偶配关系",这两个概念与我们的"专一性关系"和"泛化性关系"概念相对应。

实世界中，人类最得力的工具就是人体自身，其中"手"和"嘴"在人类活动中又扮演着至关重要的角色。"手"是最灵活的和最方便的人体工具，能帮助人类作出各种动作，实施各项复杂的任务；而"嘴"在人类生活中承担的功能最多，比如说呼吸、进食、说话、亲吻等人类基本活动都离不开"嘴"的参与。以上这些生活经验反映到语言中，就构成了与"手""嘴"相关的人体类工具动词占优势的局面。

第二，泛化性搭配关系(非偶配关系)：同时，我们也可以看到个别能与器官动量词搭配的动词搭配能力比较强，可与多个器官动量词进行搭配，如"打、顶、撞"等，这些动词与器官动量词形成的是一对多的泛化搭配关系，如"打"可以与"掌/巴掌、拳"等不同的器官动量词搭配，"撞"也可以搭配"头、屁股、膝盖"等不同的器官动量词。显然，这些动词与器官动量词的依存关系比较弱，动词词义中并不直接蕴涵器官动量词的语义，从动词词义也不能直接推断出器官动量词的存在。如，当我们说到"打"这个动作时，其工具的使用就具有多选性和不确定性，既可以是人体工具"拳、掌、肘"，甚至还可以是其他一般工具"棍、棒、鞭"等。可见，这些动词对所凭借的工具论元提出的要求比较泛化，因此，徐默凡(2004)称之为"泛化性工具动词"。

通过考察发现，与器官动量词搭配使用的泛化性工具动词非常少，大多数与器官动量词搭配使用的动词都是"人体类专一性工具动词"。

2）工具动量词与动词的选择搭配

第二章中我们探讨了借用为工具动量词的工具器械名词必须具有［手控性］、［位移性］、［不变形性］、［基本层次范畴性］、［力量的等量传递性］等典型语义特征，但即使是具备这些语义特征的名词，也并不一定能与动词构成合法的动量表达，如前面例(104)提到的"剌一剪刀"可以说，但"玩一剪刀"就不成立。显然合法动量的结构表达不仅跟名词本身的语义特征密切相关，而且跟与其组合的动词也有密切联系。那么能与工具动量词搭配使用的动词具有什么样的语义特点？工具动量词与动词又有何搭配规律？我们(过国娇 2019)分析了与第二章中考察出的 43 个工具动量词搭配的动词使用情况，发现它们一般具有以下语义特点。

a. 工具性

所谓工具性就是这些动词的语义框架对工具论元提出了明确要求，而且大部分与工具动量词搭配使用的动词词义里本身就包含了工具的义素特征，我们随意抽出几个动词在《现代汉语词典》(第 7 版)中进行了检验：

【砍】：用刀斧猛力把东西断开。(P705)

【剪】：用剪刀等使东西断开。(P617)

【扫】：用苕帚、扫帚除去尘土、垃圾等。(P1091)

【写】：用笔在纸上或其他东西上做字。(P1394)

通过动词词义的展示，可以看到其中的有些动词含有单一的、确定的工具义素，如"砍"含有[＋使用刀具类]，"剪"含有[＋使用剪刀]义素，"扫"含有[＋使用笤帚、扫帚]的义素，"写"含有[＋使用笔]等，正是因为这些动词与所凭借的工具名词之间存在着这种义素对应性，"砍一刀、剪两剪刀、扫几扫、写两笔"等才成了合法的动量表达。而例(104)中的"玩一剪刀"之所以不成立也在于其中的动词"玩"对工具论元的语义要求并不明确。

b. 瞬时性

徐默凡(2004)把语义框架对工具论元提出了语义要求的动词称为工具动词，那么是不是所有的工具动词都可以跟工具动量词组合搭配呢？为此，我们也对孟综的《汉语动词用法词典》进行了考察，我们发现事实并非如此，例如：

【绑】：用绳、带等缠绕或捆扎。(P12)
【擦】：用布、毛巾等摩擦使干净。(P31)
【裹】：用纸、布或其他片状物缠绕。(P161)
【飞】：利用空中机械在空中行动。(P132)

上述动词的语义框架对工具论元都提出了明确的语义要求，如"绑"需用"绳、带"等，"擦"是用"布、毛巾"等，"裹"需用"纸、布"等，"飞"需要凭借"空中机械"等，但是这些工具动词与所凭借的工具名词却不能构成合法的动量表达，我们不能说"绑一绳子""擦一毛巾""裹一布""飞一飞机"等。原因一方面是因为这些工具动词所凭借的工具名词并不具备借用为工具动量词的典型语义特征，如"绑、擦、裹"等工具动词凭借的工具名词"绳子、毛巾、布"缺乏[力量的等量传递性]的语义特征，工具动词"飞"凭借的工具名词"飞机"是靠机械操作的，不具有[手控性]的语义特征。另一方面也与动词本身不无关系，因为我们同时也发现，虽然有些工具动词所凭借的工具名词具备了[手控性]、[位移性]、[不变形性]、[基本层次范畴性]、[力量的等量传递性]等典型语义特征，但也不能与工具动词构成合法的动量表达，例如：

【钓】：用钓竿捉鱼或其他水生动物。(《用法词典》P99)
【磨】：用磨等把粮食等弄碎。(《用法词典》P256)
【撬】：用棒状物的一头插入缝中或孔中，用力压一头。(《用法词典》P300)
【锁】：用锁使门、箱子、抽屉等关住或使铁链拴住。(《用法词典》P351)

虽然"钓竿""磨""棒""锁"等工具名词具备了借用动量词的典型语义特征，但我们仍不能说"钓一钓竿""磨两磨""撬两棒""锁几锁"等表达,看来,工具名词和工具动词能否构成合法的动量表达似乎还有其他的语义条件为基础。仔细考察后我们发现,该条件就是能进入"工具动词+数词+工具动量词"结构的工具动词同时还应具有[瞬时性]的语义特征,即这些动词都是郭锐(1993)所说的"点结构动词",它们代表的动作行为都是瞬间完成的,动词的起点和终点几乎重合,在时间轴上它只能表现为一个个体的点。正因为"钓、撬、锁"等动词所表示的时间是可长可短的,不具有[瞬时性]的语义特征,所以"钓一钓竿""撬两棒""锁几锁"等动量表达不能成立。而前面的"捣一棍子、锯两锯、砍几刀、扇两扇子"等动量表达之所以能够成立,就是因为其中的工具动词具备了[瞬时性]的特征。

从工具动量词与动词的搭配情况来看,主要呈现出以下特点:

首先,每个工具动量词与动词的搭配能力并不是均衡的,有的工具动量词与动词搭配的能力很强,可与多个动词搭配使用,如刀、枪、棒等,而有些工具动量词与动词的搭配能力则很受限制,只能跟有限的一个或两个动词搭配使用,如犁、耙、扇、梳子等。因为人类在对客观世界进行改造时,总是根据不同的目的采用不同的方式处理自己想要作的事情。人们可以选择同一种工具来实施不同的动作行为,如"刺一刀、戳一刀、割一刀、砍一刀、划一刀、捅一刀、切一刀、扎一刀"等,也可以选择特定的工具来完成特定的动作行为,如"打一耙、耕一犁、扇一扇、梳一梳子"等。一般来说,前者与动词之间的依存关系要弱于后者与动词的依存关系,后者的语义一般为动词词义所直接蕴含,从词义就可以直接推断出工具的存在。徐默凡(2004)认为这些工具往往是生产生活中最常用的工具,因而我们对它们的操作也较熟练,工具的透明性程度也较高,通常可以纳入人们的附带觉知中。

同时,每个与工具动量词搭配使用的动词其搭配能力也是不一样的,有的动词搭配能力很强,可与多个工具动量词搭配,如打、敲、砸、扎等,而有些动词只能与一种专属的一般工具动量词搭配,如耕、刨、剪、锄、锯、梳等,徐默凡(2004)称前者为泛化性工具动词,后者为专属类专一性工具动词。泛化性工具动词的语义框架对工具语义论元提出的是泛化性要求,一个工具动作行为可对应多个工具论元,如"打——棒、棍、鞭、竿、锤、榔头、扫把、掸子、电棒"等,这就意味着对这些行为而言,工具的透明性程度较差,行为者不能毫无障碍地同化这些行为,它们不能完全纳入语义框架的附带觉知中。专一性工具动词正好与泛化性工具动词相反,它们对工具论元提出的是专一性要求,一个工具动作行为只对应一个工具论元,如:耕——犁,写——笔,刨——刨子,铲——铲子,锄——锄头,剪——剪子,锯——锯子,梳——梳子,扇——扇子,等等。不难看出,大多数专一性工具动词都具有与之同形的工具名词,这些同形名词一般后加"子""头"等名词性质的后缀。据徐默凡

(2004)考察,专一性工具动词数量不多,只有25个,这些工具动词和名词是同源的,究竟是先有动词还是先有名词,现在已经很难一一查考,但这种同源现象反映了人类的认知中的一种转喻现象。而这些专一性工具动词和相应的工具名词之间也是一种典型的转喻造词法,要么是用行为来转喻行为工具,要么是用行为工具来转喻行为。这种造词法反映了人类的认知原则,在汉语中十分常见。

综上,与工具动量词搭配使用的动词通常具有[工具性]、[瞬时性]的语义属性,而工具动量词与动词之间的组合搭配是一个双向选择的过程,每个工具动量词与动词的搭配能力并不是均衡的,有的工具动量词与动词搭配的能力很强,可与多个动词搭配使用,如刀、枪、棒等,而有些工具动量词与动词的搭配能力则很受限制,只能跟有限的一个或两个动词搭配使用,如犁、耙、扇、梳子等。相同的,每个与工具动量词搭配使用的动词其搭配能力也是不一样的,有的动词搭配能力很强,可与多个工具动量词搭配,如打、敲、砸、扎等,而有些动词只能与一种专属的工具动量词搭配,如刨、锄、耕、剪、锯、梳等,徐默凡(2004)称前者为泛化性工具动词,后者为专属类专一性工具动词。

3)伴随结果动量词对动词的语义选择

周娟(2012)从与动词组合的角度将伴随性结果动量词分为以下三组,我们将其概括为位移类伴随性结果动量词、书写类伴随性结果动量词、声伴类伴随性结果动量词。

位移类伴随性结果动量词:

步、圈、程

书写类伴随性结果动量词:

笔、画、划、道

声伴类伴随性结果动量词:

声、曲

"步、圈、程"都是位移动作所产生的伴随结果,"笔、画、划、道"则是书写类动作所产生的伴随结果,而能产生"声、曲"的相关动作在实施时必须伴随声音的发出。当然,这只是一个初步概括,从与动词的具体组合情况来看,这三组借用动量词都具有自己的共性和个性。

a."步、圈、程"对位移义动词的语义选择

"步""圈""程"是借用空间距离的名词而来的动量词,因此跟它们组合的动词大多具有位移义,比如:

(117) 孩子忽然高兴起来,歪歪斜斜跑了几步,然后着力地一跤摔在墙边。
(118) 巴天石奔到木屋之外绕了两圈,察见并无异状。
(119) 常遇春行了一程,但见蝴蝶越来越多,或花或白,或黑或紫,翩翩起舞。

但"步""圈""程"对位移义动词的选择也呈现出一定的个性特征:

首先,与"步"搭配的位移动词通常都是可以用"步"来进行计量的动作,也就是具有[+计步性]特征,例如"跨、迈、踱、跐、踩、跃、挪、趔趄、蹒跚"等动词通常与"步"组合搭配。

(120) 陈皓若急了,横跨一步,笔直地挡在方英达面前。
(121) 周恩来站起身,双臂交叉抱在胸前,在房间里来回踱了两步。
(122) 他以顽强的毅力坚持站住,趔趄了几步忍痛站稳,向迪金森举起了枪。

其次,与"圈"搭配的动词通常具有[+来回移动性]或[+绕行性]特征,例如:扫视、扫射、比画、挥舞、徘徊、辗转、转、盘旋、循环、绕/环绕、环顾、环岛、环城、环视、环绕、周游、巡游、绕行、旋舞、兜、旋转、转悠、溜达等动词就常与"圈"搭配使用。

(123) 走在前边的李占辉边寻思边朝四野望去,扫视一圈,未见任何疑点。
(124) 影片拍摄完毕后在国外周游一圈,赢得了海外观众的阵阵喝彩。
(125) 那蝶儿即便被轰起来了,盘旋两圈后又会缓缓落下,甚至停落在你的手上和肩上不肯离去。

再次,与"程"搭配的动词通常是没法用"步"精确计量而路程又较远的位移动词,如开、驶、载、飞、捎、送、奔等。

(126) 在那个滂沱大雨的清晨,他在计程车上,载我一程,我们一同听《人间》。
(127) 人们从四面八方涌过来,有的拉住红军战士的手,送了一程又一程。
(128) 他奔出一程,便立定脚步,等候后面来的同伴。

b. "笔、划、画、道"对书写义动词的语义选择

"笔、划、画、道"用来称量书写、描摹的笔画或痕迹。

首先,"笔"与"写、刻、划、记"等书写义动词组合时,"笔"与"画、划、道"的意义大体相同,用于表示用笔书写的笔画或工具刻画的痕迹数量。例如:

(129) 他们提起笔来,刚刚写了两笔,就叫张士诚拉出去杀了。
(130) 先生便教他临摹,写一画教"这是一字",写两画,又教"这是二字",写了三画告诉他:"这是三字。"

(131) 安藤彻见林姑娘犹豫不决,"唰"的一声拔出一把尖刀,在手腕上划了一道。

其次,与"描、抹、勾勒、画、填、勾、涂抹、修改、涂"等描摹义动词组合表示绘画的笔画数量时,这时"笔"与"画、划、道"的意义不同,一般不能互换。例如:

(132) 许多女人会描几笔写意山水,可是写字要她们的命。
(133) 绘画我虽然不大会,高兴时也喜欢涂抹几笔,所以我的书架上除了磊磊落落许多书本以外,还有十来册珂罗版印的近代名家精品。

c. "声、曲"对声伴类动词的语义选择

"声""曲"分别由"声音"和"歌曲、曲子"义引申而来,因此,在对动词的语义选择上,"声"和"曲"都倾向于与"与声相伴的动作"(简称为声伴义动词)相组合。

一是"曲"对声伴义动词的语义选择。与"曲"组合的声伴类动词主要有以下两类:

第一类是"演唱"义动词,如"歌、唱、歌唱、演唱、清唱、表演"等。

(134) 青年演员郭蓉、牟炫甫雨中高歌一曲,道出一片深情
(135) 20世纪80年代美国摇滚巨星麦克·杰克逊引吭一曲,直唱得百事可乐享誉五大洲。

第二类是"弹奏"义动词,如"弹、奏、拉、弹奏、演奏、弹唱"等。

(136) 农民王生的母亲过72岁生日,王岩的孩子们去给奏了几曲。
(137) 有些高校怕学生听不下去中途离开,事先告诉学生一定要坚持到底,结果却是曲目完后加演几曲,学生仍不愿离去。

二是"声"对声伴义动词的语义选择。"声"可搭配的声伴义动词范围最广,常见的主要有以下几类:

第一是喊叫类动词。这是最常搭配的一类,主要有"喊、大喊、高喊、呐喊、呼喊、叫喊、叫、大叫、惨叫、喊叫、惊叫、怪叫、尖叫、吼叫、吼、大吼、怒吼、长吼、狂吼、大呼、惊呼、高呼、欢呼、呼唤、叫唤、大喝、高喝、猛喝"等。例如:

(138) 在这千钧一发之际,王兆坤高喊一声:"快闪开!"
(139) 曹髦上前大喝一声,挥动剑杀过去。
(140) 大眼鬼大呕大吐,狂吼几声,就不见了,从此再也不来了。

第二是拟声类动词和拟声词,如"哼、吭、咳、嘘、咳嗽、嘟囔、啊、扑通、哎呀、哗啦"等。

(141) 老东山哼一声,闭上了眼睛,挑着空桶往家走,吩咐淑娴回家拿麦子。
(142) 陆小凤轻轻咳嗽了两声,道:"不醉无归,到这里喝酒的,难道都非醉不可?"
(143) 五个老乡一听,满心高兴,哗啦一声,把枪一齐放在地下。
(144) 话音刚落,罗治芳两条瘦老的膝盖,扑通一声,跪了下去。

第三是哭笑类动词。主要有"哭、大哭、痛哭、笑、冷笑、苦笑、大笑、干笑、傻笑、嗤笑、狞笑、猛笑、长笑"等,例如:

(145) 海儿看见大家哭,他觉得奇怪,也跟着哭了几声。
(146) 武尔坤只是冷笑几声,对着努尔哈赤吐唾沫,仍是一言不发。
(147) 母亲看我脸有难色,立即不屑地干笑两声:"还在使你的臭脾气!"

第四是感叹类动词。主要有"叹、叹息、长叹、轻叹、感叹、慨叹、喟叹、哀叹、嘘叹、惊叹"等。例如:

(148) 小林感到自己也变得跟个娘们差不多了,不由感叹一声。
(149) 马威把这些话告诉了父亲,马老先生没说什么,点着头叹息了两声。
(150) 王仲民哀叹一声:"天呢!他们怎么就算得这么准!"

第五是责骂、问答类动词。主要有"骂、咒骂、大骂、痛骂、诅咒、问、反问、催问、应、应答、回应、答应、答、回答"等。例如:

(151) 艄公骂一声"小赤佬",拿一个西瓜掷向游得最近的顽童。
(152) 余明义准备再问一声时,老人却发出一阵毛骨悚然的笑声。
(153) 莽古尔泰答应一声,急忙领着三千人马迎了上去。

第六是招呼、通知类动词。主要有"说、道、招呼、称呼、问候、通知、通报、告诉、嘱咐"等。例如:

(154) 蔡大胡子笑道:赵老板两天没来了,有事跟我说一声吧。
(155) 庄大鹏上去招呼一声,要老丁帮忙算算他和孟保田今天的运气。
(156) 神易大学已经开学,赵子曰连号房也没通知一声,挺着腰板往里闯。

最后是演奏类动词。这一类动词与"曲"对动词的选择相似,也包括演唱义和弹奏义两类动词,但这种搭配不常用,例如"唱、高唱、哼唱、弹、吹"等。

(157) 耍龙的人立定了,高唱几声:"恭喜发财!"
(158) 程英拨弦弹了两声,虽不成调,却仍是"桃之夭夭"的韵律。

(159) 马粪包自残后,有时在隆冬时节,也要吹几声叫鹿筒,仿佛在呼唤已经远离他的雄性气息。

综上可知,各次类借用动量词与相关动词的搭配体现较强的相互选择性。与器官类动量词搭配的动词通常具有[＋器官伴随性]、[＋单动作性]、[＋瞬时性]等语义特征,大多数器官动量词与搭配的动词形成了一对一的配对关系,如"看→眼、踢→脚、吃→口、闻→鼻子、听→耳朵、舔→舌头"等。与工具动量词搭配使用的动词通常具有[＋工具性]、[＋瞬时性]的语义属性,而工具动量词与动词之间的组合搭配是一个双向选择的过程,每个工具动量词与动词的搭配能力并不是均衡的,有的工具动量词与动词搭配的能力很强,可与多个动词搭配使用,如刀、枪、棒等,而有些工具动量词与动词的搭配能力则很受限制,只能跟有限的一个或两个动词搭配使用,如犁、耙、扇、梳子等。相同的,每个与工具动量词搭配使用的动词其搭配能力也是不一样的,有的动词搭配能力很强,可与多个工具动量词搭配,如打、敲、砸等,而有些动词只能与一种专属的工具动量词搭配,如耕、剪、锄、梳等,徐默凡(2004)称前者为泛化性工具动词,后者为专属类专一性工具动词。伴随结果类动量词根据语义特点又可分为位移类、书写类、声伴类三小类,每小类伴随结果动量词选择搭配的动词既具有共性也存在个性。如与"步、圈、程"搭配使用的动词通常要求具有位移义,但"步"通常选择具有[＋计步性]特征的位移动词,"圈"则常搭配[＋来回移动性]或[＋绕行性]特征的位移动词,而与"程"搭配的动词通常是没法用"步"精确计量而路程又较远的位移动词。"笔、划、画、道"常与"书写""描摹"义的动词组合搭配。声伴类动量词"声、曲"都可以搭配"演唱""弹奏"类动词,但"声"对动词的选择范围广泛得多,它还常与喊叫类、拟声类、哭笑类、感叹类、责骂问答类、招呼通知类等动词搭配使用。

三、与相关成分的共现情况

1. 与宾语成分共现

首先,不是所有的借用动量词都可以与宾语共现,常与宾语共现的为器官动量词、工具动量词,例如:

(160) 宝庆真想揍唐四爷一顿,给他一巴掌,踢他一脚。
(161) 她擂了王喜的后背一拳,王喜不知发生了什么事,忙把车子停了下来。
(162) 白大嫂子扶着老田太太,想挤进去,也去打他一棒子,但没有成功,她俩反倒被人撞倒了。
(163) 后边的特务,更狠地又抽了解文华一鞭子,抽得解文华又"哎哟"的一声坐在了地下。

个别伴随动量词,如"声"也可与宾语共现,如:

(164) 吉文想喊他一声,却怎么也喊不出。
(165) 老王刚要退出去,她连忙补了一句:"你上楼告诉她一声。"

部分借用离合词后一语素的动量词也可以与宾语共现,如"面、状、军、命"等。

(166) 陆大可在后面看她,故意大声道:"你还甭说,自从在太原府见了这小子两面,这些天我还挺想他呢!"
(167) 大商人仗势向官府告了淳于意一状,说他是错治了病。
(168) 张献忠在心里骂道:"龟儿子,又将了老子一军!"
(169) 后来,一个到京都访亲友的年轻郎中,三服药就救回了旦角一命。

其次,当借用动量词与宾语共现于动词后时有两种不同的语序,即"动+动量+宾"和"动+宾+动量"(以下分别简称为"VMN"和"VNM")。借用动量词与宾语的共现顺序通常为"VNM",例如:

(170) 宝庆真想揍唐四爷一顿,给他一巴掌,踢他一脚。
(171) 南孙埋怨:"每次都是这样,都不与人商量,自己决定了才通知我们一声。"
(172) 范英明说:"如果是这样,我还是投甲种师一票。"

方梅(1993)从 N 的指称性质出发解释了这一问题,她认为决定动词后动量成分和名词性宾语成分次序的主要因素是名词性成分的指称性质和名词性成分传达的是新信息还是旧信息这两个方面。N 为无指成分时,一般采用 VMN 语序,VNM 表现定指性成分的能力要大于 VMN 式。我们认为借用动量词与宾语共现的影响因素还跟借用动量词的认知凸显性有关,这种凸显性使得它更适宜置于句末的焦点位置。当借用动量词与宾语共现构成 VNM 格式时,构成的是事件给予类双宾语构式,我们将在第六章借用动量构式个案分析章节中对其进行详细论述,这里不再赘述。

2. 与形容词共现

陆俭明(1987)很早就意识到现代汉语数量词中间能插入形容词的问题。他通过对 630 个常用量词进行考察,得出 129 个中间能插入形容词的数量词,约占量词总数的 20%。其中陆文提到的借用动量词有 4 个,它们是"板(打了他二十大板)""口(咬了我一大口)""圈(转了一大圈)""跳(吓了我一大跳)",并认为动量词(包含

第三章 借用动量词的句法特征与语义功能

借用动量词)组成的数量词中间只能插入形容词"大"。陆文的考察引起了我们对借用动量短语插入形容词现象的更深思考。是否只有"板""口""圈""跳"这4个借用动量词所构成的数量短语中间能插入形容词？借用动量短语之间是否只能插入形容词"大"？借用动量短语中间为什么要插入形容词？回答这些问题都需要我们对借用动量词的语料进行更加详细地考察与分析。

首先，通过语料考察，我们发现能够插入形容词的借用动量词范围和数量远比陆文提及的更广和更多，器官动量词、工具动量词、伴随动量词、借用离合词后一语素构成的借用动量短语都可以插入形容词，共计14个，具体如下。

器官动量词：

巴掌、脚、口

工具动量词：

棒、刀、针

伴随动量词：

步、声、圈

借用离合词后一语素作动量词：

躬、架、跤、觉、惊

举例如下：

(173) 没想到大媳妇平日有头昏的毛病，脸上突然挨了一大巴掌，立即晕倒在地。
(174) 为了这事，在斗完回返的路上，那两个自认为消耗了气力的老兄一人给了卢小波一大脚。
(175) 马锐削完苹果，举到自己嘴前咔嚓咬了一大口。
(176) 每天晚上把劳工们集合起来，学着他日本主子的办法，有事没事三大棒。
(177) 那天应当抱住她，亲她，宁可让关老爷给一大刀，也不该错放走那么美好的时刻。
(178) 就是我们中国人看起来，也往往会觉得他好像讲着周围的人物，或者简直自己的顶门上给扎了一大针。
(179) 曹芳冷不防遇上这一着，惊得倒退了一大步，又"啊"地叫了一声，半天合不拢嘴巴。
(180) 跟着，摆手朝端平步枪的鬼子们吆喝了一大声，他们立即将枪戳到地上。

(181) 帕恩避开了街道走进荒废的农田中,并且骑马向右边绕了一大圈。

(182) 一对新人向爸爸深深地鞠了一大躬,爸爸一边放下酒杯,一边"好、好"地笑应着。

(183) 父亲本来要和我吵的那一大架现在和别人吵去了。

(184) 更善无一跨出门去,就踩在一块西瓜皮上,仰天摔了一大跤。

(185) 杜宁说他白天在防空壕里睡了一大觉,现在不困。

(186) 雨翔跳出车吃了一大惊,想明明出来时是向西走的,而这辆三轮车的停姿也是车头向西。

其次,上面列举的这些借用动量词所形成的数量词中间不仅能插入形容词"大",有些还可插入形容词"小",我们把以上14个借用动量词与"大""小"的共现情况整理如下:

与"大"共现的借用动量词:

巴掌、棒、步、刀、躬、架、跤、脚、觉、惊、口、圈、声、针

与"小"共现的借用动量词:

步、刀、躬、脚、觉、口、圈、声

也就是说,以上14个借用动量词全部都可以插入形容词"大",有8个借用动量词能插入形容词"小",与"大"共现的用例见以上例(173)—(186),与"小"共现的相关举例如下:

(187) 下一项杨威的单杠非常出色,只是在落地时跨了一小步。

(188) 凌迟,就是一小刀一小刀把血肉从人身上割下来,那真是世间最痛苦的一种刑罚了!

(189) 斯拉格霍恩说完以后向赫敏鞠了一小躬。

(190) 全所人总算感觉到又有新领导上任了,而且,还踢了一小脚。

(191) 毛主席睡了一小觉就醒了,唐由之随即进去。

(192) 梁霄举杯呷了一小口,忽然皱起眉头,看了一眼文洁森,又一仰面把酒喝光了。

(193) 卡尔松先在附近的楼房上空转了一小圈,看看螺旋桨运行是否良好。

(194) 胡启明单吊线地略略一瞄,啪的响起一小声,一颗像个小老鸹似的炮弹飞向天空,朝杨子曾指的方向飞了过去。

第三章 借用动量词的句法特征与语义功能

最后,关于借用动量短语中间插入形容词的表达功能问题。张黎(2007)认为汉语的形容词多少都带有一定主观性,"大、小"是属于主观性表达较强的两个形容词。我们认为"数+形+借量"结构的形成主要是为了表达说话人对行为事件关涉量大小的主观认识和判断。例如:

(195) 降价会不会是又要涨价的预告,不会是先给个甜枣,过两天再嘎巴打一大巴掌吧?
(196) 他一边把石头捡起来,一边嘴里嘀咕着:"都是你,害我摔了一大跤。"
(197) 现在,只想找到一棵树,靠一会儿,迷糊一小觉。
(198) 张艺谋出于礼貌,站起来拿了酒杯与他碰了碰,呷了一小口。

以上用例中的"大、小"表达的是说话人对借用动量短语相关事件"挨打""摔跤""睡觉""喝酒"等所涉及量大小的主观认识和判断。

3. 与副词性成分共现

借用动量词常与两类副词共现:一是重复义副词或频率副词;二是表方式或状态的描摹性副词。

首先,与借用动量词共现的重复义副词或频率副词主要包括"再、也、又、连、接连、一连"等,例如:

(199) 欧医生逃跑时不慎跌倒,凶残的廖某在欧医生左腿再砍一刀。
(200) "熟人"有些生气,也打了他一拳。
(201) 自成又连射几箭,恰好刘体纯率领着一百名骑兵奔到,于是他收起弓箭。
(202) 就这样,张菲菲一连踢了小保姆十几脚。

其次,借用动量词也常与表方式或状态的描摹性副词共现,如"狠、狠狠、猛、迅速、使劲、轻轻、重重、深深、微微、好好"等。

(203) 都把马狠狠地抽了几鞭,向大锅盔凶狂地奔去。
(204) 警察毫不犹豫也毫不留情地朝瓦洛加屁股猛击两棍,瓦洛加哼也不哼。
(205) 当记者解释自己的身份时,这名男子还是使劲瞪了几眼,随即转身离去。
(206) "胡说!小四!"孙八轻轻打了小四一掌。
(207) 至于那几只鸡,被阿Q重重地踢了一脚,当然是惊吓得四下窜飞了。
(208) 懂事的何融融叫了一声"张姐姐!"还礼貌地深深鞠一躬。
(209) 阿巧很温柔地说:"你这半夜也累了,刚吃过药好好睡一觉。"

下节我们将分析借用动量词具有[＋计数][＋计事]两种语义功能。在此,我们认为与重复义副词和频率副词共现时体现的是其[＋计数]特征,而与描摹性副词共现时通常体现的是其[＋计事]的语义特征。

第二节　借用动量词的语义功能分析

对于借用动量词的语义功能,目前学界主要存在两种观点:一是认为它们与专用动量词没有区别,其主要功能是放在动词后用来计量动作行为的频次量,即[＋计数](如黄伯荣、廖序东1980,胡裕树1995)。另一观点则认为借用动量词具有[＋计数]、[＋计事]的双重功能,如刘街生(2003)。我们比较同意刘文的观点,但刘文对于借用动量词在表达[＋计数]的同时,究竟是怎样表达[＋计事]的语义功能没有具体论及。

通过对借用动量词的分布情况及其与相关成分匹配的考察,可以看出借用动量词不同的句法分布呈现出了不同的语义功能。动词后的借用动量词与数词搭配的范围广,自由灵活,因此,可以说此时的借用动量词主要表示的是动态过程的频次量,重在表达[＋计数]的语义功能。例如:

(210) 赖和尚见一个小孩子敢跟他顶嘴,上去扇了他一巴掌。
(211) 小喜抡转棍子狠狠地又在二妞背上打了两棍道:"杀了你又有什么事?"
(212) 弹性跑步,一般是吸一口气,跑三步。
(213) 貂蝉见主人之意已决,也不推辞,便拜了四拜,认为父女。
(214) 王皇全爬上去滑下来,再爬上去又滑下来,一连摔了十几跤。

而借用动量词位于动词前时与数词自由搭配的能力较弱,只限于与"一"和有限的几个概数词搭配使用,可见该格式中的借用动量短语并不单纯表现动态过程的频次量。其实,此时的借用动量短语的语义功能逐步出现了分化,具体的分化过程我们将在第六章相关构式个案分析中会具体阐释,但分化的结果比较明显,并与后面"VP"密切相关。当借用动量短语与表结果义、实现义的"VP"搭配使用时,此时的借用动量短语表"少量义",仍具有[＋计数]的语义功能,例如:

(215) 喊声还没断,周正已一拳打得她摔出了几步远。
(216) 燕南飞又问道:"你知道他一刀杀死过几个人?"
(217) 杜亦甫一步跳三层楼梯,一眨眼,微喘着立在父亲跟前。
(218) 法海手拿一根降魔杵,腿一踢踢出一只眼睛。
(219) 能一觉睡上二十多个时辰的,只有两种人——有福气的人,有病的人。

第三章 借用动量词的句法特征与语义功能　　81

但是,当借用动量短语与表趋向、处所义的"VP"搭配使用时,此时的借用动量短语已不再具有[＋计数]的语义功能,而是凸显动作过程的动态性和快捷性,其中的数词"一"并不能替换成其他数词,例如:

(220) 将军突然大喝,吐气开声,一拳击出。
(221) 冬季的寒风将沙石冻得坚如磐石,一锤砸下去只有一个白印。
(222) 李秋林一步迈出屋门,一路打听着,直奔乡政府去了。
(223) 他只好等到了机会,一滚滚到一个地堡的洞口。
(224) 她想站住,已站不稳,终于一跤跌在地上,跌得很重!

如果说动词前的借用动量短语还具有[＋计数]和[＋计事]双重功能的话,在独用格式中的借用动量词与数词自由搭配的能力更弱,并倾向于与指称性成分搭配使用。可见这种格式中的借用动量短语基本不具有[＋计数]功能,而是重在指称或陈述一个与借用动量词相关的事件。例如:

(225) 这一脚让牛头人万分痛苦,一个踉跄跌到地上。
(226) 刚才那一斧头,不仅吓破了他的胆,也吓坏了他的话语神经。
(227) 第一圈只用了 57 秒,两圈下来才 2 分钟。
(228) 这一拜,便算拜了阳教主为义父。
(229) 这一跤完全不似李欢的言语那样轻松,而是尾骨骨裂。

因此,从上面的分析可以看出,借用动量短语在三个动量格式,即动词后、动词前以及独用格式中的语义功能呈现出[＋计数]和[＋计事]的语义分化:位于动词后的借用动量短语与数词搭配自由灵活,且多与表实现和结果义的"VP"搭配使用,此时的借用动量短语的主要语义功能是对动作行为进行称量,具有[＋计数]的语义功能;而动词前的借用动量短语与数词搭配非常受限,此格式中的借用动量短语的语义功能已逐渐出现[＋计数]和[＋计事]的分化;而独用格式中的借用动量短语基本不具有[＋计数]功能,[＋计事]功能凸显,重在指称或陈述一个与借用动量词相关的事件。因此,根据借用动量短语的句法分布情况,我们(过国娇 2019)将借用动量词语义功能总括如下:

动词后——动词前——独用(句法分布)
↓　　　　↓　　　　↓
计数——计数/计事——计事(语义功能)

可见,借用动量词的语义功能是随着句法分布的不同而呈现出不同的侧重,并形成了从计数——计事的表义连续统(continuum)。当借用动量词位于动词后时侧重表达[＋计数]的语义功能,当其位于动词前时,则出现了[＋计数]和[＋计事]的语义分化,而独用格式中的借用动量短语则凸显了[＋计事]功能。

第三节　借用动量词与专用动量词的句法语义差异

对于动量词的句法语义功能,传统语法都认为它们主要位于动词后作补语,用来计量动作行为的数量(邵敬敏 1996,殷志平 2000,刘街生 2003 等),而对于专用动量词与借用动量词之间句法语义差异并没作过多区分。通过以上对借用动量词的分布情况及其与相关同现成分的考察,我们可以看出借用动量词与专用动量词的句法语义特征并不完全相同,甚至呈现出一定的互补倾向,我们应区别对待。

一、借用动量词与专用动量词的句法差异

专用动量词主要分布于动词后作补语,其次是在动词前作状语,这也得到了相关统计数据的支撑,如杨娟(2004)在对 106 万字语料进行统计的基础上,总结出专用动量短语的句法功能的典型性呈"补语(动词后)＞状语(动词前)＞定语＞主/宾语＞谓语(独用)"的顺序,见下表 3-2。

表 3-2　专用动量词的句法分布及功能

句法分布	句法功能	例　句	百分比(%)
VP＋数＋动量	补　语	1274	73.3
数＋动量＋VP	状　语	312	17.9
数＋动量独用格式	定　语	93	5.3
	主/宾语	57	3.3
	谓　语	3	0.2

通过杨娟(2004)这个统计数据可以看出,专用动量词在动词后作补语处于绝对优势位置,占到了所有分布格式的 73.3%,其次是动词前的状语位置,而在独用格式中充当其他句法成分的分布比例最少,不足 10%。

而比较我们前面相关的统计数据(见本章表 3-1)可以看出,借用动量词各次类的句法分布特征与专用动量词并不完全相同。其中伴随结果动量词、同形动量

词和离合动量词与专用动量词分布特征基本相同,表现为"补语(动词后)＞状语(动词前)＞独用格式"的顺序排列;但是器官动量词和工具动量词的分布特征却与专用动量词不同,它们比较多地分布于动词前的"数+动量+VP"格式,如"脚"在"数+动量+VP"格式中的使用频率超过了其他两种格式的总和,占到了53.5%,而"刀"在该格式中的使用也分别超过了其他两种格式,达到了35.3%;而且,它们在独用格式中也占有比专用动量词更高的分布比例,例如"脚"在独用格式中的使用比率达到了近20%,"刀"在该格式中的使用也接近三分之一,达到了30.9%。

二、借用动量词与专用动量词的语义差异

从语义功能上看,不同句法位置的专用动量词并没产生明显的语义分化,都表现出较强的[+计数]功能,例如:

(230) 他曾两次拜访乔姆斯基。
(231) 他曾拜访两次乔姆斯基。
(232) 他曾拜访乔姆斯基两次。

不难看出,状语与补语位置上的专用动量短语"两次"都具有明显的[+计数]语义功能。而借用动量短语则随着句法分布的不同呈现出不同的语义功能,如比较下面不同句法位置上的"一脚""一刀"的用例会看得更清楚:

(233) 陆小凤道:"我只踢了一脚。"
(234) 在蝗蝻密度最大的地方,一脚能踩死几十头。
(235) 许百顺连忙一脚踢在许三多屁股上。
(236) 刻骨铭心的一脚,使杨波懂得了刻苦努力,懂得了为事业百折不挠地奋斗。
(237) 责任事故深感痛心,今天是这家医院操刀人红包没拿够,多割了一刀。
(238) 能在一瞬间一刀削落二十七件暗器的人,世上的确没有几个。
(239) 美国兵从身上掏出匕首,一刀刺在她的心口上,可她一直没有松手。
(240) 那一瞬间的光芒,那一刀的速度,根本就没人能说得出。

动词后的"一脚""一刀"具有明显的[+计数]的语义功能,如例(233)和(237)中"只""多"就体现了这一功能;动词前的"一脚""一刀"却出现了[+计数]、[+计事]的语义分化,例(234)和(238)还具有[计数]的语义功能,用来计量少量义,而例(235)和(239)则基本没有[+计数]的功能,主要用来表达动作的快捷情态;独用格式中的"一脚""一刀"的[+计数]语义功能进一步弱化,强化了[+计事]功能,主要

用来指称一个与借用动量词相关的动作事件,如例(236)和(240)。

同时,我们还可以看到,即使同为动词后的借用动量词与专用动量词,在[＋计数]语义功能上也存在效果上的差异。例如:"我踢了他两脚"和"我踢了他两次"所计的动作量并不完全相等,二者还是存在表达上的一些语义差异。主要表现为:

首先,从动量词的语义特征的角度来看,经过不断隐喻泛化的专用动量词,其语义特征越来越单纯,如"次、回"作为最典型的专用动量词,当它们计量动量时只能表示一个抽象的事件,不表达具体的事件特征。相比之下,借用动量词的语义特征则更为具体,比如"踢一脚、砍两刀、打几棒"中的"脚、刀、棒",它们既是动量词,又是动作事件的工具角色参与者,使得事件更加具体化。更有甚者,借用动量词有时还能不依赖动词而单用代替一个具体事件(李湘 2011),请看以下例句:

(241)郝教授三针之后,陈景润就奇迹般地送二位走下三楼了。

(242)翻开眼皮,上下两刀,干净利落,双眼为之一明。

例(241)和(242)中均未出现施为性的动作动词,但借用动量短语"三针、两刀"都能独立地指称一个动作事件。在例(241)中,我们可以很明确地理解出"三针"一定包含"打、扎……"等一类动作行为,例(242)也一定包含"切、划……"等一类动作行为。但是,如果将该两例中的借用动量词改为专用动量词"三次"(或"三下")、"两次"(或"两下")而不出现一定的语境或有关的上下文,就难以判断这些动作到底是怎么样的。因为专用动量词所代表的具体词义已经逐渐消失,仅表达抽象的量,所以不能表达明确的动作行为,这就会使整个句子的语义含模糊量义,导致语义表达不完整。显然,在表达具体动作动量时借用动量词的具体性明显强于专用动量词。这也是刘街生(2003)所说的借用动量词具有明确的[＋计事]语义特征的缘故,也就是说,借用动量词比专用动量词具有更强的[＋计事]语义特征。

其次,虽然动词后的借用动量词和专用动量词都是用来计量动作行为的频次量,但如果我们要用专用动量词来替换借用动量词,首选并非是纯粹表示频次的动量词"次",而是兼表短时义的"下",可见借用动量词除了计量动量外,还具有"短时义"的附加特征,例如:

(243)女工不服从,保安员就把女工推倒,并踢了两脚。

(244)蜜糖不单只嘴巴疲倦,连整个人都像被人打了几拳。

(245)一位俊俏的藏家女孩卓玛,曾经在年轻的王洛宾身上轻轻地打了一鞭。

(246)她追上前去,往歹徒正在拉门闩的右手臂狠狠地砍了两刀。

例(243)—(246)中的"踢了两脚"改为"踢了两下","打了几拳"改为"打了几下","打了一鞭"改为"打了一下","砍了两刀"改为"砍了两下"显然更合适。可见，这些借用动量词除了表动作行为的量，还兼表"短时义"的附加特征。

对于二者之间的这种差异，刘辉(2009)从事件量词(动量词)个体化功能角度进行了解释。他认为专用动量词和借用动量词在对事件进行个体化时，其方式和对象并不相同。大部分专用动量词用于个体化一个完整事件，借用动量词则是对一个完整事件中的子事件/动作进行个体化。比如：

（247）张三打了李四三次。
（248）张三打了李四三拳。

虽然以上两例都是对同一个事件次类"张三打李四"进行个体化，但是前者个体化的对象是一个完整事件，后者则是对"张三打李四"这个完整事件中的子事件进行个体化。它们构成了一个"整体—部分"的关系，例如我们可作如下的变换分析：

（249）张三打了李四三次，每次打了李四三拳。

"次"表达先后不同时段发生的三次"打人"整体事件，而用"拳"构成整体事件中的子事件，以上关系不能颠倒过来，即我们不能说：

（250）＊张三打了李四三拳，每拳打了李四三次。

根据事件量词间的这种"整体—部分"关系，刘辉(2009)建立了新的动量词关系类别，他把动量词分为"次"类量词和"下"类量词两大类。大部分专用动量词都被归为"次"类量词(情态量词遍、场$_2$除外)，所有的借助量词都被归入"下"类量词，即它们是对完整事件中的子事件(单动作事件)进行个体化的，通常具有短时义特征。刘辉(2009)对动量词个体化功能差异的阐释及对动量词的重新分类有力佐证了我们的观点。

而且，借用动量词与短时动量词"下"的紧密联系在其他语言中也可得到验证。据王伟、周国炎(2005)对布依语的考察，借用动量词和"下"的这种联系直接通过构词法得以显现，如下面例(251)—(253)中的这些借用动量的表达，它们就是通过表示"下"义的"baiz"和器官名词或工具名词共同组合而成，其意义和功能相当于汉语中相应的器官动量词和工具动量词：

（251）neenh　soongl　baiz　dal(布依语)　　　"看两眼"(汉语)
　　　　看　　两　　CLV　眼睛
（252）didt　baiz　dinl　ndeeul(布依语)　　　"踢一脚"(汉语)
　　　　踢　　CLV　脚　　一

(253) ramc　saaml　baiz　waanl（布依语）　　"砍三斧"（汉语）
　　　 砍　　三　　CLV　斧

在例(251)中,布依语中表"下"义的"baiz"加上器官名词"dal(眼睛)"复合而成的意义就等于汉语中的器官动量词"眼",例(252)中表"下"义的"baiz"加上器官名词"dinl(脚)"的复合义等于汉语的器官动量词"脚",例(253)中表"下"义的"baiz"加上工具名词"waanl(斧)"的复合义等于汉语的工具动量词"斧"。由此可见,借用动量词与表短时义的"下"关系密切,无论是汉语还是布依语中,借用动量表达都涵盖了短时义"下"的语义特征。

第三,从借用动量词与主观性形容词和描摹性副词共现的句法表现可以看出,借用动量词在表量时具有更强的主观性,常用来表达说话人对行为事件关涉量大小的主观认识、判断和评价。专用动量词关注整体事件,借用动量词更关注事件对受事影响的大小,体现更强的主观性,例如:

(254) 毛人凤知道后,派人去打过他一次,也是因远处打枪,连打两枪而未中,后来香港警务方面对他加强保护,特务也没有再去打他,只暗中严密注意他在香港的活动。

(255) 他介绍,自小对歌舞片存有浓厚兴趣,试过拉着有钱人的衣角混入戏院看歌舞片,结果被查票员发现,还打了他一巴掌,滚下楼梯撞破了头,但他仍继续躲在门缝中看。

例(254)中"打过他一次"只是客观陈述毛人凤曾经派人打人的整体事件,并不关注受事"他"受到的影响;而例(255)中"打了他一巴掌"则比较关注打人事件对受事"他"所遭受的影响"滚下楼梯撞破了头",体现了说话人更强的主观认识。

第四节　本　章　小　结

本章首先通过考察借用动量词的句法分布,主要通过借用动量词的三个分布格式,即动词后的"VP+数+动量"、动词前的"数+动量+VP"和独用格式"数+动量"中与借用动量词搭配的"数"和"VP"的特征,以及借用动量词与宾语、形容词和副词等相关成分的共现情况来系统考察其句法语义功能;其次通过比较专用动量词与借用动量词的句法语义差异,更全面地揭示借用动量词的句法语义特征。下面我们把借用动量词的句法语义特征总结如下:

第一,借用动量词在不同句法位置上存在语义上的分化和表达差异。"VP+数+动量"格式中的借用动量词与数词的搭配自由,且主要与表完成实现义的 VP

搭配,重在计量;而"数+动量+VP"格式中的借用动量词与数词自由搭配的能力较弱,其语义功能随着后面搭配的VP不同而逐渐分化,当"VP"为包含结果义的动词短语时,借用动量词表现出[＋计数]的语义功能,而当"VP"为包含趋向义和处所义的动词短语时,此时的借用动量词呈现出很强的[＋计事]的语义功能,主要用于凸现动作过程的动态性和快捷性;而借用动量短语的[＋计事]功能在独用格式中得到了进一步强化和体现,它们常常和指称成分组合用来指代或陈述一个与借用动量词相关的动作事件。总之,借用动量词的语义功能随着句法分布的不同而呈现出不同的侧重,并形成了从"计数—计事"的语义连续统。当借用动量词位于动词后时侧重表达[＋计数]的语义功能,当其位于动词前时,则出现了[＋计数]和[＋计事]的语义分化,而独用格式中的借用动量短语则凸显了[＋计事]的语义功能。

第二,借用动量词的句法分布和语义功能与专用动量词呈现出一定的互补态势。专用动量词以动词后为其优势分布,而借用动量词中的器官动量词和工具动量词则以动词前为优势分布位置,而且借用动量词在独用格式中比专用动量词也占有更高的分布比例,这一分布特征凸显了借用动量词表义的主观性。在语义功能方面,经过不断隐喻泛化的专用动量词,其语义特征越来越单纯,逐渐演变为单纯[＋计数]的单位量词,而借用动量词的语义特征则更为具体,除了具有[＋计数]功能外,还具有明显的[＋计事]特征。

第三,借用动量词和专用动量词虽然都具有[＋计数]的语义功能,但二者还是存在表达上的一些差异。借用动量词除了具有[＋计数]的语义功能外,还兼有[＋具体]、[＋短时义]、[＋主观量]等附加语义特征。这些语义特征既体现在其句法分布特征上,也可以得到跨语言的事实证明。

综上,我们已经试图回答了本章开头所提出的两个问题。我们认为借用动量词和专用动量词在句法和语义功能上表现出一定程度的互补性,这可以解释汉语中既然有了专门称量动作行为的专用动量词,还要借用名词、动词来作动量词的真正原因。当越来越虚化的专用动量词已经无法承载人们对各种动量的表达时,借用动量词表量的丰富性弥补了专用动量词的表义抽象和单一的缺陷。另外,借用动量词的存在也完全符合语言的经济原则要求:使用尽可能少的符号表达尽可能多的意义。所以借用动量词在完成计量行为过程动量的同时,还须承担一些与所计行为相关的附加意义的任务,即具有[＋具体]、[＋短时]、[主观量]等附加语义特征。

第四章　借用动量词的认知基础及形成机制

　　语言和认知密不可分,语言是人类认知现实世界的产物,其结构和功能是人类一般认知活动的结果和反映。"量"是人们认知世界、把握世界和表述世界的重要范畴之一。量存在于世界的一切现象之中,在人们的认知世界中,事物、事件、性状等无不包含"量"的因素(李宇明 2000)。在现代汉语中,动量词是人们认识"动量"的结果和产物,因此,汉语借用为动量词现象也与人类认知有关。在第二章中我们阐述了身体器官名词、工具名词、伴随结果名词以及同形动词、离合词借用为动量词的语义条件,即回答了什么样的名词、动词可以借用为动量词的问题。那么这些名词、动词为什么可以借用为动量词?它们又是怎样实现借用的?本章我们拟对借用动量词的认知基础和形成机制进行探讨分析。

第一节　动量的认知及表述

　　根据认知语法的相关理论观点,量范畴(物量、动量和性状量)的形成与人类认知上的"有界"与"无界"概念密切相关(沈家煊 1995)。只有"有界"的事物、事件、性状才具有"量"的因素,人们在认知它们时可以进行各种量化处理,从而形成"量"的认知范畴,并通过"语言"表述出来。

一、动量的认知本质

　　"动量"属于量范畴的一种,是物体运动产生的,具备运动的特征,人们对动量的认知前提是对动态过程的认知。邵勤(2005)认为动量是"人们观察客观世界中事物的运动过程,从而感知到的该运动所耗的时间、发生的频次以及运动幅度大小的量"。我们基本认同以上对动量的内涵界定,那么人们是怎样来观察事物的动态过程从而认知这些有界动作的动量的?

　　我们知道,物量(事物的数量)最基本的认知基础是它的空间性,因为每个事物都要占据一定的空间,人们要认知物量,实际上是把认知对象(物体)在空间上进行有界化,即把它们区分成一个个离散的单位个体。动量的认知也可以参照物量的情况,因为动量最基本的认知基础是它的时间性,每个运动都要在时间轴上展开,所以人们要认知动量,首先必须要将认知对象(动态过程)在时间轴上进行切分,使它们成为认知上的一个个有边界的运动单位,这实际是在认知上赋予某个特定的动态过程以认知边界的过程(见图4-1)。

⟶ 代表时间轴, ■ 代表动态过程的边界

图 4-1 动量的认知边界划分

当然,人们在认知动量时也存在一个观察视角的问题,不同的观察视角认知到的是不同的动量。当人们从被切分出的动态过程外部来观察时,认知到的就是从连续的运动状态中被切分出的独立的运动过程单位的数量,也就是运动过程的频次,这是最基本的动量,也是最容易认知的动量(见图4-2)。

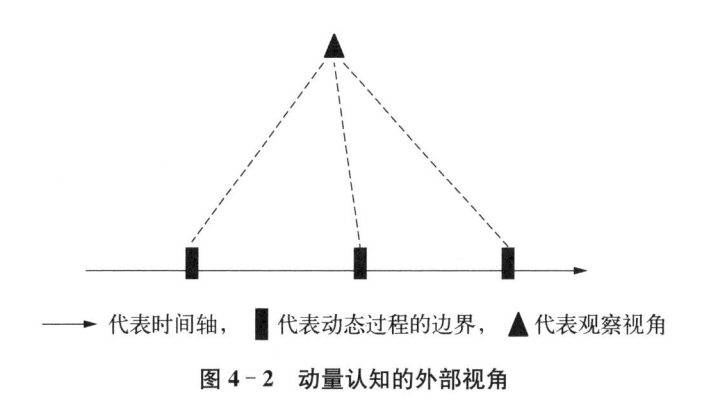

⟶ 代表时间轴, ■ 代表动态过程的边界, ▲ 代表观察视角

图 4-2 动量认知的外部视角

而当人们从一个动态过程单位内部观察时,感知到的则是这个动态过程中运动所耗的时间及运动幅度的大小,这些都是在一个动态过程单位中的认知结果(见图4-3)。

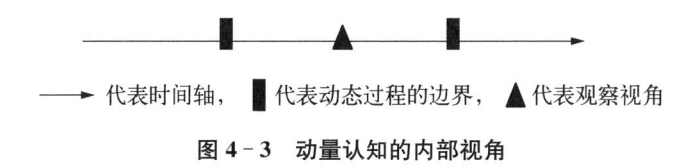

⟶ 代表时间轴, ■ 代表动态过程的边界, ▲ 代表观察视角

图 4-3 动量认知的内部视角

综上,我们(过国娇 2019)认为人们对动量的认知实际上是将动态过程在时间轴上进行有界化,并从外部观察其出现的次数,或从内部观察其时段的持续和运动的幅度的认知过程。

二、动量标记的选择

周娟(2012)认为动量是"有界动作本身潜在的一种内在属性",人们要想真切感知这种潜在属性就需要通过一定的形式化表征投射到语言层面。在现代汉语中,动量词可以看作是有界动作的动量属性在语言层面的投射,或者说动量词是有界动作的动量标记。

在现代汉语的词类系统中,我们可以看到并不是所有的词都可以作为动量标记,除了"次、回、遍、趟、下、场"等数量有限的专用动量词,就只有本书所提到的器官名词如"眼、口、脚"等、工具名词如"刀、鞭、棒"等、表示伴随结果的词如"步、声、圈"等、同形动词如"跳、拍、拜"等可以作为动量标记了,也就是说动量词作为有界动作的动量标记并不是随意的,而是有所选择的。

为什么以上这些词可以作为动量标记?前文我们提到动量的本质在于表示有界动作在时轴上出现次数的量或持续时长的量,因此作为动量标记,首先必须能在时轴上确定一个动作过程的起讫点,也就是说它们应该具备标示动作过程边界的功能。

那么,以上这些能够作为动量标记的词究竟具有什么共性特征使它们能够用来表示动态过程中所具有的动量?根据人类的普遍认知规律,人们总习惯借助于具体的事物来描述抽象的概念,因为具体的事物比抽象的事物具有更高的认知显著度,更易于感知和把握。例如,人们要表达一些形态不固定的物体或是抽象事物的数量时,往往会利用一种与它们密切相关的具体事物来进行称量,在语言中多表现为借用名词来做临时物量词。比如在称量形状不定的"水"的数量时,由于它的空间特征不好把握,人们就会利用盛放"水"的各种容器来表示,如"一杯水、一碗水、一桶水"等,所以表示容器的具体名词"杯、碗、桶"等常常被借用作物量词。(刘晨红2008)相比于物量,动量的认知更加抽象,更难把握,因为时间是看不见、摸不着的。对于这样一种非实体性的东西,我们不宜也无法对其本身进行直接的确定,而只能通过认知场景中其他实体性事物如施事、当事、工具、空间、结果等作为媒介而加以间接的确定。所以人们常常也会借助于动态过程中一些显著度高并与动量密切相关的具体事物来作动量标记,帮助人们完成对动量的认知和表述,在语言中则表现为借用名词或动词来作动量词。

认知显著度一直是认知语言学界比较关注的话题,但以往研究多停留在事物之间的比较上,例如Langacker(2000)就曾指出"有生命的事物比无生命的显著,事物的整体比部分显著,具体的事物比抽象的显著,可见的事物比不可见的显著"。Radden & Kovecses(1999)在此基础上还发现主观的事物要比客观的显著,互动性强的事物比非互动性的显著,功能性强的事物比非功能性的更显著等认知规律。目前学界对于动态过程中各认知因素显著度的讨论虽然极少,但我们完全也可以借鉴前面的相关研究成果,比如说动态过程中那些具体可感的认知因素应该要比抽象的认知因素更显著。据邵勤(2005)考察,动态过程包含的认知因素很多,一个理想的动态过程的认知图式一般包含了以下认知因素和语义角色:运动的主体(施事、当事),运动的客体(受事、内容),运动的系体(对象、动机、依据、工具、材料),运动的状况(方式、频次、历程、趋向),运动的背景(时间、空间、起点、缘故),运动的结果(成果、影响),等等。

那么这些认知因素中究竟哪些因素显著度高,并与动量密切相关,被人们用来充当动量标记呢?

通过观察,我们可以看到动态过程中的各认知因素其实并不处在一个层面,它们在认知显著度方面的表现也存在较大差异。有些认知因素是具体可感的实体性事物,如施事、受事、当事、对象、工具、材料等;有些认知因素虽然不是实体性的具体事物,但是可以被直接感知,如起点、趋向、历程、影响等;而有些认知因素则比较抽象,它们既不是具有实体性的具体事物,也不可以直接被感知,如动机、方式、依据、缘故等。根据"具体的事物比抽象的更显著"的认知原则,在认知框架中那些比较抽象的认知因素,例如动机、方式、依据、缘故等,它们的认知显著度不会很高,一般不能充当动量标记。而施事、受事、当事、对象、材料这些具体可感的认知因素虽然在动态过程的认知框架内可能具有很高的显著度,但它们与"动量"的关系并不密切,如施事、受事、当事等在认知框架中主要承担的是动作行为的发起者、承受者和经历者的角色,这些角色在动态过程中的重要性使它们不可能再去充当动量标记。而对象和材料这些认知因素,在整个动态过程中,人们并不会去关注它们所占时间、反复次数或是运动的幅度大小,而是更关注它本身所具有的个体数量,即物量。由于这些认知因素与动量的相关度不大,也无法充当动量标记。

而动态过程中的另外两个认知因素,运动的结果和凭借的工具,它们在动态过程的认知框架中不仅显著度高,而且同时与施事、受事等认知因素比较,它们与动量的相关度大,因此它们常常作为动态过程的动量标记。

首先,这二者在动态过程中的认知显著度也得到了心理学实验的证明,瑞士心理学家皮亚杰(Piaget)对儿童认知发展的研究证明4.5个月到9个月婴儿就可以区分动作与结果,11、12个月到1岁半的婴儿由于偶然发现床单移动与床单上布娃娃的位置之间有关系,便会通过拉床单,取得布娃娃。可见人们在完成对某个动态过程的认知时,非常关注这个过程的结果和凭借的工具,也就是说结果和工具在动态过程的认知框架中处于一个非常显著的位置。

前面说到人们对动量的认知实际上是在认知上赋予某个特定的动态过程以认知边界的过程。在人们为认知对象的动态过程设定认知边界时，动态过程的结果（运动的终结）作为动态过程的认知边界显然是再合适不过了，因此我们可以看到几乎所有的专用动量词追溯其来源时，基本都是源自动态过程的结果。例如使用频率最高的专用动量词"次"本义为"停留驻扎"的意思，作为紧接于"行"这个动态过程的一种状态，可以看成是"行"的结果，而作为认知"行"这一过程的认知边界，由此，可以说用"次"这个结果来指称"行"这个过程，从而计量"行"所含有的动量。至于"次"后面经过进一步隐喻引申为可称量大多数动态行为频次的通用动量词则不在本书讨论范围之内。另外，专用动量词"回""下""顿""遭""通"等都是由表动作过程的某种动态结果发展而来的。而作为运动的结果之一——动态过程产生的伴随成果更是因为与动态行为相伴相生，常常可以作为被观察动态过程的动量标记。例如"喊一声""唱一曲""走一程""跑几步"等，"声"是"喊"这一行为的成果，"声"必须通过"喊"这一行为的实施存在；"曲"也是一样，在被"唱"之前它只是对应一个概念，存在于人的意识中，并不具有任何物质外壳，而"唱"这个行为赋予其声波振动等物理性质，因此"曲"的存在是通过"唱"这一行为实现的；而关于与位移结果相关的"程"和"步"，首先如果没有人类的"走"或者"跑"这些行为的实施，就不会存在"步"和"程"这样的指称位移长度的概念，"步"是指行走时两脚之间的距离，而"程"是指人行走过的路途。其次即使这些概念已经存在于人类的认知经验中，但要使它们与具体的空间对应，仍旧必须依赖于"走"或者"跑"等这些以位移为目的的行为的实施。正是由于这些动态成果的产生必须依赖于被观察的动态行为，因此它们与被观察行为之间的关系十分紧密，再加上它们是动态过程中创造或建立的一些新生客体，具有生成性和动态性特征，这些从无到有的成果在认知框架中自然会具有很显著的地位，因此它们常常可以作为被观察动态过程的动量标记。（邵勤 2005）

工具是指行为主体实施行为时所使用的凭借物，在实施行为所使用凭借的物体这个意义上讲，也可以是发出某个具体行为动作的人体器官。工具在动态过程的认知框架中不仅显著度高，同时与动量的产生关系密切，因此也常常作为动态过程的动量标记。第一，工具在动态过程的认知框架中具有非常显著的位置，工具本身不仅具有鲜明的外形轮廓，而且还具有很强的位移性特征，人们利用工具与外界进行互动时，工具在行为过程中发挥着重要的功能，因此工具这个认知因素完全符合"具体的事物比抽象的显著，互动性强的事物比非互动性的显著，功能性强的事物比非功能性的更显著"等系列认知显著特征。第二，工具与动量的关系也非常密切，"近取诸身，远取诸物"，人类的很多动作行为必须借助人体自身或外部工具才能完成,而且同样的动作行为可能由于使用工具的不同,造成的动量结果也会完全不同,例如"打了一巴掌"和"打了一鞭"造成的结果差异就显而易见,因此工具的使用关系到动作能否实现以及动量的大小。第三,我们还可以看到动态过程中工具被使用的次数正好与动作行为发生的频次是同步的,例如我们用"刀"来计量"砍"的动态过程时,人持刀"手起刀落"的过程也就是"砍"的过程,因此人们也倾向于用工具被使用的次数来称量动作行为,即用动作过程中的工具来确定过程的边界以及持续时间。

最后,我们再来看借用动态过程本身即用同形动词来表达动量的问题。这其实也符合认知上的接近性原则和凸显原则。一个完整的动态过程就是一个包含了起讫点的单位,用它来作为动量的计量标记应该是最经济省力的一种动量标记方法。因为当用这个抽象而成的过程概念作为那个被抽象的动态过程所具动量的标记时,认知对象与标识对象之间的语义距离为零,所以在理解该动量标记所计量的动量时,认知主体无需利用该动态过程的认知图式来建立标记与动态过程之间的关系,而是直接建立起标记与认知对象之间的对应关系,形成认知。例如当我们说"跳一跳"的时候,我们无需调用"跳"这个行为在我们认知中的认知图式,无需注意"跳"所依赖的人体器官,无需注意"跳"前的状态或"跳"后的结果,只要笼统地将其抽象成发生和完成"跳"这个动作的概念,就可以用它来标识"跳"所具有的动量。另外,根据认知显著度原则,"整体比部分显著",动态过程作为整体,动量只是整个动态过程中的一个要素,显然动作整体比其中的动量要素更具凸显性。

总之,对动量的认知过程实际上就是人们通过在认知上赋予某个特定的动态过程以认知边界,并用认知框架内显著度高的认知因素带动人类对抽象动量的认知过程。在动量表述时,由于动态过程产生的结果和所凭借的工具与动量相关度高,并且在认知框架中具有较为显著的地位,所以常常被选择作为动量标记。前者显现为专用动量词、伴随结果动量词的演变路径,而后者则在语言中表现为借用身体器官、工具名词作动量词。同时,我们还应注意到,借用动态过程本身即同形动词作为动量词其实是最经济省力的一种动量标记方法。因为此时认知对象与标识对象之间的语义距离为零,认知主体可以直接建立起动量标记与认知对象之间的对应关系,形成认知。而且,根据"整体比部分显著"的认知原则,作为整体的动态过程比其中的动量要素更具凸显性,用它来作动量标记具有认知的理据性。

第二节 认知转喻与借用动量词

上文提到人们在认知动量时,往往是借助于认知框架中与动量相关度大且比较显著的认知因素(如动态过程产生的结果、动作行为凭借的工具、动态过程本身等)来标记被切分出来的动态过程单位,那么这些动作框架中的认知因素究竟是如何转变为动量词的呢?实际上这是认知转喻机制(metonymic mechanism)在起作用。

一、认知语言学的转喻观

对于概念转喻的认知本质,认知语言学家已从多方面进行了探索与阐释。Lakoff 和 Johnson(1980)明确指出转喻是"我们日常思维的一种认知方式和现象,它是通过一个人、一个物体或者一个事件的凸显性成分来理解整个人、物体或事件的认知方式"。例如"办公室来了位新面孔",表达的意义是"办公室来了位新同事"。"面孔"作为新人身上高度凸显的部分,可以帮助人们对整个"新人"的感知和理解。Langacker(1993)认为转喻从根本上是一种参照点现象(reference points),通常是用转喻表达的实体作为参照点为被描述的目标实体提供心理通道。Radden & Kovecses(1999)也把转喻理解为一个认知过程,他们认为转喻是在同一理想化认知模式(即 ICM)中,一个概念实体(即转喻喻体)为另一概念实体(目标实体)提供心理通道(mental access)的认知过程。例如"红领巾走过来了",表达的意义是"戴红领巾的人走过来了"。"红领巾"作为此人身上高度凸显的物体,这里作为认知参照点来激活、唤醒人们大脑中凸显度较低的目标实体"戴红领巾的人",也就是为目标实体提供了心理通道,使听者或读者与目标实体进行概念接触。Croft(1993)利用域凸显(domain highlighting)来阐释概念转喻。他认为概念转喻是次认知域(secondary domain)和主认知域(primary domain)之间的凸显关系。Barcelona(2002)也认同 Croft 有关转喻是域凸显的观点,但他同时强调双域映射在转喻中的作用。他认为转喻是从一个概念域(源域)向另一个概念域(目标域)的映射。源域和目标域属于同一个功能域,它们之间的语用功能联系使目标域在心理上被激活。例如"鲁迅非常难读",这个转喻表达的意思是鲁迅的作品很难读懂。在我们关于鲁迅的概念中,相对于作家鲁迅而言,他的作品则处于一个次要的位置,属于次认知域,因为提到"鲁迅"我们首先想到的是鲁迅这个人。该转喻表达就是将次认知域"作品"放在了"作家鲁迅"认知域矩阵中凸显的位置,从而传达了想要表达的意义。简言之,概念转喻是在同一认知矩阵或者理想化认知模式内,目标实体(低凸显性)被另一载体实体(高凸显性)所激活的认知过程。

目前学界认为转喻的形成主要基于两个认知原则,即邻近性原则(principle of proximity)和凸显原则(principle of prominence)。邻近性原则规定转喻通常发生在同一个认知域(ICM)内,人们在认知上容易对相邻的两个事物建立关联,因此发生转喻的对象必须具有距离相近性。凸显原则是指人们在认知事物时,习惯用事物的凸显特征替代整个事物,或是用具体的事物代替相关联的抽象事物,因为人们的注意力更容易观察和记忆事物比较凸显的方面。

人们对于动态过程的动量认知,符合转喻的认知机制,遵循转喻的邻近性原则和凸显原则。我们可以将所观察的动态过程视为一个整体,那么这个动态过程所包含的任何一个认知因素和语义角色(如工具、伴随结果等)就是这个整体的一部分,同时动态过程的发生常会伴随一定量的发生,因此这个动态过程所包含的动量也是这整体的一个部分。"语义角色"和"动量"同属于一个动态过程,都是整体的一个部分,它们与动态过程构成"整体—部分"的认知框架和理想认知模式,因此动态过程、语义角色和动量之间就具有了距离相近性。另外,在这个认知框架中,语义角色一般呈现的是具体的,动态过程包含的动量则是抽象的,在"具体—抽象"认知规律下,具体的认知显著度必定高于抽象的,所以思维以"语义角色"来指代"动量";而且,根据"整体—部分"认知原则,作为整体的动态过程本身比其中的动量要素也更具凸显性,因此我们也常借用动态过程本身来表达动量。

二、认知转喻的类型和运作机制

1. 认知转喻的类型

传统修辞学对于转喻的分类是尽可能地归纳出各类具体的转喻表达,这种分类法比较繁杂,缺乏概括性和解释性。认知语言学家们近年来基于不同的分类标准也给出了转喻不同的分类结果(李福印 2008)。如 Panther & Thornburg(1999)根据语用功能将转喻分为指称转喻、述谓转喻和言语行为转喻;Seto(1999)根据转喻出现的领域将其分为空间转喻、时间转喻和抽象转喻;Blank(1999)利用共现性和连续性来划分转喻等。吴为善(2011)认为对概念转喻的分类应该以转喻概念之间的关联性作为依据,以揭示转喻喻体与转喻目标之间的关系,因此,Radden & Kovecses(1999)的分类最为系统和全面。

Radden & Kovecses(1999)基于理想化认知模式中转喻喻体和转喻目标之间的关系将转喻分为以下两大类:(1)整体与其部分之间的转喻。这类转喻又可以进一步细分为事物与部分之间的转喻、标量转喻、构成转喻、事件转喻、范畴和成员之间的转喻、范畴及其特征之间的转喻、缩减转喻等 7 个小类。(2)整体中不同部分之间的转喻。这类转喻主要包括行为转喻、感知转喻、因果转喻、生产转喻、控制转喻、所属转喻、容器转喻、地点转喻、符号和指称转喻等 9 个小类。我们认为人们对于动态过程动量的认知转喻类型比较复杂,大部分动量词的形成结合了以上两种转喻类型,如专用动量词、器官动量词、工具动量词和伴随结果动量词的转喻形成过程既包括了整体与其部分之间的转喻,也涵盖了整体中不同部分之间的转喻,而同形动量词的转喻过程则属于整体与其部分之间的转喻类型。具体的转喻过程我们将在下文具体阐释。

2. 认知转喻的运作机制

Croft(1993)、Barcelona(2002)、李勇忠(2005)都认为转喻是"在同一认知域内的主域(domain matrix)与次域(sub matrix)之间的映射",其运作机制往往"依赖于认知域内的成分凸显,亦即主域与次域之间的凸显"。

转喻的运作通常发生在主域与次域之间,主域与次域之间构成了整体和部分的关系。转喻的过程或是主域到次域的映射,或是次域到主域的映射,其中也包含了概念域的缩小或扩张过程。根据主域与次域的这种映射关系,Ruiz de Mendoza 和 Otal Campo(2002)将转喻运作分为两种类型。第一种类型称为源域包含目标域的转喻(target in-source metonymy),这种转喻是概念域缩小的过程,转喻中目标域是源域的次域,主域作参照点,为次域提供心理可及(mental access),次域凸显。例如:

(1)我喜欢读狄更斯。

在例(1)中,"作家狄更斯"是源域,也是主域,目标域为"狄更斯的文学作品",也即次域。用源域"作家狄更斯"来转喻目标域"狄更斯的文学作品",这是典型的源域包含目标域的转喻。该转喻是概念域缩小的过程,转喻中目标域"狄更斯的文学作品"是源域"作家狄更斯"的次域,主域"作家狄更斯"作参照点,凸显了次域"狄更斯的文学作品"。或者说主域"作家狄更斯"为次域"狄更斯的文学作品"提供了心理可及,由主域转喻次域,整个概念域经历了缩小的过程。

第二种转喻运作称为目标域包含源域的转喻(source in-target metonymy),这种转喻是概念域扩张的过程,转喻中源域是目标域的次域,次域作参照点,为主域提供心理可及,主域凸显。这种转喻主要经历了概念域扩张的过程,例如:

(2)办公室来了张新面孔。

在例(2)中,源域"新面孔"是目标域"办公室新人"的一个次认知域。很显然,目标域"办公室新人"作为主域,包含了次域"新面孔",这是典型的目标域包含源域的转喻。由源域"新面孔"(次域)来转喻目标域"办公室新人"(主域),次域"新面孔"作参照点,凸显了主域"办公室新人",或者说次域"新面孔"为主域"办公室新人"提供了心理可及,而整个概念域发生了扩张。

上文提到动态过程中任何一个语义角色和动量都是动态过程的一个部分,如果我们把整个动态过程看作一个动作主域(domain matrix)的话,那么其中的每一个语义角色和动量都分别是这个动作主域的次域(sub matrix),那么动态过程这个主域与语义角色及动量这两个次域之间是如何发生转喻的?

张媛(2012)分析了动作矩阵域中的语义角色与动量这两个次域之间的转喻过程,她认为包含了前面两种转喻运作类型。首先,语义角色域作为源域可以转指动作矩阵域(主域),然后,动作矩阵域(主域)也可以作为源域转指量域(次域),形成以下模式的转喻链:语义角色(次域)→动作(主域)→动作量(次域)。这一转喻链是从目标域包含源域的转喻发展到源域包含目标域转喻的过程,也是认知域扩张后再缩小的过程,如图4-4所示。

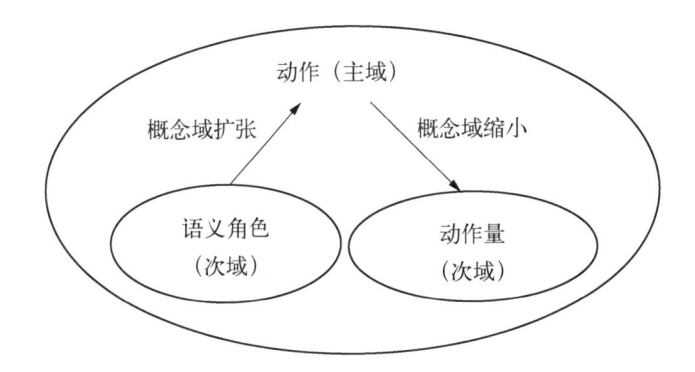

图4-4 转喻链:语义角色(次域)→动作(主域)→动作量(次域)

以上转喻链主要涉及的是动态过程中语义角色与动量这两个次域之间的运作过程,也即部分与部分之间的转喻类型,因此器官动量词、工具动量词和伴随结果动量词的转喻运作遵循以上转喻运作链。但是,借用动态过程本身即同形动量词的转喻其实只涉及动作(主域)→动作量(次域)之间的转喻。下面我们将具体探讨各类借用动量词的生成机制。

三、借用动量词的生成机制

根据Barcelona(2002)的研究,认知转喻的生成主要受到以下原则的制约:

A:转喻喻体和转喻目标需要满足转喻映射的某一默认类型(即上文Radden & Kovecses提到的转喻分类中的某一类型)。

B:原则A中的默认类型受到相关认知原则和交际原则的制约。认知原则是指人们趋向于选择与自身有关的、具体的、有生命的、易感知的、典型的、有使用功能的事物作为转喻喻体转指与人体无关的、抽象的、无生命的、不易感知的、非典型的、无使用功能的转喻目标。而交际原则则是指为了满足交际的准确性和交际的"经济原则",人们通常选取清楚明白的、相关性强的事物来转指模糊不清的、相关性弱的事物。

C：原则 A 中的默认类型也会受到文化、社会、美学等因素的制约,当原则 B 与原则 C 矛盾时,通常优先考虑后者。比如"钱锺书很难读"比"张三很难读"的表达更易让人接受就在于受到文化社会背景的制约。这两例都属于创作者转指文学作品的默认类型,也符合 B 原则中的认知原则,但是在当今社会、文化背景下,"钱锺书"作为知名文学作家,人们极易将他与他创作的文学作品建立联系,而"张三"却并不人们所熟知,因此也无法将他与他的文学作品联系起来,因此"张三很难读"的转喻表达难以为众人接受。

我们根据转喻的本体来源类型,将借用动量词分为三类：工具转喻型借用动量词、伴随结果转喻型借用动量词以及镜像转喻型借用动量词。第一类包括器官动量词和工具动量词,镜像转喻型主要是指同形动量词。下面我们将对这三类借用动量词的生成机制进行探讨。

1. 工具转喻型借用动量词的生成机制

工具转喻型动量词主要包括器官动量词和工具动量词两类。因为身体器官也是身体动作发出所凭借的工具,它们与工具动量词的转喻过程基本相同,我们把它们统称为工具转喻型动量词。

工具转喻型动量词生成的关键是工具语义角色必须在整个动态过程中处于非常凸显的位置,否则转喻机制就不会启动发生。我们通过器官名词"脚"和工具名词"刀"来展示其在人类心智中的认知呈现过程。

在现实生活中,与"脚"和"刀"相关的动作情景非常多,当这些情景频繁发生时,人们便会形成具有相似特征的动作框架,请看下面两例：

(3) 吴大头踢了那娘们儿一下。
(4) 樵夫使劲砍了一下,鲜血从熊的头上迸了出来。

不难发现,以上实例中加粗的字标明的动词表示施事对受事所实施的动作,而且这些动作至少包含两个相同的参与角色：施事和受事。再仔细观察,这些动作中其实还都涉及另一个参与者角色,如例(3)中包含了动作"踢"所凭借的器官工具角色"脚",例(4)则包含了动作"砍"所凭借的工具角色"刀",但在以上这些实例中,这些凭借性工具语义角色在人的认知中并不凸显,因此并没有在语言中被表达出来,而是直接蕴含在动词的语义中。因此,我们可以把以上动作的框架表示如图 4-5(虚线代表没有得到语言表达的参与角色)：

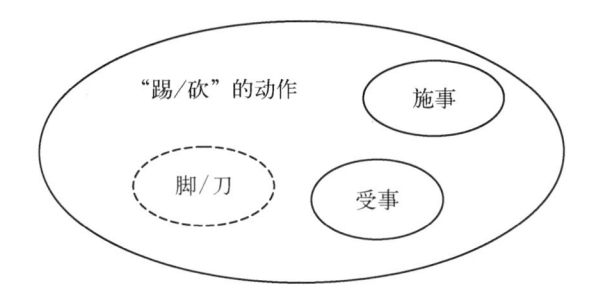

第四章 借用动量词的认知基础及形成机制　　99

图 4-5　工具角色未凸显的"踢/砍"动作框架

随着器官工具角色"脚"和工具器械角色"刀"在人类认知中的地位越来越凸显,人们意识到很多动作是离不开它们的,因为它们在动作过程中起着至关重要的作用,没有身体工具"脚","踢"的动作根本无法实现,没有工具器械角色"刀","砍"的动作也不能实施。随着它们在动作框架中的认知地位越来越凸显,认知上的凸显性也会在语言形式中表达出来,例如:

(5) 沉鱼拉着翁信良,用脚踢了他一下。
(6) 孙序文后悔莫及,用刀砍断右手食指,以明绝赌之志。

上面例(5)、(6)这些动作行为中的器官工具角色"脚"和工具器械角色"刀"还只是具体名词,代表的是实体事物,具有实体事物的语义特征,如脚的胖瘦长短、刀的尺寸大小等。但很显然在它们的动作行为框架中,并不是想凸显"脚"和"刀"的这些实体性特征。表达者使用凭借性介词"用"意在凸显"脚"和"刀"的工具功能。随着这些工具成分在动作框架中功能的进一步凸显(用粗线圈标示),很容易激活"用工具代动作"的转喻机制的运行。见图 4-6。

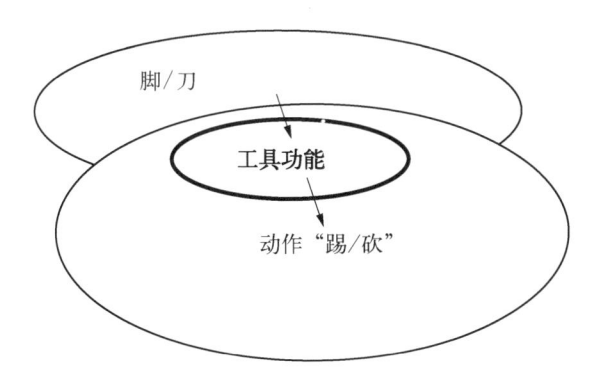

图 4-6　工具成分"脚/刀"转喻动作"踢/砍"

当然,由工具成分"脚/刀"转喻动作"踢/砍"还只是名词借用为动量词的整个转喻链的一部分,这是目标域包含源域的转喻(source in-target metonymy)。这种转喻是概念域扩张的过程,转喻中源域(工具"脚/刀")是目标域(动作"踢/砍")的次域,次域作参照点,矩阵域凸显。前面我们提到名词借用为动量词的转喻比较复杂,形成了"语义角色→动作→动作量"的转喻链,并且包含了两种转喻类型。首先,语义角色域作为源域可以转指动作矩阵域,然后,动作矩阵域也可以作为源域转指动量域,这一转喻链是从目标域包含源域中转喻发展到源域包含目标域转喻的过程,也是认知域扩张后再缩小的过程。因此,由工具角色"脚/刀"转喻为动量成分还要经历一次认知域扩张后再缩小的过程,即由"踢/砍"的动作转喻"踢/砍"的动作量。因此由工具语义角色"脚/刀"到"踢/砍"动作量的完整转喻过程,见图4-7。

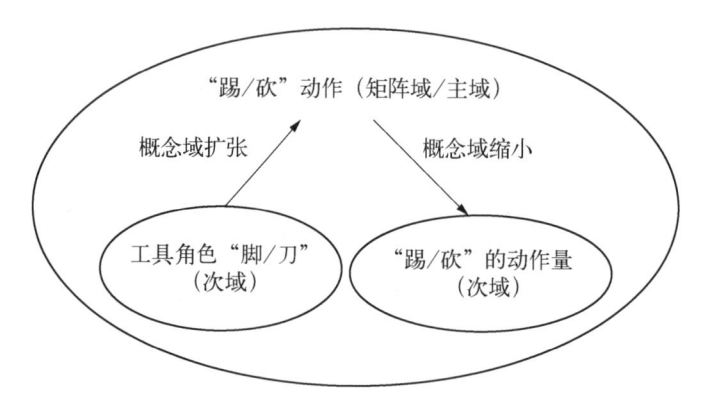

图4-7 工具语义角色"脚/刀"转喻"踢/砍"的动作量

综上,从工具转喻型借用动量词的生成过程可以看出,其生成机制符合认知转喻的制约条件。首先,"工具语义角色→动作→动作量"的转喻链满足了转喻映射的默认类型,因为它既经历了由部分到整体的转喻类型("工具语义角色→动作"的转喻),也包含了由整体到部分的转喻类型("动作→动作量"的转喻);其次,工具转喻型借用动量词的生成过程也遵循了相关认知原则和交际原则。如我们前文所述,动态过程中工具与动量的关系非常密切,工具被使用的次数正好与动作行为发生的频次是同步的,而且工具的使用也关系到动作能否实现以及动量的大小。最后,我们还可以看到用工具这个认知因素来转喻动量完全符合"具体的事物比抽象的显著,互动性强的事物比非互动性的显著,功能性强的事物比非功能性的更显著"等系列认知显著特征。

2. 结果转喻型借用动量词的生成机制

这类动量词是利用行为所产生的结果与动作行为本身的接近关系形成转喻,从而将这个行为的结果借用为动量词。如前所述,动态过程产生的伴随成果与动

第四章 借用动量词的认知基础及形成机制　　101

态行为具有相辅相成的紧密关系,因为动态成果的产生必须依赖于被观察的动态行为,再加上它们是动态过程中创造或建立的一些新生客体,在认知框架中自然具有很显著的地位,所以常常可以作为被观察动态过程的动量标记。

很多位移类动态过程的发生都会伴随距离的产生,书写类动作行为也会伴随笔画和痕迹的产生,说唱、演奏、感叹类的动作行为往往会伴随声音的产生。但是当这种伴随动态结果不处于动作框架中的认知凸显位置时,并不会启动认知转喻机制,它们也不会在语言中得到表达,例如:

(7) 她敲打驾驶座的隔离玻璃,让车停下,她迈了出去。
(8) 他指着画有红圈圈蓝道道的地图,画了一下。
(9) 小玉在我耳朵旁叫了一下,悄悄扯了我一把衣裳。

"迈"的动作往往会伴随"步"的产生,"画"也会伴随"笔迹"的产生,"叫"也会有"声音"的发出,但是它们在以上例句中并没有得到相应表达。因此,我们可以把以上例句中的动作框架表示如图4-8(虚线代表没有得到语言表达的参与角色)。

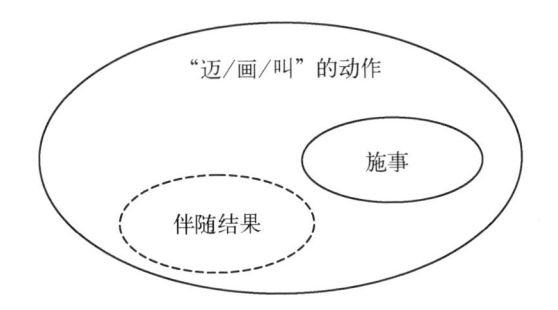

图4-8 伴随结果成分未凸显的"迈/画/叫"动作框架

因为作为动态过程中创造或建立的一些新生客体,伴随结果成分与动态过程本身相伴始终,在认知框架中自然具有很显著的地位。随着动作伴随结果成分在人类认知中的地位越来越凸显,这种认知上的凸显性在语言形式中也会要求表达出来,例如:

(10) 刘胜交代两句,迈开步子走了。
(11) 但是谢恩拜发之后,他忽然疑心自己将一个字写错了笔画。
(12) 然而如今的她,光是撑起上半身叫出声音就用尽力气了。

上面例(10)—(12)这些动作行为中的伴随结果成分"步子""笔画""声音"还只是具体名词,代表的是实体事物,具有实体事物的语义特征,如步子的大小、笔画的长短、声音的高低等。但很显然在它们的动作行为框架中,表达者并不是想凸显"步子""笔画""声音"的实体性特征,而是意在凸显相关动作"迈""写""叫"所产生的伴随结果。随着这些伴随结果成分在动作框架中功能的进一步凸显(用粗线圈标示),很容易激活用伴随结果语义角色代替动作的转喻机制的运行,见图4-9。

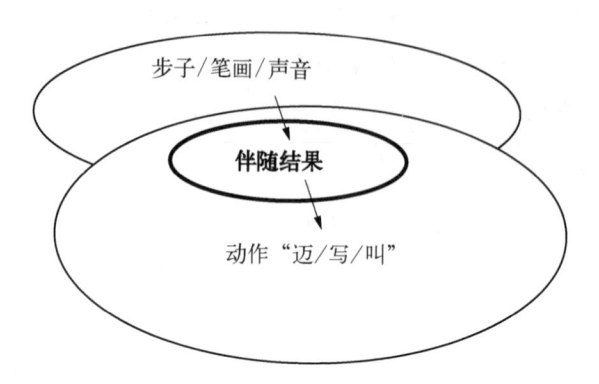

图 4-9 伴随结果成分"步子/笔画/声音"转喻动作"迈/写/叫"

当然,跟工具转喻型借用动量词的生成机制一样,由伴随结果成分"步/笔/声"转喻动作"迈/写/叫"还只是完成了"语义角色→动作→动作量"整个转喻链的一部分,即目标域包含源域的转喻(source in-target metonymy)。这种转喻是概念域扩张的过程,转喻中源域(结果成分"步/笔/声")是目标域(动作"迈/写/叫")的次域,次域作参照点,矩阵域凸显。由伴随结果成分"步/笔/声"转喻为动量成分还要经历一次认知域扩张后再缩小的过程,即由主域"迈/写/叫"的动作转喻"迈/写/叫"所产生的动作量次域。因此由伴随结果成分"步/画/声"到"迈/写/叫"动量的完整转喻过程,见图4-10。

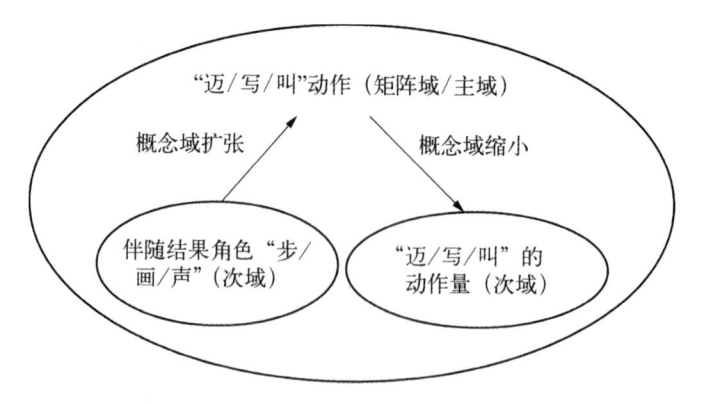

图 4-10 伴随结果语义角色"步/画/声"转喻"迈/写/叫"的动作量

总之，结果转喻型借用动量词的生成过程也符合认知转喻的制约条件。首先，"伴随结果语义角色→动作→动作量"的转喻链满足了转喻映射的默认类型，因为它既经历了由部分到整体的转喻类型（"伴随结果语义角色→动作"的转喻），也包含了由整体到部分的转喻类型（"动作→动作量"的转喻）；其次，结果转喻型借用动量词的生成过程也遵循了相关认知原则和交际原则。因为动态成果的产生必须依赖于被观察的动态行为，它们与被观察行为之间的关系十分紧密，再加上它们是动态过程中创造或建立的一些新生客体，所以这些从无到有的成果在认知框架中具有很显著的地位。

3. 镜像转喻型借用动量词的生成机制

镜像转喻型借用动量词也即同形动量词。它们是通过将动作行为抽象成一个指称过程的概念，并转而计量这个行为所具有的动作量（邵勤 2005）。我们认为该类动量词的转喻过程与前面提到的工具转喻型和结果转喻型借用动量词并不完全相同，它主要经历以下两个阶段的生成过程：第一阶段是将动作行为抽象成一个指称过程的概念，并对该行为本身进行指称；第二阶段则是将这个被抽象的动作矩阵域作为源域进而转指动量域。这属于由整体到部分的转喻类型，是源域包含目标域转喻的过程，也是认知域再缩小的过程。我们下面将以"拜了两拜"为例来展示该类动量词的生成过程。

首先，当"拜"的动作行为重复发生时，认知主体会将"拜"的动作行为抽象成一个指称过程的概念，高航（2018）称之为事件的名词化（episodic nominalization）。如图 4-11 所示。

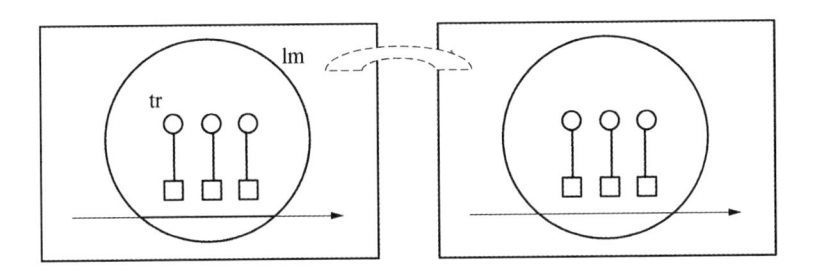

图 4-11　动词"拜"及其名词化形式的语义结构

上图左表示的是动词"拜"的语义结构，图右表示的是与图左动词对应的名词化形式。左右两图的认知要素完全相同，二者在时间延续上也完全重合，但是凸显成分不同。图左动词"拜"的语义结构中动作的实体成分和时间成分都得到了凸显（小圆和小正方形及箭头上的加粗部分）。而图右名词化形式的"拜"语义结构中的实体成分没有加粗,箭头上也没有了加粗部分,这表明动作过程中的实体成分和时间性要素都不再凸显,而由成分状态组成的区域,即侧面(profile)得到凸显。总之,动词"拜"凸显过程,而名词化"拜"可以被看作凸显物化的过程,强调对实体整体述义的把握。二者在时间延续上完全重合。后者是整合前者的产物,无法脱离前者而存在(高航 2018)。我们在上图 4-11 中用虚弧形连接表示它们之间的这种整合关系。

其次,动词"拜"经历名词化整合后作为动作矩阵域(源域)进而可以转指动量域,这是整体到部分的转喻,即概念域缩小的过程,如图 4-12 所示。

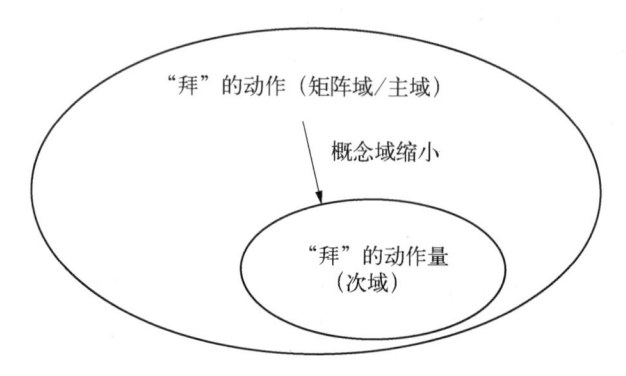

图 4-12 "拜"的动作转喻"拜"的动作量

因此不难看出,相比前面两种借用动量词的转喻类型来说,镜像转喻型动量词的生成机制相对比较简单,它没有经过两次转喻,而是认知主体在将被观察的动态过程抽象成这个过程的概念的基础上,利用这个被抽象出的概念与这个运动过程之间的类似于镜像复制的接近关系,通过转喻将二者等同起来。也就是用被抽象出的概念来指称这个运动过程,并计量其所具有的动量。这种转喻发生时,本体与喻体的语义距离为零,这最符合语言使用的经济性原则。

第三节 语素离析与借用动量词

与前面几类借用动量词相比,借用离合词后一语素作动量词是比较特殊的借用动量词类型,因为它们没有经过转喻,而是通过离合词的语素离析机制直接产生的。李湘(2011)认为离合词的"离析过程完全是语言实现层面上的一种无中生有的操作,与事件内部的语义构造模式无关"。我们并不完全赞成李湘的观点,我们认为动宾式离合词能够离析表达动量既有一定的离析动因,也有一定的认知机制在发挥作用。

一、离析动因

1. 离析基础

相对于一般的复合词,动宾式离合词的词汇化程度较低,这可以从语音形式上得到证明。董秀芳(2002)曾从词汇化的角度考察了离合词的语音模式,她认为"大多数动宾式复合词的重音模式与短语相同",属于前轻后重型,说明其词化程度不够高,容易产生离析。我们认为动宾式离合词的低词汇化和易离析特征是其能够离析形成"V(了)数O"动量结构的前提和基础。

2. 促动因素

"V(了)数O"动量表达的形成也离不开语义和语用因素的促动。从语义上来说,"V(了)数O"结构具有鲜明的计事特征,能够将抽象的活动具体化和事件化。王海峰(2011)认为离合词VO在离析前代表的只是一种抽象的活动,信息度低,难以表达一个事件,而离析后的"VXO"结构能使抽象活动离散化、个体化,信息量充足,具备了报道事件的能力。从语用功能看,动宾式离合词扩展后可以负载更丰富的信息量,能"唤起听者的注意,适应言语交际的需要"(丁勇 2002),并与"大""小"等主观量形容词共现,表达说话者的主观性倾向。我们认为对具体事件的报道和主观性表达是促使"V(了)数O"动量结构形成的语义和语用动因。

3. 类推作用

离合词能够插入数词形成"V(了)数O"借用动量表达还受到"V+数+量"构式的类推作用。根据刘世儒(1965)考察,动量构式"V+数+量"形成较早,在魏晋南北朝时就已经定型并活跃至今。我们认为它作为汉语的一种常用结构,对借用动量结构"V(了)数O"的形成起到了一定的类推作用。当然,这种类推能够起作用跟动宾离合词中宾语成分O的弱受事性特征也密切相关,在第二章中我们已经提到,能进入该构式的离合词的宾语成分O多为伴随和工具成分,在所表达的VO事件中语义贡献小,容易被离析借用为动量词。

二、认知机制

我们认为,"V(了)数O"动量结构的形成还需经过必要的认知操作机制——概念整合(conceptual blending)。Fauconnier & Turner(2002)认为概念整合是由不同的输入空间经过组合(composition)、完善(completion)、扩展(elaboration)等手段投射到合成空间形成新创结构(emergent structure)的过程,也是"人类把来自不同空间的输入信息有选择地提取其部分意义整合起来而成为一个新概念结构的一系列认知活动"。沈家煊(2006)将概念整合的要旨阐述为"整体大于部分之和",

即整合后的构式意义并不完全等同于各空间输入信息的简单相加,而是会产生"浮现意义(emergent meaning)"。我们认为借用动量结构"V(了)数O"的形成也经历了一个概念整合的过程,它是整合了动宾离合词的离析结构"VXO"和一般动量构式"V数量"两个输入空间信息,并经过组合、完善、扩展等系列认知活动而合成的一个新创结构,它主要用来报道一个与VO相关的具体事件,而且该结构在概念整合过程中还产生了浮现意义,即表达说话者对该事件的主观量的认识和评价。其具体整合过程见图4-13所示。

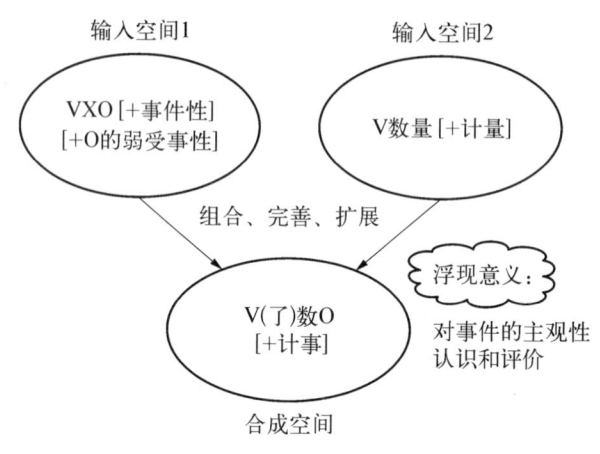

图4-13 离合动量结构"V(了)数O"的概念整合

基于前文的分析,我们认为动宾式离合词插入数词离析为"V(了)数O"动量表达并非偶然,而是有其复杂的形成动因和认知机制。述宾结构离合词的功能特点是其产生的基础和前提,而报道与离合词VO相关的具体事件和对该事件的主观性表达是促使其形成的语义和语用因素。另外,该结构的形成还受到"V+数+量"构式的类推作用,概念整合则是确保这类借用动量结构产生的认知机制。"V(了)数O"结构是整合了述宾事件结构"VXO"和一般动量结构"V数量"而产生的一个主观动量表达结构,它是在语义、语用、认知等因素共同作用下的结果和产物。

第四节 本章小结

本章我们在梳理动量范畴的认知和表述的基础上,主要对借用动量词形成的认知动因和生成机制进行了探讨分析。我们认为认知凸显性和认知经济性原则是借用动量词得以形成的主要动因,而转喻机制和语素离析机制是借用动量词生成的两种途径。

首先,我们认为"量"的认知基于人们对事物个体边界的确定,只有对于"有界"的事物、动作和性状,人们在认识它们时才可以进行量化处理,从而形成认知上的"量"范畴。人们对动量的认知实际上是将动态过程在时间轴上进行有界化,并从外部观察其出现的次数,或从内部观察其时段的持续和运动的幅度的认知过程。

其次,在认知动因方面,认知凸显性和认知经济性原则是借用动量词得以形成的主要动因。由于动态过程产生的结果和所凭借的工具与动量相关度高,并且它们在认知框架中具有较为显著的地位,所以常常被选择作为动量标记。前者显现为专用动量词、结果动量词的演变路径,而后者则在语言中表现为借用人体器官、工具名词作动量词。同时,我们还应注意到,借用动态过程本身作为动量的计量标记其实是最经济省力的一种动量标记方法。因为此时认知对象与标识对象之间的语义距离为零,认知主体可以直接建立起标记与认知对象之间的对应关系,形成认知。

再次,转喻机制是借用动量词形成的最主要的认知机制。我们按照转喻的本体来源类型,将借用动量词分为三类:工具转喻型借用动量词、伴随结果转喻型借用动量词以及镜像转喻型借用动量词。器官名词、工具名词以及伴随结果名词借用为动量词的转喻过程比较复杂,形成了"语义角色→动作→动作量"的转喻链,并包含了两种转喻类型。首先,语义角色域(如工具角色、伴随结果角色)作为源域可以转指动作矩阵域,然后,动作矩阵域也可以作为源域转指动量域。不难看出,这一转喻链经历了从目标域包含源域转喻发展到源域包含目标域转喻的过程,也是认知域扩张后再缩小的过程。比如,由工具角色"脚/刀"转喻为动量成分就是经历了一次认知域扩张后再缩小的复杂过程,首先由工具角色"脚/刀"转喻"踢/砍"的动作,这是认知域扩张的过程,然后再由"踢/砍"的动作转喻"踢/砍"的动作量,这是认知域缩小的过程。相比前面几种转喻类型来说,镜像转喻相对比较简单,没有经过语义角色到动作域的转喻,而是认知主体将被观察的动态过程抽象成这个过程的概念,利用这个被抽象出的概念与这个运动过程之间的类似于镜像复制的接近关系,通过转喻将二者等同起来。

与前面几类借用动量词相比,借用离合词后一语素作动量词是比较特殊的借用动量词类型,因为它们没有经过转喻,而是通过离合词的语素离析机制直接产生的。当然,动宾式离合词能够离析表达动量既有一定的离析动因,如动宾式离合词本身的特点、语用功能以及数量结构的类推作用等,也有概念整合的认知机制在发挥作用。

第五章　借用动量构式的宏观
考察与认知识解

根据张媛(2012)提出的动量词呈现的认知模式假说,借用动量词在认知阶段呈现后必须要整合进不同的构式形成借用动量构式,实现不同的表达功能。那么借用动量构式的基本类型有哪些？其存在理据是什么？不同类别的借用动量词在构式中的表现如何？它们有何分布特征及差异？借用动量构式中论元的实现和隐现规律是怎样的？我们对借用动量构式又是如何识解和构建的？本章我们将主要利用 Goldberg(1995、2006)的构式语法理论以及 Langacker(1987、1991)的认知语法相关理论对借用动量构式进行宏观考察分析。

第一节　借用动量构式的存在理据及主要类型

一、存在理据

近年来,以 Goldberg 为代表的认知构式语法理论对构式的认识和界定在不断丰富发展。在 1995 年的著作中,她很强调构式的不可预测性(unpredictability),即认为任何语言格式,只要其形式或功能的某些方面不能从其组成成分或其他已经存在的构式中得到完全预测,就应该被看作是一个构式。而在 2006 年的著作中,她则意识到不可预测性并不是设定构式的一个必要条件,认为即使有些语言格式可以得到完全预测,只要它们的出现频率很高,这些格式仍然会被语言使用者存储为构式。

Goldberg & Jackendoff(2004)将构式大致分为以下三类：第一类是形态固定、已经"熟语化"了的构式,如英语中的 let alone 等。第二类是具有特殊语义限制的常见句法格式,如"动结构式""双及物构式"等。居于二者之间还有一类构式,它们在特定的句法位置需要由对构式起着标志性作用的成分来填充,如英语中的 way 构式等。我们同意张媛和刘振前(2015)的观点,认为借用动量词作为表量构式的标志性成分,是构式语义要素"量"的表征,属于 Goldberg & Jackendoff(2004)分类中的第三类构式。而且,它们在实际语言表达中具有较高的使用频率,我们可以把这类构式命名为"借用动量构式"。

二、构式类型

基于第三章对借用动量词句法分布特征的考察结果,我们将借用动量构式归纳为以下三大类[①]和七个次类,见下表5-1:

表5-1 借用动量构式类型

构式类型	子构式	例示(以"脚""刀"为例)
Ⅰ.动后构式 VP + MP	i. VP + MP	踢了一脚;砍了几刀
	ii. VP + NP + MP	踢了他一脚;砍了歹徒两刀
	iii. VP + MP + NP	踩了一脚油门
Ⅱ.动前构式 MP + VP	iv. 一 + M + VP + (NP)	一脚踢过去;一刀砍断了绳子
	v. 一 + M + PN + VP	一脚向桌子踢过去;一刀把绳子砍断了
Ⅲ.独用构式 MP	vi. (Dem) + MP	(这/那)一脚;一刀
	vii. MP + NP	一脚漂亮的任意球;一刀肥肉

1. 动后构式

第一类动后构式是指借用动量短语位于动词后所形成的构式。当说话人想要表达施事实施了与借用动量词相关的一定量的动作时,通常会使用动后构式。动后构式具体又包括 i. VP + MP、ii. VP + NP + MP 和 iii. VP + MP + NP 三个子构式。三个动后子构式最主要的区别在于受事论元"NP"的隐现和语序的差异。

在子构式 i. VP + MP 中,受事论元"NP"常常不出现或是被介词引介置于动词前的状语位置。例如:

(1) 小孩子好奇心重,他走近正准备踢一脚,行李卷自己动了。
(2) 孙承祖赶到老东山身边,向老头子脊梁刺了一刀。

子构式 ii. VP + NP + MP 和 iii. VP + MP + NP 二者的区别在于受事论元"NP"的语序差异。前者的受事论元位于借用动量短语前,后者则位于其后。例如:

(3) 萝卜球不问青红皂白,赶回来,就捅了牛一刀子。

[①] 在第三章中我们基于句法分析的视角将这三类构式称为"格式"。本章主要根据Goldberg(2006)对构式的界定标准将它们纳入"构式"的范畴,并对其下位子构式进行考察分析。

(4) 男人们很是得意地踩一脚油门，一家人便欢欢快快地上了路。

2. 动前构式

在第二类动前构式中，借用动量短语分布于动词前。据我们（过国娇 2019）考察，人们使用动前构式时，主要是想表达一个与借用动量词相关的超预期动作事件，或是凸显动作的"快捷义"，或是凸显动作的"差比义"。又包括 iv. 一 + M + VP + (NP) 和 v. 一 + M + PN + VP 两个子构式。

两个子构式的主要差异在于受事论元"NP"的隐现或语序的不同：子构式 iv. 一 + M + VP 中的受事论元或是不出现，如例(5)，或是位于动词短语后，如例(6)。

(5) 可怜娥娥这时已怀了孕，一脚踹下去，血就流出来了
(6) 燕南飞叹了口气，道："他一刀杀过二十七个人，每个人的头都被他砍成了两半。"

而子构式 v. 一 + M + PN + VP 中的受事论元被介词引介置于动词短语前面充当状语。例如：

(7) 刘黑七走过来，一脚把致庸放下的茶碗踢翻。
(8) 六爷道只该一刀将他结果，了却后患。

3. 独用构式

在第三类独用借用动量构式中，子构式 vi. (Dem) + MP 主要用来指称一个与借用动量词相关的事件。该构式通常具有篇章回指功能，句法位置相对灵活。例如它们在以下例句中分别作主语、宾语或独立成句等。

(9) 这一脚好不厉害，登时将她踢得脏腑震裂，立即毙命。
(10) 肉放在砧板上，总躲不过那一刀。
(11) 好快的一刀！好邪的一刀！

独用借用动量子构式 vii. MP + NP 中的借用动量短语直接修饰名词或是名物化的动词，具有了个体化事物的功能，但相比名量词来说有所不同，它们凸显的是所修饰名词的动态特征。例如：

(12) 每一名队员都应从自己做起，珍惜每一堂课、每一脚球。
(13) 中国队靠申思的一脚漂亮吊射，以 1∶0 领先结束上半场。
(14) 老板说："好！给你一刀肥肉。"

在例(12)和例(14)中，"一脚球""一刀肥肉"的用法，使得"球"和"肥肉"具有了动态特征，这是"一个球""一块肥肉"等名量表达无法达到的语用效果。例(13)"一脚

漂亮吊射"中"吊射"这一动词被名物化,与"吊射一脚"相比,前者是总括扫描的结果,而后者则是次第扫描的表征,所以,前者在语义上凸出的是动作的迅捷和结果。

第二节 借用动量构式的分布特征及差异阐释

在前节的表5-1中,我们仅简单列举了器官动量词"脚"和工具动量词"刀"在借用动量构式中的分布情况,其实各类借用动量词在构式中的分布特征不尽相同。下面我们将选取不同次类借用动量词中的典型个案,对它们进入各类构式的分布特征进行考察,并对其分布差异进行阐释。

一、分布特征

在第三章句法分布考察的基础上,我们依然选择了"脚""刀""声""动""觉"等使用频率最高的典型借用动量词进行个案统计(用例总数见第三章表3-1),考察它们在CCL语料库中的构式分布情况。结果显示它们在不同借用动量构式中的分布情况呈现出一定差异,如下表5-2所示。

表5-2 各类借用动量词在构式中的分布情况

借用动量构式 \ 数量及分布比率	脚	刀	声	动	觉
i. VP+MP	643 (23%)	301 (25%)	18150 (60%)	370 (76.7%)	657 (56.1%)
ii. VP+NP+MP	83 (3%)	106 (8.8%)	2198 (7.2%)	0 (0%)	0 (0%)
iii. VP+MP+NP	48 (1.7%)	0 (0%)	579 (1.9%)	14 (2.9%)	0 (0%)
iv. 一+M+VP+(NP)	1426 (51%)	385 (32%)	6197 (20.4%)	90 (18.7%)	462 (39.7%)
v. 一+M+PN+VP	70 (2.5%)	40 (3.3%)	0 (0%)	0 (0%)	0 (0%)
vi. (Dem)+MP	476 (17%)	362 (30%)	1398 (4.6%)	8 (1.7%)	49 (4.2%)
vii. MP+NP	51 (1.8%)	11 (0.9%)	1800 (5.9%)	0 (0%)	0 (0%)

由表 5-2 可见：

第一，各次类借用动量词的分布并不能覆盖所有借用动量构式。除构式 i. VP+MP、iv. 一+M+VP+(NP) 和 vi. (Dem)+MP 外，其他构式都存在分布比率为零的情况。例如子构式 ii. VP+NP+MP 不能允准同形动量词"动"和离合动量词"觉"，构式 iii. VP+MP+NP 不能允准工具动量词"刀"和离合动量词"觉"，伴随结果动量词"声"、同形动量词"动"和离合动量词"觉"通常不能用于构式 v. 一+M+PN+VP，构式 vii. MP+NP 不能允准同形动量词"动"和离合动量词"觉"。从以上整体情况来看，同形动量词和离合动量词在各类借用动量构式中的使用受限最大。

第二，子构式 i. VP+MP 和 iv. 一+M+VP+(NP) 在各类动量词中的使用频率都是较高的，可以被看作两个典型的借用动量构式。子构式 ii. VP+NP+MP、iii. VP+MP+NP、v. 一+M+PN+VP 和 vii. MP+NP 在所有的借用动量词中使用频率都较低，为非典型动量构式。构式 vi. (Dem)+MP 的使用频率因不同借用动量词而显现出较大差异。在器官动量词和工具借用动量词中出现频率高，而在伴随结果动量词、同形动量词和离合动量词中使用频率较低。

第三，借用动量构式因论元语序的差异而呈现出不同分布频率。例如，动后构式 ii. VP+NP+MP 与 iii. VP+MP+NP 的主要差异在于受事"NP"语序不同，构式 ii 中的受事 NP 位于动量词前，构式 iii 中的受事 NP 位于动量词后，前者的使用频率要明显高于后者。动前构式 iv. 一+M+VP+(NP) 与 v. 一+M+PN+VP 中的受事"NP"语序也不相同，前者位于动词短语后，后者通过介词引介位于动词短语前，使用频率上构式 iv 也远高于构式 v。

二、分布差异阐释

借用动量构式呈现以上分布状况差异，与借用动量词的自身特征和语义功能有关，同时也反映了人们对同一事件识解角度的变化和不同的凸显结果，体现了借用动量词形成的认知特点。

首先，借用动量词自身的特征使得它们被允准或限制进入某些构式。我们可以看到器官动量词、工具动量词和伴随结果量词在各类构式中分布相对自由，而同形动量词、离合动量词的分布受到限制较大。这与它们自身的特点密切相关，我们可以引入"自反性(reflexive)"这个概念来进行解释。"自反性"主要是从能量流向来描述事件场景："自反"是指施动者发出的能量除了自及其身以外并不流向其他客体，因此事件场景中动作的发出者和动作的接受者往往同指。相应地"非自反(non-reflexive)"则是指施动者发出的能量除了自及其身外还流向其他客体，所以动作的发出者和动作的接受者往往并不同指(李湘 2011)。我们不难发现,器官动量词和工具动量词关涉的动作行为通常是非自反性的,即动作能量往往要流向其他客体,动作事件中关涉的对象多,因此形成的构式类型就多,能够自由出现在各类借用动量构式中。伴随结果量词"声"关涉的动作行为既可以是自反性的也可以是非自反性的,如"大叫了一声"为自反性动作行为,"叫了他一声"为非自反性动作行为,因此它也能较自由地出现在各类借用动量构式中。而后二者即同形动量词和离合动量词主要关涉的是自反性的动作行为,它们的语义结构中通常只有唯一的一个参与者(施动者),即动作能量往往只自及其身而不流向其他客体,所以它们通常不能出现在有多个参与者出现的借用动量构式中,如构式 ii. VP + NP + MP、iii. VP + MP + NP 和 v. 一 + M + PN + VP 等。这种自反性特征可以在形式上进行验证,英语中可以添加反身代词,汉语中可以添加"自己"来进行验证,能添加的为自反性动词,如"(自己)跳一跳""(自己)晃一晃""(自己)睡一觉""(自己)跑几步"等均为自反性动词。因为自反性动词关涉的对象少,形成的构式自然就少。另外,李湘(2011)提到离合词中有一类特殊的交互(reciprocal)动词,如"打架、打仗、吵架、见面"等,它们的语义结构中虽然不止涉及一个参与者,但这些参与者其实都是施动者,并不是动作能量流向的目标,所以它们通常也被视为自反动词的一种。自反性特征的强弱可以较好解释为什么器官动量词、工具动量词能较自如进入各类构式,而同形动量词、离合词量词的构式分布受到较大限制的原因。

其次,我们再来看看为什么在所有的借用动量构式中,动后子构式 i. VP + MP 能够占据优势分布。该构式的特点是受事缺省或者省略,借用动量短语位于句末焦点位置,我们认为该构式的分布特征与人们对借用动量词的认知特点密切相关。张媛(2016)认为借用动量词在对行为或事件进行范畴化的时候往往凸显与某一行为或事件相关的语义角色,因此相对于语义抽象的专用动量词来说,它们的语义更凸显,具有更强的语义自足性,不需要与其他语义角色共现,也能支撑整个构式语义的饱满度。试比较以下几例:

(15) 小王跺了一脚。
(16) 他们见过一面。
(17) 小王去了一次。
(18) 他们买过一回。

不难看出,以上例(15)、(16)的语义自足性明显高于例(17)和例(18)。例(15)、(16)中动作行为"跺"和"见"的受事"地"和"彼此"处于缺省或弱显状态,但句子语义仍然自足。而例(17)和例(18)中的受事也处于缺省状态,却给人语义不自足的感觉,让人不自觉对"小王去了哪儿?""他们买过什么东西"产生疑问或好奇。所以说借用动量词本身的认知凸显性和语义自足性,使它与子构式 i. VP + MP 的构成非常自洽。

此外,我们再来分析一下除构式 i. VP + MP 外,动前构式 iv. 一 + M + VP + (NP) 也能具有较高使用频率的原因。我们认为该构式的高频使用充分体现了借用动量词的表量特点。在第三章中,我们通过考察指出借用动量词具有计事、短时、主观量表达等语义功能。尤其是当它们位于动词前面时,并不仅仅是客观描述动量,更倾向于对行为或事件质的描述,常常带有言者的主观色彩。例如:

(19) 母亲和大嫂等人忙到厨房,<u>一脚踹开门</u>,见灶窝里的火已有齐半人高。
(20) 巴图耶夫妄想逃回寨子,谁知褚英马快,<u>一刀将他斩于马下</u>。
(21) 李密<u>一声令下</u>,埋伏的瓦岗军将士一齐杀出,把张须陀的人马团团围住。
(22) 一个月之后,欧阳萸出院了,人散散垮垮,<u>一动就打晃</u>,所有衬衫穿上身就像挂起的风帆。
(23) 扶桑<u>一觉睡到第二天清早</u>,发现红毛公鸡卧在她枕边,死硬了。

以上各例中的借用动量词用于动词前形成构式 iv. 一 + M + VP + (NP),它们并不在于说明动量的多少,而是包含了动作发生迅速、动量小、超预期等丰富含义和主观性表达。

最后,我们再来分析两组构式因论元语序的差异而呈现出不同分布频率的原因。先来看动后借用动量构式 ii. VP + NP + MP 与构式 iii. VP + MP + NP 的使用分布情况,二者的分布差异主要表现为 MP 和 NP 在语序上的先后顺序不同,但前者的使用频率远远高于后者。张媛和刘振前(2015)认为这两个构式中的 MP 和 NP 在语序上的先后顺序实际是它们竞争凸显位置的结果,同时也反映了说话者对事件采取的不同识解角度。根据句子信息的认知理据和组织原则,说话者为了减轻听话者的认知负荷,往往会把需认知努力少的旧信息和次要信息先表达出来,而把需认知努力较多的新信息和重要信息置于句末,这就是句末焦点原则。以上认知理据可以较好地解释为什么借用动量词在构式 ii. VP + NP + MP 中的使用频率高于构式 iii. VP + MP + NP:根据第四章借用动量词认知机制的相关阐释可知,它们在量化动作或事件时具有较高的显著度,能够为事件表达提供新信息,因此与构式 ii. VP + NP + MP 的句末焦点位置是相宜的,该构式中的借用动量短语正好占据的是句末焦点凸显位置。而对比一下构式 iii. VP + MP + NP,根据句末焦点原则,该构式中居于句末的名词性短语 NP 应该具有更高的认知显著度,而借用动量短语被置于 NP 前的非焦点位置,这显然有悖于借用动量词的认知凸显特征,因此借用动量词较少出现于该构式。但是,如果是语义抽象的频率动量词则能较自由地进入构式 iii. VP + MP + NP,因为频率动量词是已经语法化了的词汇,所需的认知努力少,宜置于非焦点位置。请对比以下几例:

(24) 江水山收回枪,踢了冯寡妇一脚:"听候处理!"
(25) 窦洛殿急忙去拽上屋门,返回身咬牙又连捅了他三四刀。
(26) 马伯乐自从搬到小陈一起来住,他没请过小陈看一次电影。
(27) 他吃过一回狗肉,至今还记得它的香味,现在,他不能再闻这香味,怕馋得受不住遭妈妈的责骂。

例(24)和(25)为借用动量短语进入构式 ii. VP + NP + MP 的相关实例。其中的借用动量短语"一脚""三四刀"位于句末焦点凸显位置,表达的是新信息,而其前的名词性成分"冯寡妇""他"均为定指性成分,表达的是旧信息,易于识解,处于构式的非焦点位置。例(26)和(27)为专用动量词进入构式 iii. VP + MP + NP 的相关实例。位于句末焦点位置的名词"电影""狗肉"没有特指对象,为通指性成分,而其前的频率动量词是已经语法化了的词汇,语义相对句末 NP 更抽象。比较之下,通指性 NP 所需认知努力自然多于语义完全虚化的频率动量短语 MP,所以它们通常会被置于频率动量词之后。因此,我们可以说正是借用动量词争取凸显位置的需求与理解通指性名词所需的认知努力形成冲突,使得二者共现概率小,造成借用动量构式 iii. VP + MP + NP 的使用频率极低。

我们再看到另一组因论元语序差异而呈现出不同分布频率的构式:动前构式 iv. 一 + M + VP + (NP) 与 v. 一 + M + PN + VP。两构式中受事"NP"语序不同,前者位于动词短语后,后者通过介词引介位于动词短语前,使用频率上构式 iv 也远高于构式 v。实际上,两类构式的差异反映了构式形式映射自语义表达的需求。先看例子:

(28) 一气之下,客商当着市长的面一脚踢翻废纸篓,项目也就随着这一脚给踢走了。
(29) 李自成一脚把那个姑娘踢翻,骂道:"为着你险些儿动了刀兵!"
(30) 他刚把腰带拴在一棵树上,把头伸进去,一个人拦腰把他抱住,一刀砍断了腰带。
(31) 他绝望了,这时斋萨等人赶到,一刀把他砍死。

例(28)、(30)属于构式 iv. 一 + M + VP + (NP),而例(29)、(31)则是构式 v. 一 + M + PN + VP 的用法。它们的主要区别在于受事 NP 的句法位置,前组受事位于动词后,属于无标记用法,而后组的受事则由介词"把"引介出现在动量词与动词之间,是有标记的用法。从语言象似性角度来分析,前组例句的无标记用法,语义上强调动量小,动作迅速。后组例句的有标记用法,反映的是其中的受事对于动作施行的阻力更大,动量与结果的对比性更强(张媛、刘振前 2015)。如前所述,动前借用动量构式主要是用来表达动作的快捷或结果的超预期,因此构式 iv.一＋M＋VP＋(NP)的无标记表达因与构式义更自洽而成为典型构式就不难理解了。

以上我们主要从构式语法和认知语言学的视角,对动量构式的存在理据和分布情况进行了考察分析。一方面,借用动量词自身特征及其认知凸显性使得它们被允准或限制进入某些构式;另一方面,构式本身对借用动量成分也具有一定的压制作用。两方面共同作用,是造成借用动量构式分布和使用频率差异的主要原因。

第三节　借用动量构式的论元实现及其隐现规律

一、MP 的论元实现

认知构式语法认为论元的实现并不完全依赖于动词,论元结构是动词和构式共同作用的结果(Goldberg & Jackendoff 2004)。如果一个动词是与构式规约相联的某类动词的成员,那么该动词的参与者角色可以在语义上与论元结构中的论元角色熔合,但是"构式的每一个论元角色不必一一对应于动词的参与者角色,构式可以增加并非由动词提供的角色"(Goldberg 2006)。也就是说当动词论元结构与构式有冲突时,构式会起到压制(coercion)作用,框架构式(skeletal construction)本身可以提供论元,从而发生角色数量误配(Goldberg 2006)。比如,"踢"这个动作的参与者是踢者和被踢物,而双及物构式的论元是施事、受事和接受者。当动词"踢"进入双及物构式时,如例(32),双及物构式可以提供一个接受者角色,该角色与动词的参与者没有联系。论元角色的熔合过程如图 5-1 所示。

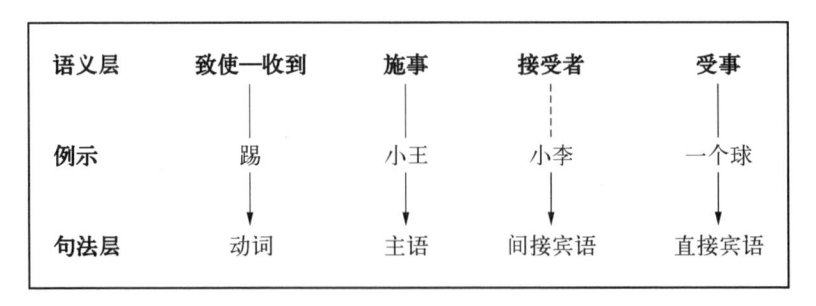

语义层	致使—收到	施事	接受者	受事
例示	踢	小王	小李	一个球
句法层	动词	主语	间接宾语	直接宾语

图 5-1　双及物构式的论元角色熔合

(32) 小王踢给小李一个球。

很显然,例(32)中的接受者"小李"并不是及物动词"踢"的角色论元,而是由双及物构式本身赋予的论元。图中我们用虚线表示由构式提供的论元角色,实线表示构式的题元结构和动词的参与者结构各自所凸显的角色能建立起对应关系并能熔合运作。

研究语料显示,能够进入借用动量构式的动词大都是及物动词,其基本参与者角色也为施事和受事,而借用动量词作为表量构式的标志,是构式语义要素"量"的表征,不能构成动词的基本论元,因此借用动量短语进入论元结构只能是构式本身为其提供论元(张媛、刘振前 2015)。下面我们将具体分析借用动量短语的论元实现情况。

首先,我们看到动后构式的论元实现情况,以构式 ii. VP + NP + MP 为例进行分析。例(33)"小王打了小李一拳"中的及物动词"打"涉及施事"小王"和受事"小李"两个基本论元,构式中的借用动量短语"一拳"显然并不是动词"打"的基本论元,那么它是怎么允准存在的呢？我们认为如果把"小王打了小李一拳"看作双及物构式就可以得到很好的解释。双及物构式"小王打了小李一拳"表示的是施事"小王"致使受事"小李"收到"一拳"的动作及其影响。其中的"一拳"是把有意指向一个人的动作隐喻理解为转移这个人的实体,充当构式的直接宾语,它是作为具体构式的论元而非动词的论元得到允准的(Goldberg 2006)。其句法语义的映射结构如图 5-2 所示：

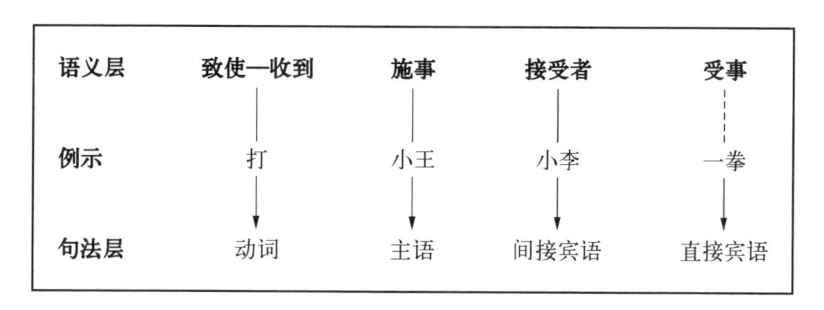

语义层	致使—收到	施事	接受者	受事
例示	打	小王	小李	一拳
句法层	动词	主语	间接宾语	直接宾语

图 5-2 双及物借用动量构式的论元角色熔合

(33) 小王打了小李一拳。

显而易见,例(33)中的借用动量短语"一拳"并不是及物动词"打"的论元,而是由双及物借用动量构式本身赋予的构式论元,所以图中我们也用虚线表示。

当然,在不同的构式中借用动量短语 MP 具有不同的论元地位。我们再来看动前构式 iv. 一 + M + VP 中借用动量短语的论元实现情况,例(34)"小王一拳打在了小李脸上"中位于动词之前的"一拳"论元实现情况是怎样的呢？我们认为该构式实际构成了致使移动构式,表示的是施事"小王"致使主题论元"一拳"移向目标论元"小李的脸上",其中的"一拳"为移动的对象,通过主题论元的形式实现。其句法语义的映射结构如图5-3所示。

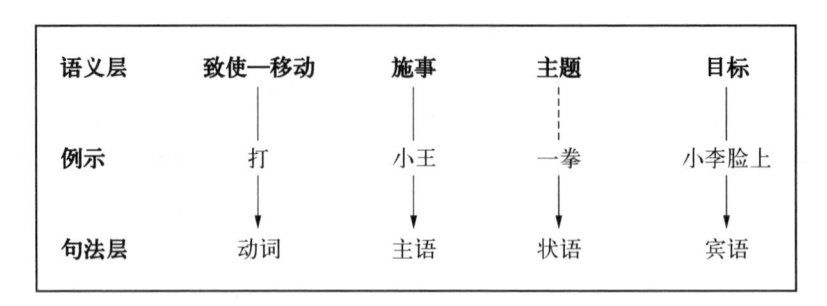

语义层	致使—移动	施事	主题	目标
例示	打	小王	一拳	小李脸上
句法层	动词	主语	状语	宾语

图5-3 致使—移动借用动量构式的论元角色熔合

(34) 小王一拳打在了小李脸上。

构式中的主题论元"一拳"也并非动词"打"的论元角色,而是由致使移动构式提供的主题论元,图中用虚线表示。

我们再来分析一下构式v.一+M+PN+VP中借用动量短语的论元实现情况。以例(35)"小王一拳把小李打晕了"为例,这个动前构式可看作致使结果构式Goldberg(1995)。将其看作是致使—移动构式的隐喻拓展,并概括其构式义为"X致使Y变成Z",因此以下例(35)的构式义可概括为施事"小王"通过实施"一拳"的动作行为致使受事"小李"处于"晕"的结果状态。其句法语义的映射结构如图5-4所示。

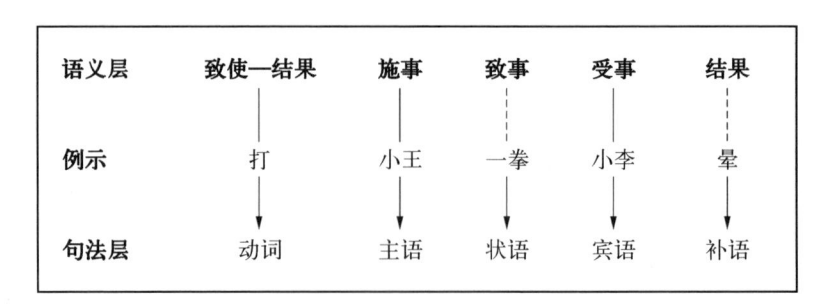

语义层	致使—结果	施事	致事	受事	结果
例示	打	小王	一拳	小李	晕
句法层	动词	主语	状语	宾语	补语

图5-4 致使—结果借用动量构式的论元角色熔合

(35) 小王一拳把小李打晕了。

例(35)中的借用动量短语"一拳"和结果成分"晕"都不是及物动词"打"的论元,而是由致使结果借用动量构式本身赋予的构式论元,图中我们用虚线表示由构式提供的论元角色。"一拳"是造成受事"小李"处于"晕"状态的直接因素,我们将其语义角色界定为"致事",结果目标论元"晕"也是构式直接提供的。

总之,尽管不同构式中的借用动量短语的论元实现情况并不相同,但它们都是论元结构本身提供的论元,充分体现了构式压制作用,即"构式的每一个论元角色不必一一对应于动词的参与者角色,构式可以增加并非由动词提供的角色"(Goldberg 2006)。也就是说当动词论元结构与构式有冲突时,构式会起到压制作用,框架构式本身可以提供论元,从而发生角色数量误配。

二、借用动量构式的论元隐现

构式压制(construction coercion)观认为当动词义与构式义不完全一致或相冲突时,构式不但会迫使动词增加论元数量,也会"遮蔽(shade)"或"剪切(cut)"动词的参与者角色,使其得不到句法表达和侧重(Goldberg 1995)。

遮蔽也可以被称为"非侧重(deprofiling)"。Goldberg(1995)认为"遮蔽"表示一个过程,在该过程中某个特定的参与者"被置于阴影中",并且因此而不再被侧重。如被动构式可以遮蔽与动词相联的最高级别的施事参与者角色,被遮蔽的参与者可以用一个附加语表达。在借用动量构式中,动词的受事论元也常常处于"遮蔽"状态。

比如,在使用频率最高的借用动量构式 i. VP + MP 中,其受事角色常常被介词引介置于动词前的状语位置,此时的受事处于弱隐状态。例如:

(36) 约瑟是不喜欢别人捉弄他的,他向那人踢了<u>一脚</u>。
(37) 旁边站着的人,有一个拔出刀来,将大祭司的仆人砍了<u>一刀</u>,削掉了他一个耳朵。

有时,动词的受事角色在构式中或是处于完全缺省状态,例如:

(38) 陆小凤实在很想一巴掌打过去,再重重地踢上<u>一脚</u>。
(39) 因为女犯若是狗急跳墙,<u>放一枪</u>或<u>捅一刀</u>,后果不堪设想。

以上例句中的受事缺省,这种情况下,受事论元往往不是语篇中的焦点,动作行为本身被凸显。

另外,在限定词修饰动量词的独用构式 vi. (Dem) + MP 中,不仅动词的受事论元不被侧重,甚至施事也处于省略或弱显(遮蔽)状态,因为该构式本身重在对动量事件的详细描述,例如:

(40) <u>这一脚</u>的威力,其他自诩为王牌的武侠明星能够踢得出来么?

(41) 雪衣女道:"你看不看得出那一刀的变化?"

根据借用动量构式分布特征可以看出,构式 i. VP+MP 是使用频率最高的典型构式,也就是说,受事论元在借用动量构式中的省略是无标记的,以隐为常。我们认为这与借用动量词的语义和认知特点密切相关,它们的语义比较自足,通常蕴含了其他语义角色成分,同时具有认知凸显性,要求占据句末的焦点位置,且不与其他论元共现,因此受事论元较少出现于借用动量构式中,即使出现也很少占据句末的焦点位置。

第四节 借用动量构式的认知识解

以 Langacker 为代表的认知语言学家认为,识解指的是人们的认知能力,不同的认知方式作用于同一情景,导致了不同的语言表达和不同的意义(李福印 2008)。构式反映了与人类经验有关的基本情景,不同的借用动量构式也体现了人们不同的识解角度。比如以下三个借用动量构式 a、b、c 描述的是同一个场景,但体现的是说话人对同一场景的不同认知识解。

动后构式:

a. 小王打了小李脸上一巴掌。

动前构式:

b. 小王一巴掌打在小李脸上。

独用构式:

c. 小李脸上挨了一巴掌。

这三个借用动量构式虽然描述的都是"小王打了小李"这一动作事件,但是说话人认知识解它们时,在扫描方式、主观化认识、句式构建等几方面都表现出显著差异。

一、扫描方式与借用动量构式

Langacker(1987)认为扫描是指在建构一个复杂的场景时所作的认知处理,它是将某个比较标准和一个对象关联起来,并记录其间差异的操作。这种操作类似于我们用目光跟踪一只飞鸟的轨迹或一条小路的走向。扫描的方式主要有两种:总括扫描(summary scanning)和次第扫描(sequential scanning)。所谓总括扫描

第五章　借用动量构式的宏观考察与认知识解　　121

(summary scanning)是指对认知对象从宏观上作整体性观测,扫描的结果是认知对象的各方面信息被整合成一个整体或一个完形,侧重于观测的整体效应,如同照片摄影。次第扫描(sequential scanning)是指人们依照一定的路向对认知对象进行观测,观测的对象被视为各个连续阶段的组合,扫描时侧重于可感知对象在各个阶段的变化,它借助时间来反映扫描进展的细节差异,类似于电影或电视的录像。

我们认为人们对 a、b、c 三类借用动量构式的认知识解采取了两种完全不同的心智扫描方式。动后构式的扫描方式侧重于次第扫描,而动前构式和独用构式采用的是总括扫描。

首先,人们识解动后构式时是按照次第扫描的方式进行心理解读的。图解如图 5-5,图中的虚线圆圈代表动作的整体,实线方框和箭头代表不同时间阶段的动作状态,笑脸代表观察者。

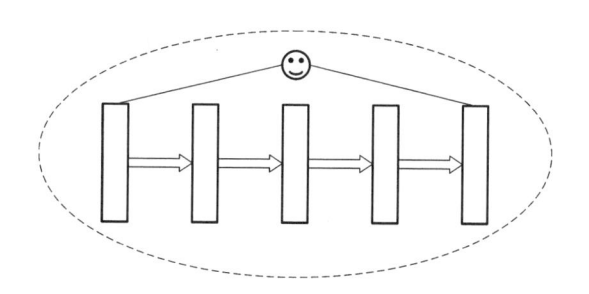

图 5-5　动后构式的次第扫描方式

当我们运用图 5-5 中的次第扫描方式来识解动后构式"小王打了小李脸上一巴掌"时,动作的整体被背景化(用虚线标示),观察者要凸显的是动作在不同时间的状态(用实线标示),扫描时动作的构成部分一个接一个被依次处理,整个动作被识解为一个连续的运动事件:小王伸开手掌——手掌向小李脸部移动——手掌触及小李脸部……。由于次第扫描着眼于行为的连续性,而连续的行为通常需要占据一定的时间长度,所以次第扫描对动作过程的长短有一定要求。动作过程较长的动作容易进行次第扫描,而动作过程很短的动作则难以达到次第扫描的要求;对于动程较短的动作,表达者往往会用增加动作的行为数量来延伸动作过程的长度,从而达到次第扫描的要求,因而动作会呈现出多次反复的浮现义。我们可以看到,借用动量构式中的动作过程持续时间通常会比较短暂,因此会通过增加动作行为数量的方式来延长动程,这也可以很好解释为什么动后借用动量构式中的数词使用比较自由的原因,使用数词正好满足次第扫描的要求。

而人们对动前和独立借用动量构式进行心理解读时则是采用总括扫描的方式。图解如图 5-6。

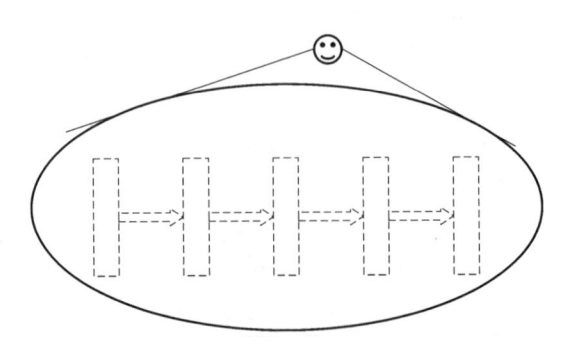

图 5-6 动前和独立借用动量构式的总括扫描方式

从图 5-6 中可以看出，总括扫描与次第扫描形成鲜明镜像，动作的具体过程被背景化（用虚线表示），动作整体被视为一个完形整体，得以凸显（用实线圆圈表示）。因此它们会浮现为非反复性的一次性动作意义。另外，与次第扫描要求动作具有连续性特征相对，总括扫描则要求其动作具有瞬时性特征，动作过程越短越易于采用总括扫描观测。因此，当人们运用总括扫描的方式来识解动前借用动量构式"小王一巴掌打在小李脸上"和独用构式"小李脸上挨了一巴掌"时往往会呈现出整体性、非反复性、快捷性等意义的解读。

通过前面的分析不难看出，心智扫描其实包括了依据"图形—背景"来构建情景的能力。次第扫描的情景建构是将"部分"前景化、整体背景化的结果，而总括扫描则相反，其情景建构是将"部分"背景化、整体前景化的结果。人们在识解动后借用动量构式时主要采用的是次第扫描的方式，动作的整体被背景化，动作的构成部分得到凸显，整个动作被识解为一个连续的运动事件。人们在识解动前和独立借用动量构式时则采用总括扫描的方式。动作的具体过程被背景化，动作整体被视为一个完形整体得以凸显。两种不同的扫描方式也会呈现出不同的浮现义。动后构式往往呈现出多次反复的浮现义，形式上的验证是动后构式往往对数词的选择比较自由，而动前构式和独用构式则会浮现为非反复性的一次性动作意义，形式上表现为进入这两个构式的数词往往比较受限，通常限于数词"一"。

二、主观化与借用动量构式识解

Langacker（2000）从共时的角度定义主观化（subjectification）为：人们对某些实体的识解从相对客观变化为较为主观。高航（2008）也认为主观化的本质在于对一个实体相对客观的识解转变到一个更为主观的识解。沈家煊（2001）引用 Lyons（1977）的观点认为"主观性"（subjectivity）是指语言的这样一种特性，说话人在说出一段话的同时表明自己对这段话的立场、态度和感情，从而在话语中留下自我的印记。"主观化"则是指语言为表现这种主观性而采用相应的结构形式或经历相应的演变过程。

在共时平面上，我们认为下面三个借用动量构式的主观性是逐次加强的：

动后借用动量构式 a：

小王打了小李一巴掌。

动前借用动量构式 b：

小王一巴掌打在小李脸上。

独用借用动量构式 c：

小李脸上挨了一巴掌。

动后借用动量构式 a 只是客观地报道"小王打了小李"的事件，即描述施事小王对受事小李实施了"一巴掌"的打人事件，并没有把说话人自我放进去，基本不具有主观认识义。动前借用动量构式 b 通常会把"小王打了小李"识解为一个超预期事件，这种识解包含了说话人的主观认识，就是说话人觉得"小王打小李一巴掌"这个事件发生得意外和突然，或是说话人觉得听话人会认为这个事件比较意外和突然。独用借用动量构式 c 则为对该"打人"事件的一种被动表达，打人事件中的受事"小李"成为说话人的"移情"对象，在说话人心目中，小李成了受损者被给予同情。张洪明(2005)认为"被"字句是"移情"过程的产物，被动表达时说话人是将自己认同于事件中的一个参与者，对受事的同情实际就是说话人主观情感的表达，因此表达的主观性进一步增强。基于以上分析，我们认为 a、b、c 三个借用动量构式经历了由客观的描述转变为主观的"识解"、主观性不断增强的过程。

三、焦点—背景与借用动量句式构建

焦点—背景(Figure-Ground)理论是认知语言学中以凸显原则(prominence)为基础的一种理论。Langacker(1987)把焦点和背景归结为人类认知建构活动，把它们放在"视角"(perspective)这个大的理论框架内进行研究。他认为一个情景中的"焦点"在被感知时，相对于情景中的其余部分(背景)更凸出，被给予特殊的显著性，成为中心实体，情景围绕"焦点"组织起来，并为它提供一个环境。

认知语言学家认为，简单及物句的主谓宾结构是"焦点—背景"这一认知理论在句法层面上的一种体现。人们在一般情况下把概念上凸显的事物(焦点)作为主语，而把不那么凸显的事物(背景)作为宾语，焦点和背景之间的关系则通过动词体现出来。例如：

动后借用动量构式 a：

小王打了小李一巴掌。

动前借用动量构式 b：

(小王)一巴掌打在小李脸上。

独用借用动量构式 c：

小李脸上挨了一巴掌。

上面构式 a、b、c 实际上描述的是同一个场景，但是主语选择却不同，这体现了认知主体对同一场景不同的认知方式。Langacker(1991)在研究单句结构时引入了角色原型(role archetype)这一概念，并归纳出最常见的角色原型为施事(agent)、受事(patient)、工具(instrument)和经验体(experiencer)。上述例句描述的场景中，小王是施事，小李是受事，巴掌是器官性工具角色。a、b、c 三个构式分别以施事、工具、受事作为主语，a、b 构式均以受事作为宾语。

那么为什么会有这种句法建构？Langacker(1991)用"运动链"(action chain)和"能量流"(energy flow)的观点来解释句子的这种结构安排。运动链中蕴含着能量的传递。运动链的起始部分是能量的源头，末端部分是能量吸收或消耗的地方，源头和末端之间可以加入中间环节。构式 a 是运动链的原型表达，其中的施事"小王"是能量传递的起点，所以是运动场景中最凸显的成分，通常被视为焦点，置于主语的位置(图 5-7 加粗的圆圈所示)，而受事"小李"通常被当作背景，作宾语，介于二者之间的是器官工具角色，充当能量传递的中间阶段，见图 5-7 所示。

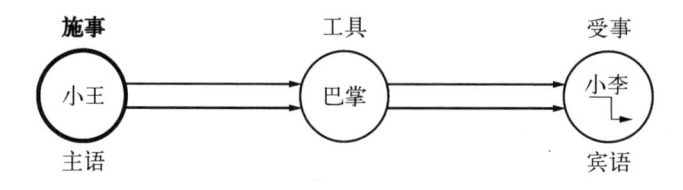

图 5-7 构式 a 运动链的句法体现

为什么构式 b 和构式 c 中的工具和受事成分也可被视为焦点作主语？这是因为对同一个运动链可以通过不同的视角进行识解。实际上以上构式 a 是对运动链的全方位描述，b 和 c 只是对运动链的部分描述。构式 b 中工具和受事在视角内，施事"小王"这个主语的首选成分在语言层面呈现弱隐状态而没有得到句法实现，因此在能量传递中位置相对靠前的器官工具角色代替施事充当主语(图 5-8 加粗的圆圈所示)，其运动链的语言体现可表示如下：

图 5-8 构式 b 运动链的句法体现

c 句中的"小李"是受事,是能量传递的末端,本应是宾语的首选成分,却作了主语,表明该句强调的是受事"小李"所遭受的影响,因而得到凸显(如图 5-9 加粗的圆圈所示)。如图 5-9 所示:

图 5-9 构式 c 运动链的句法体现

因此,可以看出借用动量构式中主语和宾语的选择从根本上来说是由认知主体对焦点和背景的主观选择来决定的,由此产生了三个结果,证实了施事、动作链和句法主语之间的关系。从认知上也解释了由 Fillmore(1968)提出的主语选择受控于"施事＞工具＞受事"的层级顺序。

第五节 本章小结

首先,基于 Goldberg 的认知构式语法理论,我们对"借用动量构式"的构式特征进行了界定。我们认为它们在实际语言表达中具有较高的使用频率,其中的借用动量词作为表量构式的标志性成分,是构式语义要素"量"的表征,属于有标志性成分填充的构式类型。而且,根据第三章对借用动量词句法分布特征的考察结果,我们将借用动量构式归纳为动后构式、动前构式和独用构式三大类以及 7 个次类构式。

其次,我们选取不同次类借用动量词中的典型个案,对它们进入各类构式的分布特征进行考察,并对其分布差异进行阐释。我们发现,子构式 i. VP + MP 和 iv. 一 + M + VP + (NP)在各类动量词中的使用频率都是最高的,可以被看作两个典型的借用动量构式。而且,借用动量构式的分布并不能覆盖所有次类动量词。除构式 i. VP+MP、iv.一 + M + VP + (NP) 和 vi. (Dem) + MP 外,其他构式都存在分布比率为零的情况。另外,借用动量构式因论元语序的差异也呈现出不同的分布频率。造成以上分布差异的原因一方面是借用动量词自身特征及其认知凸显性使得它们被允准或限制进入某些构式,另一方面,构式本身对借用动量成分也具有一定的压制作用。

再次,我们对借用动量构式的论元实现和隐现规律进行了分析。借用动量短语作为表量构式的标志性成分,本身并不能构成动词的基本论元,只能作为具体构式的论元得到允准,即构式本身为其提供论元,体现了构式的压制(coercion)作用。而且,在不同的构式中借用动量短语 MP 具有不同的论元地位。如在双及物借用动量构式"VP + NP + MP"中,构式赋予其受事论元角色,而在致使移动构式"一 + M + VP"中,借用动量短语 MP 充当的是构式的致使主题论元。另外,受事论元在借用动量构式中常常被隐省,我们认为这与借用动量词的认知凸显特点相关,它们的语义自足性要求它占据句末的焦点位置,且不与其他论元共现。

最后,我们对借用动量构式的认知识解过程进行了阐释。根据认知识解的相关观点,不同的借用动量构式虽然可以描述同一个场景,但它们在扫描方式、主观识解、句式构建等几方面都表现出显著差异,体现出了认知主体不同的识解角度。我们认为人们对三类借用动量构式的认知识解采取了两种完全不同的心智扫描方式。动后构式的扫描方式侧重于次第扫描,而动前构式和独用构式采用的是总体扫描方式。而从主观化识解角度来说,我们认为动后、动前和独用借用动量构式经历了由客观的描述转变为主观的"识解",主观性不断增强的过程。而在句式构建层面,可以看出借用动量构式中主语和宾语的选择从根本上来说是由认知主体对焦点和背景的主观选择来决定的。

第六章　借用动量构式的个案分析及其认知阐释

第五章我们主要从宏观层面对借用动量构式的存在理据、主要类型、分布特征、论元实现等进行了探讨分析,并从扫描方式、主观化以及焦点—背景的识解角度对借用动量构式的认知和句式构建进行了阐释。本章我们将从微观层面对借用动量词构式的几个典型个案进行考察分析,以验证我们在宏观层面的论证和假设,力求作到共性分析与个案分析相结合,深化我们对借用动量词及其相关构式的认识。

第一节　"一 + M$_{借}$ + VP"的构式解析及其认知机制

本节要研究的"一 + M$_{借}$ + VP"构式主要是指借用动量词(简称为 M$_{借}$)位于动词短语(简称为 VP)前所形成的一类结构表达,如下面画线部分所示:

(1) "半边毛"更火了,<u>一脚踢在周正屁股上</u>。
(2) 他从前爱打猎,在玉门时曾<u>一枪打死过两只狼</u>。
(3) 作家的神经再一次被刺痛,他恨不得<u>一步跨回寓中</u>,记下这一切。
(4) "滚开!"道静激怒地喊了一声,<u>一跳跳到了桌子边</u>。
(5) 能<u>一觉睡上二十多个时辰</u>的,只有两种人——有福气的人,有病的人。

该构式主要由"一 + M$_{借}$"和"VP"两个构件组成,其中的"一"为构式中的常见数词,"M$_{借}$"通常为借用动量词,如例(1)—(5)中的"脚""枪""步""跳""觉"等,"VP"一般为动补短语(包含动宾短语)。

根据我们第五章的统计数据表明(见第五章表 5 - 2),"一 + M$_{借}$ + VP"构式是借用动量构式中使用频率较高的一个,因此,近年来该构式也引起了不少研究者的关注(李晓蓉 1995,李宇明 1998,邵丹 2009,周娟、张玉洁 2013 等)。但目前的研究主要存在两方面的问题:一是对构式义的分析过于分散、层次不清。学界对于该构式的句式语义存在不同看法,"快捷说""反差说""主观量说""超预期说"等,意见不一,但没有区分语义层面和语用层面的用法。我们认为"主观量""超预期"等包含了说话人的态度,不宜放到语义层面,应属于语用层面,把二者混在一起,不利于厘清"一+$M_{借}$+VP"句式语义的真面目。因此,在我们的研究中,首先将语义和语用分层讨论,我们的作法是将"快捷说""反差说"看作该句式的语义层面,而将"主观量""超预期"等放在语用层面来讨论。第二,目前对该构式意义的研究往往采取传统语法"自下而上"进行分解的方法,多停留在对构式成分和语义特征的描写分析上,对构式内部的语义差异认识不够,缺乏宏观的观察思考,难免存在以偏概全之嫌。我们认为"一+$M_{借}$+VP"构式内部实际已经分化为两种同形构式:表"快捷义"的"一+$M_{借}$+VP"和表"反差义"的"一+$M_{借}$+VP",它们不仅在句法语义上呈现出各自的特征,而且在语法形式上也可以找到相关证明。本书在前人研究成果的基础上,主要从构式语法和认知的视角考察"一+$M_{借}$+VP"构式的语义分化、认知动因及语用功能等相关问题。

一、"一+$M_{借}$+VP"构式的语义分化及构件分析

1. 语义分化

通过语料考察分析,我们观察到"一+$M_{借}$+VP"的构式内部实际已经分化为两种同形构式:表"快捷义"的"一+$M_{借}$+VP"构式和表"反差义"的"一+$M_{借}$+VP"构式。这两个同形构式不仅在语义表达上各有侧重,而且在构件的性质特征上也表现出较大差异,请看下面的用例:

(6) 许经理更火了,直气得两颊暴出了青筋,<u>一巴掌拍在桌子上</u>。
(7) 眼看小邵<u>一刀砍过去</u>,敌军用枪杆遮拦住,砰地一枪打中他的胸膛。
(8) 少剑波正在那里和姜青山研究这趟战斗的路线,杨子荣<u>一步跨了进来</u>。
(9) 沙老师<u>一拳就砸倒了个牛</u>!
(10) 赫哲族渔民<u>一网便捕捞上</u> 100 多条大马哈鱼。
(11) 他<u>一笔画出石头轮廓</u>的功力,令其他作画者望而却步。

以上(6)—(11)例虽然形式上都是"一+$M_{借}$+VP"构式,但语义上却分化成两组:

其中(6)—(8)两例主要表达了动作主体凭借"$M_{借}$"所代表的工具、器官或伴随某个结果快捷地发出了某个动作。如例(6)所要表达的是动作主体"许经理"凭借人体器官"巴掌"快速地发出"拍"的动作。例(7)表达的是动作主体"小邵"凭借工具"刀"快速地发出"砍"的动作。例(8)表达的是动作主体"杨子荣"伴随"步"的位移结果快速地发出"跨"的动作。这三例的重点都在于凸显动作快捷的动态过程,因此,我们把它们称作为表"快捷义"的"一+$M_{借}$+VP"构式,简称为"快捷式"。

再看(9)—(11)三例,它们的表达重心显然不在于凸显动作的快捷情态与动态过程,而是通过动前"小量"和动后"显著性结果"的对比与反差,强调小量动作所造成的"大动量或大结果"。如例(9)就是通过动前小量"一拳"与动后大量结果"牛被砸倒了"的对比来凸显这个小量动作带来的大动量或大结果;例(10)也是通过动前小量"一网"和动后大量结果"捕捞上100多条大马哈鱼"的对比,来凸显动后的大量结果的。例(11)则是通过动前小量"一笔"与动后大量结果"画出石头轮廓"的对比来凸显"画"所达到的大量结果的。这三例的重点都是通过动词前后的"小量—大量"序列对比,来凸显动后的大量结果的,因此,我们把它们称作为表"反差义"的"一+M$_{借}$+VP"构式,简称为"反差式"。

2. 构件差异

构式语法认为"构式和构件之间存在互动关系,构式义是在各构件义的基础上整合而成的,而构式义一旦形成也会对各构件成分形成制约作用"(Goldberg 1995)。我们发现随着"一+M$_{借}$+VP"构式的语义分化,其组成构件在语义及功能方面也出现了一定分化,而且在构件的性质特征上也表现出较大差异。

1) "一+M$_{借}$"的功能差异

动量短语的主要功能是计量动作行为,但对于"一+M$_{借}$+VP"构式中的"一+M$_{借}$"是否具有[+计量]的语义功能,学界存有争议。部分研究者认为该构式中的"一+M$_{借}$"仍然是表示动作的量,如黄伯荣、廖序东(1980)。而有学者指出,此构式中的"一+M$_{借}$"已不再计量,而是表示一个事件,即表达动作行为的情状或方式,刘街生(2003)将其概括为[+计事]。还有学者采取折中方式,认为"一+M$_{借}$"既可表量,也可计事,但对于什么情况下可表量、什么情况下可以计事没有说明,如殷志平(2000)等。学界的不同意见正好反映了一个事实,即随着构式"一+M$_{借}$+VP"内部语义的分化,其构件"一+M$_{借}$"的功能也呈现出明显分化。对于"快捷式"来说,动词前的"一+M$_{借}$"重在表达动作行为的快捷情状或方式,表量功能弱化,重在[+计事]。对于"反差式"来说,主要是以动前小量反差动后结果的大量,其中的"一+M$_{借}$"表小量,仍具有[+计量]功能。

我们可以通过替换数词的方法来证明它们之间的功能差异。我们发现"快捷式"中的数词一般不可替换为其他数词,而"反差式"中的数词却可以替换为"两、几"等表小量数词,试比较前面例(6)—(11)的替换效果:

(6′) *许经理更火了,直气得两额暴出了青筋,几巴掌拍在桌子上。(快捷式)
(7′) *眼看小邵两刀砍过去,敌军用枪杆遮拦住,砰地一枪打中他的胸膛。
　　　(快捷式)

(8′) *少剑波正在那里和姜青山研究这趟战斗的路线,杨子荣几步跨了进来。(快捷式)

(9′) 沙老师两拳就砸倒了个牛!(反差式)

(10′) 赫哲族渔民几网便捕捞上100多条大马哈鱼。(反差式)

(11′) 他几笔画出石头轮廓的功力,令其他作画者望而却步。(反差式)

当把"快捷式"例(6)—(8)中的数量词"一巴掌""一刀""一步"替换为例(6′)—(8′)中的小量数词"几巴掌""两刀""几步"后,其语义十分勉强,句法明显不合格。而把"反差式"例(9)—(11)中的数量词"一拳""一网""一笔"替换为(9′)—(11′)中的小量数词"两拳""几网""几笔"后,除了动量的大小发生了变化以外,句子的基本意义没有改变,句子仍是可以成立的。

因此,通过前面的替换法可见,"快捷式"中的"一"通常不能替换成其他数词,其中的"一+M$_{借}$"并不具有计量的特征,而是表达动作的快捷情态和动态过程,具有显著的计事的语义特征。而"反差式"中的数词可以替换为"两、几"等小量数词,其中的"一+M$_{借}$"仍具有计量的特征,具有表达少量义的功能。有关"反差式"中的"一+M$_{借}$"构件表小量义的用法,我们还检索到其他更多的用例,如:

(12) 库乔看起来真大,好像两口就能把泰德吃了。

(13) 例如齐白石画"虾",几笔就可以把虾的神韵表达出来。

(14) 有些人不经常敲一敲压一压,他就不知道自己是几斤几两几钱,腰里别一只猪尿泡就以为可以几步登天了。

例(12)—(14)中的构件"一+M$_{借}$"直接为表小量义的"两口""几笔""几步",与后面的大量结果形成鲜明对比,此两例都是典型的表反差义"一+M$_{借}$+VP"构式的用法,即用动前小量来凸显动作带来的大动量或大结果。

2)"VP"的语义差异

"VP"为"一+M$_{借}$+VP"构式的核心构件,两个分化构式中"VP"的语义差异主要体现在补语P的类型和特征上。

"快捷式"中补语"P"主要由趋向补语和处所补语充当。

趋向补语主要表明快捷动作发出的方向,如:

(15) 胖妞还没进包房就被一拳打了出来。

(16) 抓住顽抗的敌人,他一刀砍下去,眼都不眨。

(17) 楼文龙一步跨了进来,他刚叫了一声"楼大哥",号子的门扑冬一声关上了。

第六章　借用动量构式的个案分析及其认知阐释

处所补语主要表明快捷动作到达的终点,如:

(18) 你来我往打了十几个来回,柯镇华稍一疏忽,被刘凯一斧子劈在肩上。
(19) 那贺尚书的轻功身法如鬼魅,出手却奇重,一掌拍向陆小凤的肩头。
(20) 卡拉斯兴奋的涨红着脸,一步踏进国王的家。

很明显,不管是趋向补语还是处所补语,都体现了较强的位移性特征,表达了快捷动作位移的方向或终点。

"反差式"中的补语"P"主要由结果补语和状态补语充当,表达了动作受事由小量动作引起的结果或状态变化,体现了受事的变化性特征。

结果补语主要表达小量动作对受事造成的大量结果,如:

(21) 在蝗螂密度最大的地方,一脚能踩死几十头。
(22) 据说他可以一鞭子打碎摆在三块豆腐上的核桃。
(23) 由于她看不见,一甩就是30多米。

状态补语主要表达小量动作对受事造成的状态变化,如:

(24) 周师叔祖,你若救弟子一命,我便把蜂浆还你,否则我一口吃得干干净净。
(25) 凤姐正挑菜回来,看见巡官抓她爹,她上去一刀子把巡官砍了个窟窿。
(26) 雕花的木门,总是要比朴实无华的脆弱得多,一撞就开了。

两个分化构式中"VP"的语义差异也体现了构式与构件的互动作用。快捷义"一 + M$_借$ + VP"重在表达动作的快捷情态和动态过程,因此其构件"VP"的补语类型多为位移性特征强的趋向和处所补语;反差义"一 + M$_借$ + VP"主要表达小动量达到的大结果或状态变化,因此其相应的构件"VP"的补语类型多为变化性特征强的结果和状态补语。

3. 形式验证

构式语法认为,语言构式在语义上的差别往往可以通过形式上的差别体现出来。"快捷式"和"反差式"两个同形构式的语义分化不仅体现其构件的特征功能差异,也可以在形式上得到进一步证明。

首先,当"一 + M$_借$ + VP"表"快捷义"时,可以在该构式前添加"突然""猛地"等表示快捷义的情态状语,如前面所举用例(15)、(16);而在表"反差义"的"一 + M$_借$ + VP"前一般不可添加,例如前面用例(21)和(22):

(15′) 胖妞还没进包房(突然)就被一拳打了出来。

(16′) 抓住顽抗的敌人,他(猛地)<u>一刀</u>砍下去,眼都不眨。

(21′) *在蝗蝻密度最大的地方,(突然)<u>一脚</u>能踩死几十头。

(22′) *据说他可以(猛地)<u>一鞭子</u>打碎摆在三块豆腐上的核桃。

其次,当"一+M_借+VP"表"反差义"时,可以用"只一+M_借,就 VP"格式进行替换,而表"快捷义"时一般不可替换,例如:

(25′) 凤姐正挑菜回来,看见巡官抓她爹,她上去(只)<u>一刀子</u>(就)<u>把巡官砍了个窟窿</u>。

(26′) 雕花的木门,总是要比朴实无华的脆弱得多,(只)<u>一撞就开了</u>。

(18′) *你来我往打了十几个来回,柯镇华稍一疏忽,被刘凯(只)<u>一斧子</u>(就)<u>劈在肩上</u>。

(19′) *那贺尚书的轻功身法如鬼魅,出手却奇重,(只)<u>一掌</u>(就)<u>拍向陆小凤的肩头</u>。

二、"一+M_借+VP"构式语义分化的认知动因

通过前面的分析,从句法语义特征来看,"一+M_借+VP"构式语义分化主要表现为其构件的功能特征差异:当"一+M_借+VP"表快捷义时,其构件"一+M_借"具有计事的语义功能,构件"VP"具有位移性特征,多为表趋向义和处所义的动补短语;而当"一+M_借+VP"表反差义时,构件"一+M_借"主要表达少量义,构件"VP"具有变化性特征,多为表结果义和状态义的动补短语。其实从深层认知角度来看,"一+M_借+VP"不同构式义的分化体现了认知主体对意象图式不同成分或关系的凸显,正如李文浩(2011)所指出的"凸显的动态性是构式分化的动因之一,在某个认知框架中,凸显目标并非一成不变地指向某个目标或关系,凸显的动态性广泛体现于语法概念和语法结构之中"。

1. "一+M_借+VP"构式的意象图式

意象图式是认知语义学中最重要的概念之一。Ungerer & Schmid(1996)认为"意象图式是来源于我们在日常生活中与世界的互动经验的简单而基本的认知结构"。"一+M_借+VP"构式也是人类经验现实的反映,周娟、张玉洁(2013)分析认为该构式意象图式的形成主要来源于人们对物质世界中"力量—动态(force-dynamic)"的体验和把握,与 Langacker(1990)所构建的"台球图式(billiard-ball model)"密切相关。"台球图式"(见图 6-1)表示的主要是物体接触和能量传递的过程:实体 A 代表充满能量的能量源,在空间运动过程中,实体 A 撞击另一个实体 B,并将部分能量传递至实体 B;接着,实体 B 再撞击另一个实体 C 并将能量传

递给 C,这样,A、B、C 就形成了一个能量流和动作链(action chain)。在这一动作链中,A 代表链头,B 代表中介,C 是链尾,源自链头 A 的能量经过中介 B 的传递会使链尾 C 发生某种反应或变化①:

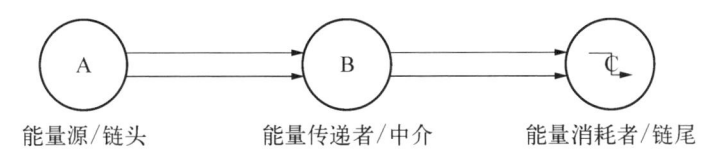

能量源/链头　　　　能量传递者/中介　　　　能量消耗者/链尾

图 6-1　Langacker(1990)的"台球图式"

构式"一+M$_{借}$+VP"的认知图式,可看作图 6-1"台球图式"的一个变体,并呈现一定的个性和特色(见图 6-2):首先体现为链头与中介的"无缝链接"状态。该构式意象图式中的链头和中介分别是动作者(施事)和其所使用的工具,一般来说,由于二者在能量传递前就已形成物理接触,这样,在空间距离上,就会呈现"无缝链接"状态②。其次表现为整个能量传递过程的"短时"性特征。无论从链头(施事)到中介(工具),还是从中介到链尾(受事),整个能量的传递过程都很短暂。这样,"一+M$_{借}$+VP"的意象图式可表示为图 6-2:

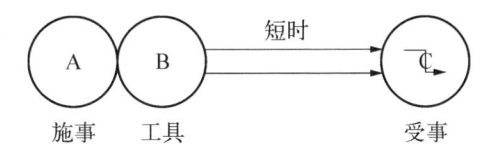

施事　工具　　　　　　　受事

图 6-2　"一+M$_{借}$+VP"的认知图式

2. "一+M$_{借}$+VP"构式义分化的认知凸显差异

认知语言学强调"凸显",认为"认知过程中认知主体对某一客体或客体某一部分会给予特别的关注与强调,相应的意象图式当中的组成成分或其关系在不同语境中的地位会随语境的不同而得以不同的凸显,或为'图形',或为'背景',而且,语言结构中信息的选择与安排是由信息的凸显程度决定的"(Ungerer & Schmid 1996)。经过考察发现,"一+M$_{借}$+VP"构式义的分化正是由于认知主体对意象图

---

① 图示中的圆圈代表实体,双箭头代表实体之间的互动过程,曲线表示能量被链尾吸收并使其产生反应或变化。图中为简化的"台球图式",只涉及两次实体撞击过程,实际上这样的撞击还可以继续下去。

② 人们在实施"一+M$_{借}$+VP"动作事件时,通常并不需要经过手拿工具的能量传递过程,动作实施前,工具通常已经在施事手中持有了;而人体器官名词借作工具使用时,更具有典型的"无缝链接"特征,因为人体器官本身就属于人体不可分割的一部分。本章图 6-2、图 6-3、图 6-4 中代表实体 A、B 的两个圆圈紧挨在一起,表示的就是它们之间的"无缝链接"状态。

式不同成分或关系的选择性凸显所致。周娟、张玉洁(2013)指出作为"力量—动态"的表现模式,"台球图式"实际上包含两个内部层次:一是从"施事"到"工具"再到"受事"的物理接触和动程变化;二是从施事传递过来的能量对受事造成一定的影响和变化。这样,表现在语言上,也就有凸显动程和凸显因果这两类不同的表达方式。

当表达者把关注的焦点放在能量传递的"短时"动程时,于是在组织语言表达时就会选择"快捷式"来表现动作行为的快捷性。当然,具体选用哪种句法实现形式,跟选择哪些角色进入注意力视窗(window of attention)有密切关系[①]。例如,把动作方向纳入注意力视窗,就可选择带趋向补语的快捷式;把动作终点纳入注意力视窗,就可选择带处所补语的快捷式。

图 6-3　快捷式"一＋M$_{借}$＋VP"的认知凸显

如果表达者把关注的重心放在能量传递对受事/事物的影响上,在组织语言表达时就可以选择"反差式"来表达事件的因果联系。在这种情况下,进入注意力视窗的就是动作(小量)和该动作所导致的结果(大量),至于动作的具体动态过程,则基本被"隔断"(gapping)而成为背景信息。

图 6-4　反差式"一＋M$_{借}$＋VP"的认知凸显

总之,"一＋M$_{借}$＋VP"不同构式义的分化体现了凸显对象的动态变化,即认知主体对意象图式不同成分或关系的凸显。

三、"一＋M$_{借}$＋VP"构式的语用功能

上文我们从认知角度分析论述了"一＋M$_{借}$＋VP"构式语义分化情况及其认知动因,下面将简要讨论该构式的语用功能。Goldberg(1995)认为"构式作为一个整

[①] Talmy(2000)将凸显事件框架中特定成分的认知过程称为开启注意力视窗(window of attention),相反的过程被称为隔断(gapping),在这个过程中组成事件框架部分的概念被背景化。图 6-3、图 6-4 中被加粗部分为纳入注意力视窗的凸显成分。

体表达式,表达的是构式义,体现了说话人对情景的识解,具有典型的语境适切度"。吴为善、夏芳芳(2011)也认为考察一个构式,"不但要解析构式语块,揭示构式义,寻找构式理据,更要说明构式的语境适切度,即说话人在什么语境条件下会说这样的话,又是怎么说的,即构式的语用功能"。

关于"一+M$_{借}$+VP"构式的语用功能,前人已作过一定程度的探讨。如李宇明(1998)认为该构式主要通过前后"数量对比"形成"小量—大量"的序列来表达一种"主观大小量"色彩,其中的"一+M$_{借}$"表主观小量,"VP"含主观大量的色彩,例如:

(27) 性情凶猛的鲨鱼,一般在海洋中上层活动,它<u>一口能吞下成群的小鱼</u>。
(28) 于是薛仁贵拉弓射箭,<u>一箭就射穿五甲</u>,高宗大为惊叹。
(29) 他在聚贤庄上被萧峰<u>一掌打得重伤</u>,几乎送了性命。
(30) <u>一笔勾勒出汉江雄浑壮阔的景色</u>,作为画幅的背景。

上述几例似乎都形成了"小量—大量"的序列,其中"VP"动补短语代表的"大量"部分或是表实际数量的大量,如例(27)、(28),或是表事件结果的大量,如例(29)、(30)。但我们发现李宇明(1998)的观点并不具有普适性。因为很多"一+M$_{借}$+VP"构式并不带有数量对比意义,尤其是像前面提到的"快捷式",它们在句法形式上并没形成"小量—大量"序列,也就无所谓凸显主观大小量的色彩了。

周娟、张玉洁(2013)意识到这个缺陷,所以她根据"一+M$_{借}$+VP"构式语义的分化情况,认为该构式主要体现为两个语用倾向:

第一,当"一+M$_{借}$+VP"用于"快捷义"时,语用倾向表达的是动作者的某种强烈的主观情状,因为快捷、迅猛的动作,通常是施事者在某种特殊情况下实施的。这些与"快捷义"相关的主观情状主要有愤然情状、急然情状、断然情状、悍然情状、颓然情状等,例如:

(31) 小杨见老刘还敢动手,怒不可遏,<u>一拳猛击过去</u>,将老刘打翻在地。(愤然情状)
(32) 工程师王健没等喘喘气,就急不可耐地换上工作服,<u>一头扎进施工现场</u>。(急然情状)
(33) 他瞪起血红的眼睛,操着长长的牛角刀,不由分说,<u>一刀朝小诺诺的脖子刺去</u>。(断然情状)
(34) 强硬派谈判者一副悍然的态度,把你当作苍蝇似的<u>一巴掌挥开</u>。(悍然情状)
(35) 她早已面色苍白、目光呆滞,两个膝盖骨直发软,<u>一屁股重重地跌坐在椅</u>

子上。(颓然情状)

第二,当"一+M借+VP"构式表达"反差义"时,一般是通过动作的"小量"来凸显动作结果在某方面超乎预料,这时的语用倾向为凸显事物的"非常性状",例如:

(36) 他声如洪钟,<u>一嗓子</u>就能喊出十里远!
(37) 其中有一件,就是我<u>一枪</u>竟打死了两头野牛。
(38) 肖恩大步冲出屋子,<u>一拳</u>打破车窗,把那小流氓直接从车窗里拖出来扔在地上。
(39) 李清照是善于鉴别文物的人,<u>一眼</u>就看出那玉壶并不真是玉制的,而是一种玉石制品。

上述几例,画线部分都凸显了事件主体的某种"非常性状":例(36)凸显的是"他"的"嗓子声音特别洪亮",例(37)凸显的是"我"的"枪法厉害",例(38)凸显的是"肖恩"的"力气大",例(39)凸显的是"李清照"的"鉴别文物本领高"。

不难看出,周娟、张玉洁(2013)的分析虽然意识到两种分化构式的语用差异,但也存在一定问题,即忽略了它们的共性。因为表面上看,不同的语义分化确实体现了不同的语用倾向,但它们之间也存在很大的共性,其实不管是"快捷义"还是"反差义"的"一+M借+VP"构式都体现了一种"超预期"的表达,即所表达的事件是"超出说话人心理预期的"(邵丹 2009)。对比同一借用动量词的"快捷式"和"反差式",我们会对这个问题看得更清楚:

(40) 正待温存,那美人却突然翻脸,<u>一巴掌</u>打在他的手臂上。(快捷式)
(41) 杜梅被我<u>一巴掌</u>扇懵了,捂着脸吃惊地望着我:"你打我?"(反差式)
(42) 三娘突然凌空跃起,<u>一鞭子</u>从上面抽下来。(快捷式)
(43) 我说那些小燕的母亲飞到郊外去觅食,不幸被一个牧羊的孩子<u>一鞭</u>打死了。(反差式)
(44) 谁知<u>一刀</u>砍下后,手臂仍是好生生的纹风未动,刀却被震得脱手飞出。(快捷式)
(45) 谁知<u>一刀</u>砍了个空,把个枕头给砍烂了,床上也没动静。(反差式)

从例(40)—(45)可以看出,不管是"快捷式"还是"反差式"的"一+M借+VP",都表达了一个超出说话人或动作受体心理预期的事件。如例(40)包含的预设是说话人没想到温存时美人会"一巴掌打在他的手臂上";例(41)包含的预设是杜梅没想到我会一巴掌把她煽懵;例(42)包含的预设是没想到三娘会突然一鞭子从上面抽下来;例(43)的预设是没想到小燕的母亲会觅食时被牧羊的孩子一鞭打死;例

(44)的预设是没想到一刀砍下来,手臂没事,刀却飞出去了;例(45)的预设是没想到一刀砍了个空。通过这种现实与预设的对比,蕴含着说话人这样一种主观判断:已经发生的现实或者将要发生的事情是超出说话人心理预期的。

"一+M借+VP"构式表达"超预期"这个事实也很容易解释,因为"快捷式"表达动作行为发生得快捷、迅猛,这往往会给人一种"措手不及"的意外之感。而"反差式"主要就是通过"小动量—大结果"的对比来凸显事件结果的出人意料,超乎寻常。

而且,这种"超预期"的表达往往在形式上也可得到进一步验证,那就是构式中常常会使用一些表示"出乎意料"或"超预期"的意外模态副词来表达这种意外、预见不到的结果,如"没想到、不料、居然、谁知、突然"等。

(46)回来的路上,走在草棵里,没想到<u>一脚踩了一条花皮青蛇</u>。
(47)两人刚迈步往外走,不料胡文玉<u>一脚踏进了屋门</u>。
(48)这时,少校却够灵巧,居然<u>一枪打死了一只这近于绝种的怪鸟</u>。
(49)谁知五层厚的湿被子,<u>一枪便打穿了</u>,小董一下子泄了气。
(50)山姆上气不接下气地停下来,他突然<u>一巴掌打上自己的脑袋</u>。

有时,也可以使用其他一些表示意外的词语或相关表达,例如:

(51)出乎他意料之外的,他<u>一鼻子撞上了大门</u>。
(52)有如一声霹雳在头顶上炸开,王秀丽<u>一屁股坐在床上</u>,脑袋里一片混沌。

因此,我们认为"一+M借+VP"构式的语用功能既不是单纯表达一种主观大小量,也不是完全根据语义分化呈现出不同的语用表达,其真正的语用功能在于表现出说话者心理的一种"超预期",即"事件的发生是超出说话人的心理预期的,并在此基础上带来说话人的一些主观评价"。

本节主要从构式语法和认知的视角考察了现代汉语口语构式"一+M借+VP"的相关问题。首先,我们发现该构式内部已分化出"快捷义"和"反差义"两个同形构式,且在构件特征和功能上也呈现出一定的差异,体现了构式与构件的互动作用。其次,我们探讨了导致该构式语义分化的内在动因,这主要是因为认知主体对意象图式不同成分或关系的凸显。当认知主体凸显事件的"短时"动态过程时,构式倾向于表"快捷义",当认知主体凸显动作导致的显著结果时,构式倾向于表"反差义"。从语用功能上看,分化出的两个同形构式虽然语用倾向上各有侧重,但也体现出一定的共性,它们主要表达的都是一个"超预期"的事件,即事件的发生超出说话人的心理预期,并在此基础上带来说话人的一些主观评价。我们本节对"一+

M$_{借}$+VP"构式语义分化的论证,一方面厘清了以往研究中对构式义的分析过于分散、层次不清或以偏概全的问题,另一方面也充分体现了构式组织的"无同义原则",即"如果两个构式在语义上不同,那么它们必定在句法或语用上不同"(Goldberg 1995),体现了认知和构式语法的解释力。

第二节 "V+N+MP$_{借}$"的构式解析及其认知机制

本节所要探讨的"V+N+MP$_{借}$"构式主要是指以下划线部分的结构表达:

(53) 李子荣扣上帽子,打了马威一拳,跑了。
(54) 陆小凤简直恨不得找条鞭子,在后面抽他几鞭子。
(55) 六指头已经抢进了堂屋,当胸给了她一斧头。

其中 V 代表动词性成分,N 代表名词或代词性成分,"MP$_{借}$"是由数词和借用动量词构成的借用动量短语。对于该结构的句法关系,尤其是其中"MP$_{借}$"的语法功能,学界尚存争议。很多语法教材认为该结构是"述—宾—补"格式,其中的"MP$_{借}$"充当补语,如黄伯荣、廖序东主编(1980)、胡裕树主编(1995)、张斌主编(2002)的教材等。也有学者把该结构看成"述—宾—宾"双宾语格式,其中的"MP$_{借}$"充当直接宾语(准宾语),如朱德熙(2000[1982])、马庆株(1983)、李湘(2011)等。前人研究大多采用结构主义分解式的方法对"V+N+MP$_{借}$"结构进行探讨,可以加深我们对该结构的认识。遗憾的是,以往研究忽视了对构式整体意义的关照,而且对动词后动量成分功能的认识比较模糊,很少区分借用动量成分跟专用动量成分的差异,导致对构式中"MP$_{借}$"的句法功能和论元地位认识不一。

双及物构式(Ditransitive Construction)一直是汉语语法学界关注的热点问题。自朱德熙(1979)对汉语典型双及物构式"给"字句展开分析以来,学者们从结构主义(马庆株 1983,李临定 1984)、形式主义(顾阳 1999,周长银 2000)、认知(沈家煊 1999,张伯江 1999)和类型学(刘丹青 2001)等多个视角对其进行了探讨。张伯江(1999)采用"句式语法"理论对汉语双及物构式"V-N$_1$-N$_2$"的语法语义特征及其句式引申进行了较为系统分析,这给我们重新认识"V+N+MP$_{借}$"结构提供了一个新的视角。基于 Goldberg(1995、2007)构式语法的理论框架,通过对"V+N+MP$_{借}$"句法语义特征的分析,我们将其界定为"事件给予类"双及物构式。然后从双及物构式的原型语义特征出发,考察构式的构件特征,并对其产生机制进行阐释。

一、构式的存在

汉语双及物构式是一个原型范畴,张伯江(1999)将其核心语义概括为"有意的给予性转移",并认为不同类型的双及物构式都以"现场给予类"典型构式为基础,通过隐喻和转喻的认知方式构成放射性的语义引申网络。根据考察,我们认为"V + N + MP$_{借}$"构式在句法语义上都承继了双及物构式的基本特征,是一种特殊的表给予义的双及物构式。本节我们主要从以下三方面阐述汉语"V + N + MP$_{借}$"双及物构式的存在:一是 MP$_{借}$的宾语论元地位;二是"给予性转移"构式义的表达;三是跨语言的事实证明。

1. MP$_{借}$的宾语论元地位

从语序形式上看,"V + N + MP$_{借}$"虽然与双及物构式"V + N$_1$ + N$_2$"相似,但如引言中所说目前学界对于构式中"MP$_{借}$"论元地位的认识仍存在分歧,补语说和宾语说意见不一。要说"V + N + MP$_{借}$"是双及物构式,意味着"MP$_{借}$"在构式中充当的是直接宾语,而不是补语。对此我们比较认同李湘(2011)的观点,他通过对比动词后一般动量短语与借用动量短语的句法表现差异,认为"MP$_{借}$"占据的是动词后的宾语论元地位。

首先,在与动词搭配能力方面,一般动量短语与借用动量短语二者存在显著差距。一般动量短语与及物动词和不及物动词搭配都比较自由,而借用动量短语通常只能跟及物动词搭配,例如:

(56) 看了一回   见了两次   读了几遍
(57) 跑了一趟   病了一场   逃了几次
(58) 踹了一脚   打了两棍   抽了几鞭

其次,二者与动词后受事宾语的共现能力也并不相当。一般动量短语与受事宾语共现的能力较强,既可以与有生性受事宾语共现,也可以和非有生性受事宾语同现,且这些受事宾语位置灵活,位于一般动量短语前后均可;相比之下,借用动量短语与受事宾语共现的能力则非常受限,它们通常限于与有生性受事宾语共现。例如:

(59) 拍了一下桌子   读了两遍课文   砸了几次门
(60) 问了一下小张   训了儿子一顿   找了他两回
(61) 踹了流氓一脚   打了小王两棍   抽了马儿几鞭

而且,借用动量短语对动词后的非有生性受事宾语表现出了"强烈的阻断效应"(李湘 2011)。比较以下例(62)、(63)中的 a、b 两列可以看出,当动词后带有借用动量短语时,非有生性受事宾语不管是位于借用动量短语之前还是之后,都似乎不太合适,但如果把相关受事成分转化成处所成分置于动词前表达就比较自然了,如例(62)、(63)中的 c 列所示。也就是说,动词后的借用动量短语与非有生性受事宾语似乎并不兼容。

(62) a. *砸了一拳头那张桌子　b. ?砸了那张桌子一拳头　c. 在桌子上砸了一拳头

(63) a. *扎了两针皮球　b. ?扎了皮球两针　c. 在皮球上扎了两针

对于二者以上句法表现和差异,我们可以给出一个较为合理的假设,那就是借用动量短语与一般动量短语在句法地位上并不相同,它们可以占据及物动词后的宾格论元位置。

那么,上文例(61)中借用动量短语与有生性受事宾语的共现语例是否说明此时的借用动量短语并非真正的论元呢?我们认为这并不构成对以上假设的反例。因为例(61)这样的表达其实正是本书所要探讨的事件给予类双及物构式,其中的借用动量短语占据的正是直接宾语的论元位置。更多用例如下:

(64) 土匪还打了少东家一巴掌,说是回头算账。
(65) 后边的特务,更狠地又抽了解文华一鞭子。

而且,从语序特点看,"V + N + MP$_{借}$"构式中的"MP$_{借}$"通常只能位于有生名词性成分 N 之后而不能出现在 N 之前(张伯江、方梅 1996),[①]这和双及物构式"V-N$_1$-N$_2$"要求有生名词 N$_1$(间接宾语)在前、N$_2$(直接宾语)在后是一致的。因此以上例(64)、(65)不能作如下变换:

(64′) *土匪还打了一巴掌少东家,说是回头算账。
(65′) *后边的特务,更狠地又抽了一鞭子解文华。

总之,我们认为"V + N + MP$_{借}$"构式中"MP$_{借}$"占据的是直接宾语的论元位置,且整个构式的语序特点符合双及物构式的要求。

2. "给予性转移"构式义的表达

从构式的整体意义来看,"V + N + MP$_{借}$"也体现了双及物构式"有意的给予性转移"的句式语义。

[①] 张伯江、方梅(1996)在探讨动词后宾语 N 和动量成分 M 的语序时指出,当 M 为专用量词时,指人名词 N 可以在 M 前也可以在 M 后,即 VNM 和 VMN 语序两可,当 M 为借用量词时,M 通常只能在 N 之后,即语序为 VNM。

首先,这种给予构式义在句法上可以得到印证。我们考察发现构式中的部分动词 V 本身就由给予义动词充当,例如:

(66) 噗咚一声,胡文玉仰脸倒在地上,许凤又给了他一脚。
(67) 他便狠狠给韩云程一棒子,想叫韩云程抬不起头。

而那些不具有给予义的动词进入"V＋N＋MP$_{借}$"构式时,通常也可以用"给"进行变换,而句义基本保持不变,这说明构式的给予意义是独立于动词意义而存在的(Goldberg 2007)。例如:

(68) 听他这一说,黄所长当即擂了孔太平一拳。
(68′) 听他这一说,黄所长当即给了孔太平一拳。
(69) 渡边吼叫着又扎了他几刀,窦洛殿为祖国壮烈牺牲了。
(69′) 渡边吼叫着又给了他几刀,窦洛殿为祖国壮烈牺牲了。

其次,与典型双及物构式(如"张三给了李四一本书")的实体转移模式不同,"V＋N＋MP$_{借}$"构式是把有意指向另一个人的动作及其产生的影响隐喻理解为转移给这个人的实体(Goldberg 1995、2007)。我们认为作为动作事件的"给予性转移",该构式主要体现的是力动态作用下的能量转移模式。下面我们将结合 Langacker(1990)的"台球图式(billiard-ball model)"对"V＋N＋MP$_{借}$"构式的转移模式进行阐释。

我们认为"V＋N＋MP$_{借}$"构式的转移模式较完整地呈现了"台球图式"的行为链和能量传递过程,以"张三打了李四一棒"为例:作为施事的"张三"主动发出了"打"这个动作,因此是行为链头,也是能量传递的源头。该例中的"一棒"用来指涉一个"打人"的动作事件,这个动作事件吸收了"张三"传递的能量并将其传递给"李四",因此是能量的传递者,处于行为链的中间。"李四"是动作的承受者/接受者,处于行为链的末端,也是能量的吸收者,他往往会受到"一棒"事件能量的影响,而产生疼痛或受伤等反应或变化,如图 6-5 所示。

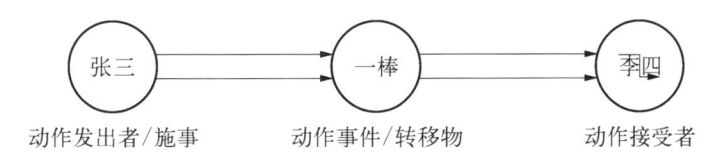

张三 → 一棒 → 李四
动作发出者/施事　动作事件/转移物　动作接受者

图 6-5　"V＋N＋MP$_{借}$"构式的转移模式

从"张三打了李四一棒"的行为链和能量传递过程来看,它主要表达的是施事"张三"有意地把受事"一棒的动作及其影响"转移给予接受者"李四"。因此,我们概括"V+N+MP借"的构式义为：施事 A 有意地把动作事件 MP 及其相应影响施加转移给接受者 N。

3. 跨语言的事实支撑

在跨语言的比较中，我们也发现利用双及物构式表达动作事件的传递并不是汉语独有的现象，英语中也有类似的表达，如下面的英语例子就是引自 Goldberg（1995、2007）的相关用例。

(70) Bill gave Chris a kick.

(71) He gave Bob a glimpse.

(72) Jan gave Chris a punch.

(73) Oedipus gave his mother a kiss.

不难看出，认知上汉英两种语言都是通过隐喻机制，把有意指向另一个人的动作事件理解为转移给这个人的实体，但在具体表达时还是存在一些区别：英语主要是通过名物化的名词或与动词同形的名词来指涉被传递的动作事件，如例(70)—(73)中的"a kick""a glimpse""a punch"和"a kiss"等，而汉语中则要使用相应的借用动量短语"一脚""一眼"和"一拳"来指称被传递的动作行为。

综上所述，我们认为"V+N+MP借"构式在句法语义特征上都承继了双及物构式的基本特征，是一种特殊的表给予义的双及物构式[①]，我们称之为"事件给予类"双及物构式。而且，来自英语的跨语言事实也支撑了我们这一论证。

二、构件特征分析

"V+N+MP借"事件类双及物构式主要由 V、N 和"MP借"三个构件组成，下面我们将进一步解析其构件要素特征，以便更好地寻找构式理据。

1. 构件 V

1) V 的构成

首先，表给予义的动词进入构式比较自由，例如：

(74) 小坡往前跑了几步，给了他一脚。

(75) 黑衣人眼睛一直盯着那灰衣人，似乎恨不得给他一刀。

第二，能进入构式的最主要一类动词为表强打击义的二价动词，如"打""踢"

[①] 刘辉(2009)、李湘(2011)也提出过相似看法，但刘文并没有区分构式中的专用动量词和借用动量词，造成一些难以解释的问题；李文主要是在论证借用动量词的论元地位时顺带提及的，对该类构式没有展开具体分析。

"抽"等：

(76) 王四看到凤霞砸他，伸手就打了凤霞一巴掌。
(77) 马江威冲过去踢了董云升一脚：你他妈翻天了？
(78) 宫本气得抽了洛殿几鞭子。

第三，少量弱打击义或非打击义的动词也能进入构式，例如：

(79) "你真聪明！"春红赞赏地点了我一指头。
(80) 回到后舱，青青把后帘拉上使劲就亲了我一口①。

2) V 的语义属性

首先，能进入构式的动词所代表的动作通常都是由施事有意主动发出的，体现出很强的自主性特征，下列表达因为违反了这条语义规则而不合法，如：

(81) *身不由己地踢了他一脚。
(82) *不经意地抽了他一鞭。

其次，进入构式的动词还具有瞬时性特征，即它们只能表达一个现场瞬间完成的动作，不能呈现动作过程的持续性特征。因此以下用例通常也不能成立：

(83) *慢腾腾地击了他一掌。
(84) *不紧不慢打了他一棒。

2. 构件 N

1) N 的构成

N 通常由指人或动物的名词或代词充当，如：

(85) 江涛拍了嘉庆一掌，说："净瞎说白道，我情愿！"
(86) 牛牧师一忙就忘了抚摸迷失了的羊羔，而想打它两棍子。

有时，一些非有生性名词也能进入构式，但用例很少，如：

(87) 大娘狠狠的踢了鸡笼一脚。
(88) "欧盟的宠儿"爱尔兰反对欧盟条约，从背后"给了欧盟一刀"。

2) N 的语义属性

第一，有生性。在双及物构式中，通常要求我们把间接宾语解读为有主体感受

---

① "亲/吻了她一口"等表达也涉及由触碰事件而引发的能量传导模式，属于我们研究的事件给予类构式，但用例不多，属于非典型表达。它们主要是通过"亲昵"动作的能量传递给对方带来心理层面的影响和变化。典型的事件给予类构式是通过"打击"事件的能量传递给对方造成疼痛或受伤等身体层面的消极影响。

能力的"接受者(recipient)"(Goldberg 1995、2007),因此 N 一般由表人或动物的有生性成分充当也就不难理解。但是为什么例(87)、(88)中的非有生性名词也能进入该构式?我们认为这主要是在移情原则(empathy principle)的作用下,人们赋予了它们"有生性"特征。如例(87)中前文交代大娘是因为把"鸡笼"中的"鸡"当作倾诉对象,但在"鸡不明白她的意思"时,她才把对"鸡"的不满情绪发泄到了"鸡笼"身上。而例(88)中的"欧盟"是人为设置的组织,人们也很容易把属于人类的某些特性"移情"到它身上。

第二,受影响性。构式中的动作接受者 N 在事件过程中,一般会因为动作的实施而受到相应的影响,如产生身体或心理方面的反应或感受。首先,因为"V+N+MP$_{借}$"构式一般涉及的是一个"打击"事件,所以 N 受到的通常是身体层面的消极影响,如感到疼痛或者受伤等。例如:

(89) 王金庆猛翻回头来就踢了我一脚,疼得我一下昏倒了。
(90) 尖嘴婆打了他一板凳,差点把他打死。

而当非打击义或弱打击义动词出现于构式时,施事通常对 N 实施的是一种"亲昵"的触碰行为,这时给 N 带来的往往是心理层面的感受和体验,比如愉悦、感动等,例如:

(91) 弟弟亲了张丽娜一口,张丽娜笑了。
(92) 王金娣红着脸捶了他一拳,众人起哄欢呼。

3. 构件"MP$_{借}$"

1) 对借用动量词的选择

能进入"V+N+MP$_{借}$"构式的借用动量词主要为器官和工具动量词,它们往往是动作 V 得以实施的凭借和工具,具有位移性、力量的传递性等特征(周娟 2012)。

器官动量词具有封闭性,能出现在构式中的主要为具有打击功能的拳/拳头、脚、掌/巴掌、口、指头等,例如:

(93) 志如把嘴一努,捅了小虎儿一拳头,扭过了脸去。
(94) 桦林霸火透了,转身准备狠狠踢她几脚。
(95) 孙毛旦抢过驴骑上,狠狠打了驴屁股两掌。

工具动量词则具有开放性特征,但能进入该构式的通常是借用打击器械名词而来的工具量词,如刀、棒、鞭等。

(96) 无论是人是猫,只要一进水池,就给他一刀。
(97) 白大嫂子扶着老田太太,想挤进去,也去打他一棒子。
(98) 我威风凛凛地挺直身子,顺手给了犍牛一鞭。

2)"MP借"的语义属性

第一,事件性。刘劼生(2000)称 MP借 为事件短语,认为它们在表达动作的量时"总是蕴含着一个事件"。如我们有时可以在 MP借 短语之间插入"大、小"等形容词:

(99) 那两个自认为消耗了气力的老兄一人给了卢小波一大脚。
(100) 贝利给中国队注射了一针强心剂后,米卢却对中国队"扎"了一小针。

不难看出,例(99)、(100)中的"大""小"并不是指器官、工具实体"脚"和"针"等的尺寸大小,而是指"用脚踢""用针扎"这些动作事件效能(影响)的大小,也就是说它们修饰的不是器官或工具实体,而是与器官或工具实体相关的动作事件。

第二,生成性。典型实体受事具有[+现成性]特征(陈昌来 2003),而指称动作事件的 MP借 是伴随动作的发生而临时生成的,例如:

(101) 曾先生夫妇刚走,他便捅了我一指头。
(102) 保斯大怒,顺手拿起一根木棍打了拜德一棒子。

例(101)、(102)中的受事"一指头""一棒子"并不能先于动作"捅""打"之前而独立存在,它们是伴随"捅""打"等动作同时产生的,其存在需要施事和接受者双方的共同参与,没有人可以事先将"一指头""一棒子"动作事件准备好,然后再将它们"送给"别人。

从对"V + N + MP借"构件特征的分析不难看出,其构式要素基本体现了双及物构式的语义属性,如施事的有意性、动作的瞬时性、接受者的有生性和受影响性。同时构式要素中也呈现出一定的非典型性特征,如 V 大多为打击义的二价动词,这与构式的给予义并不一致,而事件 MP借 的临时生成性也溢出了由具体的表物名词充当给予物的典型特征。

三、构式的产生机制

根据原型范畴理论,双及物构式内部有典型成员和非典型成员之分,非典型成员通常是在典型成员的基础上,通过隐喻和转喻等认知机制引申扩展而产生的。那么,作为非典型成员的双及物构式"V + N + MP借"究竟是怎样在原型的双及物构式基础上进行建构的?下面我们将从给予物的引申、动词与构式的整合、句式语义的建构等方面分析其产生机制。

1. 给予物的引申

典型双及物构式中的给予物是由具体的物件名词充当，[＋生成性]的事件 MP$_借$ 是怎样实现"给予性"转移的？这离不开我们转喻性思维的运作，如：

(103) 何应钦又不失时机地踢了对手一脚。

(104) 郭全海添了一句："韩老六还打过他一棒子。"

例(103)、(104)中的"脚"和"棒子"都是人实施某一动作所凭借的工具，在"工具—动作"的转喻机制促动下，它们可转喻凭借该工具而执行的动作事件"一脚"和"一棒子"。实施"一脚""一棒子"动作本身并不是施事要达到的目的，其真正意图是给动作接受者造成一定的影响或后果，因此在"原因—结果"转喻机制作用下，"一脚""一棒子"的动作进一步转喻为事件所产生的后果。也就是说，施事在实施"一脚""一棒子"的动作时实际给予接受者的是这些动作所带来的影响或后果。可见，构式中给予物的引申实际经过了两次转喻过程，表述如下：

a. 工具　　　　　　　转喻　　　动作

　　"脚/棒子"　　　　转喻　　　凭借"脚/棒子"所实施的动作

b. 原因　　　　　　　转喻　　　结果

　　动作"一脚"/"一棒子"　转喻　　相关动作所带来的后果

2. 动词与构式的整合

Goldberg(1995、2007)提到了构式允准动词进入的两个常见条件：一是当动词义表达的是构式义的一个实例时，动词能自如地进入构式进行表达；二是当动词义和句式义之间具有"使成"关系时，动词也能被允准进入构式。这两种动词与构式的整合机制在"V＋N＋MP$_借$"构式中也得到了体现。

首先，"给予"义动词能非常自由地进入"V＋N＋MP$_借$"构式，因为动词义正好是体现了构式义的一个实例。如：

(105) 在李浩淼又叫又跳的时候，陆武桥又给陆建设几拳几脚。

(106) 似乎那进来的人将是一个暴徒，他防备着当头要给他一棒。

其次，我们也发现出现在"V＋N＋MP$_借$"构式中的大部分动词本身并没有给予意义，而是具有打击义的二价动词，如：

(107) 可是他刚一抬腿，二虎仰着踹了他一脚。

(108) 开完老地主斗争会之后，每人上去夯他一棍子。

"踹、夯"这些动词本身并没有给予义,而是呈现给予行为得以实现的方式或手段,也就是说它们是从给予的方式或手段角度来体现给予意义的,如例(107)中二虎就是通过"踹"的方式给予他"一脚"的动作及其所造成的后果。用"手段/方式转指行动"是常见的认知操作,这时动词义与构式义之间正好构成的是一种"使成"关系,因此,以上"V+N+MP_借"构式中允准非给予义动词进入的引申机制可表述如下:

c. 手段/方式　　　转喻　　　行动
　 "踹/夯"的方式　转喻　　　给予的行为

3. 句式语义的建构

双及物构式"给予"义的建构包含了两个过程:一是受事的位移过程,二是受事的领有权的转移过程。受事位置的转移隐喻派生出其领有权的转移(延俊荣、潘文 2006)。典型双及物构式中的领属关系转移涉及的是具体可见的实物的领属关系转移过程,如"张三给李四一本书":实体受事"一本书"在"给予"前属于施事"张三"所有,"给予"动作实施后,其所有权归接受者"李四"所有。我们把这种实物受事与施事和接收者之间的关系看作一种狭义的领属关系。

但是"V+N+MP_借"构式中的受事并不具有[+现成性],如前述例(107)、(108)中的受事"一脚、一棍子"等,它们在动作实施前并不为施事所实际领有,而是伴随动作"踹、夯"的实施而同时产生的。那么怎样来理解这种[+生成性]受事与施事、接收者的领属关系转移呢?我们引入广义领属关系的概念对其进行意义建构。以"张三踢李四一脚"为例,施事"张三"在实施"一脚"的动作时,并不仅仅是要把这个动作转移给接受者"李四",而是通过实施"一脚"的动作使接受者"李四"承受/拥有"一脚的事件后果",可见,受事"一脚"与施事张三、接受者李四形成的是较抽象的广义领属关系。因此,"张三踢李四一脚"的意义建构过程我们可以表述如下:

d. 受事位置的转移　　　隐喻　　受事领有权的转移
　 给予[施事(张三)使　　受事(一脚的动作)　　转移　　到达　　受者(李四)]
　 隐喻派生出:
　 给予[施事(张三)使　　受者(李四)　　拥有　　受事(一脚的事件后果)]

综上所述,与典型的双及物构式相比,"V+N+MP_借"构式在受事(给予物)、动词和句式语义上都出现了一定程度的扩展引申。"V+N+MP_借"双及物构式的意义建构以广义的领属关系为基础,其引申机制以隐喻和转喻为主,如构式中受事

(给予物),动词的意义建构主要通过转喻机制运行,而句式语义的建构则是隐喻机制作用下的结果。

四、小结

构式语法把构式看作一个"完形"结构,主张在"把握句式的整体意义"前提下,更合理地解释"许多对应的语法现象"(沈家煊1999)。本节对"V+N+MP$_{借}$"的构式解析使我们能对学界关于动词后动量成分句法功能的争议问题进行重新审视。在构式整体语义观的视角下,"MP$_{借}$"占据的正是事件给予类双及物构式"V+N+MP$_{借}$"中直接宾语的论元位置,从这个语言事实来看,我们认为至少对于动词后的借用动量成分来说,"宾语说"比"补语说"似乎更具合理性。同时,构式语法观还强调"自上而下"和"自下而上"相结合的语法分析(Goldberg 2007),通过对"V+N+MP$_{借}$"构件特征以及动词与构式整合关系的分析,我们看到了构式意义和词汇意义之间的互动影响。此外,如果我们将"V+N+MP$_{借}$"作为双及物构式的实例分析,那么在"有意的给予性转移"中心义的扩展引申下,其构式义和产生机制都可得到较为合理的阐释。

第三节 "在+L+VP+一+M$_{借}$"与"一+M$_{借}$+VP+在+L"的构式差异及其认知阐释

本节所要研究的两个带借用动量词的"在+L"构式主要是指以下划线部分的A、B两式:

A式:在+L+VP+一+M$_{借}$

(109)羊倌把羊铲在平儿肚子上捅了捅,又<u>在她腰间轻轻踢了一脚</u>。

(110)一位俊俏的藏家女孩卓玛,曾经<u>在年轻的王洛宾身上轻轻地打了一鞭</u>。

B式:一+M$_{借}$+VP+在+L

(111)燕南飞又狠狠地盯着他看了很久,忽然<u>一脚踢在他小肚子上</u>。

(112)赶车的大汉看着她上了他的马车,忽然挥起长鞭,<u>一鞭子抽在毛驴后股上</u>。

这两个构式以动词"VP"为镜像,由相同的三个构件"在+L""VP"和"一+M$_{借}$"组成:其中的"在+L"指表处所的介词词组,"VP"为动词或动词性成分,"一+M$_{借}$"指由数词和借用动量词(主要是借用器官名词和工具名词而来,如脚、鞭等)组成的动量短语。

对于"在+L"构成的动所镜像构式的句法语义差异,前人已作过较多探讨,如朱德熙(1981)、范继淹(1982)、戴浩一(1988)、俞咏梅(1999)、崔希亮(2001)等,但以往研究多集中对"在+L"语法意义和语义功能的比较上,忽略了对构式整体意义差异的认知阐释。本书所要研究的两个带借用动量词的"在+L"构式可以看作动所镜像构式的衍生形式,马晓燕(2007)对此作了初步考察,认为它们在[±超预期]、[±强攻击力度]、[±严重后果]等语义功能上形成了鲜明对立,但对造成二者差异的原因却未作进一步分析考察。为什么相同的构件因为句位安排的不同能产生截然不同的对立意义,人们在认知这两个构式时又经历了怎样的认知识解过程?

本节采纳功能主义的语言观,试图借助构式语法和认知语法的合力来解决这个问题。构式语法认为构式是一种完形(gestalt),构式组件的句位分布只是说话人心理意象的语言化现实。构成意义的浮现差异既来自其内部组件(component)对整体意义形成的贡献,又与事件构式的意象图式以及人们的识解方式密切相关。我们在充分描写两种构式的构件及构式浮现义差异的基础上,试图从认知的视角对造成这种差异的原因进行探讨分析。

一、构件差异及与构式的互动

1. 构件差异比较

1)"一+M$_{借}$"构件差异

有关"一+M$_{借}$"的语义功能差异我们在第三章中已经分析过,处于动词后的"一+M$_{借}$"具有计量的语义功能,而动前的"一+M$_{借}$"出现了计量和计事的语义分化,但当它们与"在+L"处所介词短语结合时,并不用于计量,而是用来描述动作的方式和情态,即具有"计事"的语义功能。而构式中"一+M$_{借}$"的语义功能的差异也直接影响到其中的数词和借用动量词的特点。

a. 数词的特点

根据我们第三章的考察和相关语料显示,A式中的数词比较自由,不限于数词"一",这体现了动词后的"一+M$_{借}$"计量的语义功能,如:

(113) 陶副官听了笑起来,<u>在她屁股上狠狠打了一巴掌</u>,打得她倒在了床上。

(114) 两个小印度也先<u>在自己的胸上捶了两拳</u>,作为接战的预备。

(115) 马老先生<u>在汽车后面干跺了几脚</u>,眼看着叫汽车跑了。

(116) 医生<u>在眼睛伤口上缝了十几针</u>,终因击伤过重,治疗无效,左眼失明,造成终身残废。

(117) 陆无双气得几欲晕去,心中赌咒发誓:明日待我穴道松了,定要<u>在这傻蛋身上斩他十七八刀</u>。

而 B 式中出现的数词通常限于"一",这与动前的"一+$M_{借}$"计量功能弱化,强调"计事"的语义功能相统一,如:

(118) 祁老人看着小妞子,忽然发了怒,<u>一掌拍在了桌子上</u>,把筷子与碟碗都震得跳起来。

(119) 胡志瀚冲入中舱,<u>一斧头剁在桌上</u>,威胁游客:"把钱拿出来,不伤害你们生命!"

B 式中的数词通常不能换成其他数词,以下变换在语义上就不合情理:

(118′) *祁老人看着小妞子,忽然发了怒,<u>两掌拍在了桌子上</u>,把筷子与碟碗都震得跳起来。

(119′) *胡志瀚冲入中舱,<u>几斧头剁在桌上</u>,威胁游客:"把钱拿出来,不伤害你们生命!"

b. 量词"$M_{借}$"的特点

器官和工具动量词都能出现在 A、B 两式中。如器官动量词"脚、掌、巴掌、拳"等一般是作为打击工具使用的,因此它们能自由地出入 A、B 两式中,例如:

(120) 因为是他先<u>在德莱塞背后踢了一脚</u>,这就难怪德莱塞要疏远门肯了。

(121) 小罗不慌不忙,侧身躲过尖刀,猛地飞起右腿,<u>一脚踢在歹徒的手腕上</u>。

(122) 菲菲<u>一掌打在鲁鲁鼻子上</u>,把鼻子抓破了。

(123) 赵英顺手便<u>在车头上打了一掌</u>,打得车头蓬的一响。

(124) 何守礼跑到周炳身边,<u>在他的大腿上打了一拳</u>,扭回头鼓励胡杏道:"来,杏表姐。"

(125) 许凤早有防备,狠狠<u>一拳打在他脸上</u>。

大多数工具器械名词一般都能作为打击工具,因此也都能出现 A、B 两式中,如"刀、棍、棒、锤子"等,例如:

(126) 一位 50 多岁的大伯被人<u>在脖子上砍了一刀</u>,流了很多血,送杭钢医院。

(127) 张金龙瞪着眼儿夺过刀,弯下腰去,<u>一刀砍在那胖脖子上</u>。

(128) 只见门边倚着一根大门闩,当下悄悄提在手里,蹑手蹑脚走到他的身后,<u>在他后脑上猛力打了一棍</u>。

(129) 刘广亮毫无惧色,顺手抽出车后架上的一根短铁棍向歹徒扑去,<u>一棍打</u>

第六章　借用动量构式的个案分析及其认知阐释

在歹徒的头上。

(130) 一个"警备队员"就翻过第一层铁丝网追他,还在他脚上打了一棒子。

(131) 马慕韩一棒打在徐义德和柳惠光两人的身上。

(132) 彭又举起铁锤,在王的头顶敲了一锤。

(133) 他给地主做活,因凿坏了一块石头,被地主一锤敲在头上,连推带打赶出门外。

有些器官和工具名词不能作为打击工具,但可以作为动作的凭借使用,它们借用为动量词时只能出现在 A 式,不能出现在 B 式中,例如器官动量词"眼、鼻子、耳朵",工具动量词"卦、盘、版、笔、键"等,

(134) 三舅在人群里看了一眼,说了一声"胡闹",走了。

(135) 玛力说着,哈着腰在花上闻了一鼻子。

(136) 你在哪儿听了一耳朵?

(137) 求医、婚丧嫁娶请"阴阳先生"择吉日,升学、生子前在泥菩萨前卜一卦。

(138) 至此,中、日、韩 3 队在本次擂台赛上各胜一盘,大家又回到了同一条起跑线。

(139) 据新华社北京 2 月 4 日电拉巴斯消息:介绍中国专著在玻连印三版。

(140) 老师在圈圈画的黑色上面画了一笔,就把黑色遮盖住了。

很明显,这些借用动量词都不能出现在 B 式中。有些器官名词既不具有打击义,也不能作为动作行为的凭借物,但是可以发生位移,它们借用为动量词不大能出现在 A 式,多出现在 B 式中,例如"头、屁股"等,

(141) 高胜春胃出血的毛病又犯了,看着儿子呕出的鲜血,八旬老母急得一头栽倒在炕上。

(142) 周佛海洗好脸拿过来一看,失声惊呼:"出了麻烦了!"一屁股跌坐在沙发里,呆若木鸡。

我们知道"头"和"屁股"这两个身体部位运动性差,加上"头"又是人体部位中非常重要但非常脆弱的部位,所以很少用作打击的工具或动作的凭借。但它们可以在动作主体的作用下发生位移,因此可以出现在 B 式中,这与 B 式的整体构式义相关,体现了构式义与构件的互动。

2) 述语 VP 的特点

A、B 两式中的 VP 多为表打击义的自主动词,如:打、踢、砍、抽等。

(143) "疯!人前人后的,没个样儿?转眼十七了!"娘终于在她肩上打了一

巴掌。
- (144) 朱老太太二话没说，<u>一巴掌打在朱海鹏脸上</u>，把朱海鹏打个趔趄，跌倒在沙发上。
- (145) 随后卡尔松<u>在飞勒的腿上</u>狠狠地踢了一脚，飞勒喊叫起来。
- (146) 她忽然冲过去，<u>一脚踢在陆小凤肋骨上</u>，嘶声道："我恨你，我恨你……"
- (147) 这时候他居然有着同仇敌忾的心理，想<u>在丁鹏的头上砍一刀</u>。
- (148) 对于高玉德老两口子来说，今晚上这不幸的消息就像谁<u>在他们的头上敲了一棍</u>。
- (149) 李自成勒马冲到亲兵的前边去，<u>在乌龙驹的臀部猛抽一鞭</u>。
- (150) 卓东来忽然变得好像站都站不稳了，好像忽然被人<u>一棍子打在头顶上</u>。

一些不具有打击义的非自主动词或短语，它们所表示的动作不是动作主体主动实施的，但具有位移义，只能进入 B 式，不能进入 A 式，如"摔、瘫、塌、跌、昏倒、栽倒、饿晕"等，这些 VP 一般是与"头、屁股"相关的动作，例如：

- (151) 正当坦尼斯快要抵达塔旁时，他觉得有支树根抓住了他的脚，他<u>一头摔在地上</u>。
- (152) 一上岸，精疲力竭的李德友便<u>一头昏倒在地上</u>。
- (153) 绫子头晕目眩，<u>一头栽倒在床上</u>。
- (154) 憨二偏偏那天酒喝多了，摇摇晃晃地在店堂里打转，最后<u>一屁股瘫在地上</u>。
- (155) 姐、四嫂一边一个还搀不住，她<u>一屁股塌在妇产科门口的楼梯上</u>，两只手背不停地抹泪。
- (156) 周佛海洗好脸拿过来一看，失声惊叫："出了麻烦了！"<u>一屁股跌坐在沙发里</u>，呆若木鸡。
- (157) 他来回窜了好几趟，越窜脸蛋子越白，最终<u>一屁股饿晕在地里</u>，让人给架回来。

这些非自主动作一般都是动作主体由于受伤、疾病、饥饿、极度劳累等因素或受外力作用却无法摆脱而造成的。这些动作并非主语有意而为的，而是非自主的不可控行为。张国宪(2009)根据大量的语言事实得出了非自主动词与动后式构成了无标记组配的结论，我们觉得这一结论的确有一定道理。

3)"在+L"的表义差异

自朱德熙(1981)发表《"在黑板上写字"及其相关句式》一文以来，语法学界对介词短语"在+L"给予了广泛关注，尤其是对于动词前和动词后位置"在+L"的表义功能,学者研究较多。目前,对于位于动词之前的"在+L"的语义功能,学界的意见趋于一致,认为它表示的是"动作发生或状态呈现的处所"(王还 1957、1980,戴浩一 1975,陈重瑜 1978,范继淹 1982,侯敏 1992,崔希亮 2001 等)。而对于位于动词之后的"在+L"的语义功能学界还存有争议。王还(1957、1980)认为动词后的"在+L"表示"动作的施事或受事因动作的结果达到的地点,但用在'睡''站'等动词后面也可以表状态存在的地点"。范继淹(1982)则认为动词后的"在+L"确指"动作达到后的处所或状态呈现的处所"。戴浩一(1975)认为位于动词之后的"在+L"遵循了时间顺序原则,表示"动作参与者受动作影响后所居的处所";而陈重瑜(1978)对戴文提出了反驳,他认为时间顺序原则不能完全解释动词后的"在+L",如"他死在厨房里""我留在家里""云飘在天上"等用例就不适用于时间顺序原则来解释。崔希亮(2001)则从认知的视角探讨了"在+L+V"和"V+在+L"的认知图式和语义映射。他认为两个构式中的"在+L"表达了不同的"处所义",动词之前的"处所"通常是"活动进行的场所或者是事物存在的时空范围";动词之后的"处所"通常是"存在物位移的终点、目标或是存在物所处的方位"。对于"在+L+VP+一+M$_{借}$"与"一+M$_{借}$+VP+在+L"代表的 A、B 两式中"在+L"的语义功能,首先,我们基本认同崔希亮(2001)的观点,我们认为它们表达了不同的"处所义"。A 式中的"在+L"主要表示动作发生的处所,即活动进行的场所,如:

(158) 1982 年,马拉多纳<u>在巴蒂斯图塔身上不光彩地踹上一脚</u>,顿时令巴西队笑逐颜开。

(159) 长延堡一饭馆喝酒后,因琐事发生争执,努某持匕首<u>在木某背部刺了一刀</u>。

而 B 式中的"在+L"则表示动作到达的处所,即位移的终点或目标,例如:

(160) 小罗不慌不忙,侧身躲过尖刀,猛地飞起右腿,<u>一脚踢在歹徒的手腕上</u>。

(161) 凶手发狠地<u>一刀砍在来不及爬起来的白雪洁颈中</u>,白雪洁本能地用双手护住头。

同时,我们也应该看到,"在+L"的语义内容不应该只结合动作单独呈现,它应该借助"在+L"发生关系的动作主体或动作客体的共同参与才能体现其完整的语义内容。因此,"在+L+VP+一+M$_{借}$"与"一+M$_{借}$+VP+在+L"构式中的"在+L"的语义也需要在具体构式中进行分析,以避免以偏概全。通过考察发现,A、B 两式中的"在+L"既表达了"处所义",也表达了一定程度的"受事义",因为"在+L"所代表的"处所",一般是动作打击/施动的对象,属于受事的一部分,具有

一定程度的受事义,关于这一点,我们联系上下文会看得更清楚,例如:

(162) 这时,从前车门又钻出一歹徒,<u>在张庆祥背上猛刺一刀</u>,张庆祥身负重伤,血流如注。

(163) 这时另一个汉奸也蹿上来,<u>一刀子扎在田三的胸上</u>,田三倒下了。

(164) 尤世功又<u>在他胸口踢了一脚</u>,只听郑小五哎哟一声,口中吐出一股鲜血,立即晕过去了。

(165) 李铁跑过去狠狠<u>一脚踢在敌人脸上</u>,敌人哎哟一声滚倒下去。

上面几例中"在+L"中的斜体部分都是动作的施动对象,而且在后续句中都是对这个施动对象受动作影响的相关描述。因此,这两个构式中"在+L"不仅表"处所义",而且还具有一定的"受事义",这也是"在+L+VP+一+$M_{借}$"与"一+$M_{借}$+VP+在+L"A、B两式中"在+L"的特殊之处。其实对于这一点,早有学者已经意识到,如范继淹(1982)就指出"他在树上砍了一刀"中动词前的处所短语"树上"为真正的受事。

2. 构件与构式的互动

Goldberg(1995、2006)构式语法认为:语法构式作为一个整体,它的整体意义是以其组成部分的意义为基础的;同时,构式本身也在一定程度上调整和改变了各个构成要素的语义,从而使各要素与构式之间更好地融合。A式表达的是动作事件义,其构式义可概括为"某人凭借$M_{借}$在某处实施某动作",其中的"在+L"表示动作发生的处所,构件"一+$M_{借}$"主要用于称量动作的数量,因为动作可以反复,所以其中的数词比较自由,$M_{借}$作为动作的凭借,因此排斥"头、屁股"等非凭借性借用量词;而B式表达的是位移事件义,其构式义可概括为"动作的参与者$M_{借}$在动作的作用下到达某处所"。其中的"在+L"表示位移动作主体到达的处所,位移事件通常是一次性的表达,因此其中的数词不大能是其他数词,"$M_{借}$"作为位移动作主体的要求是能够发生位移并能"附着"在处所上,像"眼睛、鼻子、耳朵"虽然也能位移,但一般不附着在处所上,"卦、盘、版"等工具动量词一般不具有位移性,所有都不能出现在B式中。能出现在A、B式中的动词一般都为打击义的自主动词,非自主动词通常只能出现在B式中,这也是构式义的要求,因为动作在某处实施某个动作一般是动作主体自主发生的可控动作,而主体的位移动作可以是主体主动进行的,也可以是非可控的位移动作。另外,受构式整体义和构式参与者的影响,A、B两构式中的"在+L"还具有一定的受事特征。

二、A、B两构式浮现义差异比较

根据构式语法的"无同义原则"观点,如果两个构式在句法上不同,那么它们在语义上或语用上也一定是不同的(Goldberg 1995)。马晓燕(2007)对这两个构式语义差异作了初步考察,认为他们在语义功能上形成了鲜明对立;张国宪(2009)也认为"在+L"出现在动前构式与动后构式中时,构式会产生迥异的意义浮现,即听者对构式中的动作可以有[±反复]、[±意愿]和[±进行]等语义识解。根据我们的考察,我们认为"在+L+VP+一+M借"与"一+M借+VP+在+L"两个构式至少在以下四方面呈现出对立的浮现意义。

1. 反复动作和非反复动作

A 式通常会被理解为重复性动作,表现为该构式中的动作标量取值不限于"一",且常与表示"反复义"的频率副词"连"共现,如:

(166) 孙国义揪住小王的披肩发,用力一拽,另一只手在小王头上连击数拳。
(167) 杨过也不敢多挨时刻,扬鞭在驴臀上连抽几鞭,驴子发足直奔。

B 式则会被理解为非重复性动作,B 式中的动作标量取值仅限于"一",因此例(168)和(169)变换数词的作法并不成立。

(168) 祖父一脚踢在它身上,它连叫也没叫,继续瞪着灶眼。
(168′) *祖父两脚踢在它身上,它连叫也没叫,继续瞪着灶眼。
(169) 马慕韩一棒子打在徐义德和柳惠光两人的身上。
(169′) *马慕韩两棒子打在徐义德和柳惠光两人的身上。

2. 意愿动作和非意愿动作

张黎(2003)认为动所镜像句最重要的区别特征为"有意"和"无意"的对立。我们考察发现,A 式中动词所表述的动作情景多为意愿性(intentionally)动作,常和"想、要、故意"等表示行者意欲(desire)的情态词语搭配使用,这类词语集中体现了施动者主观上意欲实施某种动作行为的意志,例如:

(170) 两道眼光如果是两只拳头,他们也的确想在林若萍的脸上狠狠地打上两拳。
(171) 每当他们提起那个了不起的侍女,要在他身上扎上几刀,大家总是笑个不停。
(172) 他们有时要故意在沙堆的边上去踩一脚,在滚落下来的石子上站一站。

与之相对,B 构式中所表述的动作情景倾向表达为非意愿性(unintentionally)动作,即该动作情景是句子主语不经意间造成的意外,或是一种施动者无力控制的偶发的自然事件。据我们(过国娇、陈昌来 2016)考察,该构式通常表达的是超预期的结果事件,常与表述意外情态的"没想到、居然、却"等词语搭配使用,如:

(173) 她只好暴跳如雷地跺脚大骂,没想到又<u>一脚踩在旁边一个中年妇人的脚尖上</u>。

(174) 张春成再次耐心地请他接受检查,这人居然破口大骂,而且<u>一拳打在她的左肩</u>。

(175) 一次儿子帮忙卸猪蹄,却<u>一刀砍在自己的手腕上</u>,急忙接筋续骨,难免落下残疾。

另外,A 式和 B 式中表达意愿和非意愿的对立还一定程度上体现在它们对自主动词和非自主动词的选择上。我们发现表达非意愿语义倾向的非自主动词只能出现在 B 式中,如:

(176) 宋江顿时觉得天旋地转,<u>一头栽倒在丈母娘的脚上</u>。

(177) 张维全只觉得浑身无力,站立不稳,<u>一屁股跌落在椅子上</u>。

例(176)、(177)中的"栽倒、跌落"等非自主动词的运用体现了该动作情景是句子主语非自主的不可控行为。

3. 弱攻击力度和强攻击力度

首先,A 式中的动作呈现出弱打击力度,因此可以和表示弱打击力度的"轻轻"等词语搭配使用,例如:

(178) 她没有反应,倒是母亲过来<u>在我的屁股上轻轻地打了一巴掌</u>。

(179) 一位俊俏的藏家女孩卓玛,曾经<u>在年轻的王洛宾身上轻轻地打了一鞭</u>。

而且,A 式中的动作呈现出弱打击力度还表现为,如果打击对象是施动者本人时,往往会选用 A 式来表达,例如:

(180) 杨过见时机已至,突使一招"曹令割鼻",挥手<u>在自己脸上斜削一掌</u>。

(181) 他咬着牙,<u>在小腿上又割了一刀</u>,豆大的汗珠不停地从额头上滚落。

例(180)、(181)中的打击对象都是施动者本人,它们都不约而同地选择了弱打击力度的 A 式进行表达。这个选择也比较容易理解,从心理学的角度来说,人都有自我保护的潜意识,当打击对象是施动者"本人"时,力度自然要小,或者在叙述人看来是要小一些、弱一些,所以自然会选择弱打击力度的 A 式来表达。

与 A 式相对,B 式则是一个不需要借助于其他词语,就能自然展现强攻击力度的构式,我们从后面动作所造成的严重后果就可以看出该构式中动作的强攻击力度,例如:

(182) 老头子回身往外就跑,被王金庆<u>一脚踢在屁股上</u>,栽了个嘴啃地。

(183) 这时他全身内劲,都聚在额头,<u>一锤撞在那侍卫双眼之间</u>,喀的一声,那侍卫登时毙命。

从例(182)、(183)后续句"栽了个嘴啃地""侍卫登时毙命"等严重后果的描述足见其相应动作"踢""撞"的强打击力度。

4. 非严重后果和严重后果

A、B两式呈现的这一组浮现意义与第3组浮现意义相关联,因为攻击力度和造成的后果自然存在紧密联系。A式呈现的是弱攻击力度,因此其造成的后果往往也是非严重的,而B式表达的是强攻击力度,其造成的后果通常是较严重的。这一点,我们结合上下文会看得更清楚,如:

(184) 何守礼跑到周炳身边,<u>在他的大腿上打了一拳</u>,扭回头鼓励胡杏道:"来,杏表姐。"

(185) 他儿子傅长辉一把抓住正在检查工作的张东辉,<u>一拳打在脸上</u>,张东辉眼前一黑,昏倒过去。

(186) 店主接过鸡,<u>利索地在鸡脖子上抹了一刀</u>,随即把鸡扔进了脱毛机。

(187) 郝厨子已拔出了他的菜刀,<u>一刀砍在死马身上</u>,就连皮带肉砍下了一大块。

例(184)、(186)为表弱打击力度的A式,因此其相应的后续句通常不会对动作的受事进行叙述。而例(185)、(187)为表强打击力度的B式,为了体现动作的强打击力度,在后续句中往往会对受事的受影响程度进行描述,如例(185)中因为"打"的强攻击力度,所以造成受事"眼前一黑,昏倒过去",例(187)中因为"砍"的强打击力度,致使死马被"连皮带肉砍下了一大块"。

总之,综观A、B两式的句式浮现义,不难发现,A式呈现出可反复、强意愿、弱打击力度、非严重后果等浮现意义;相形之下,而B式的浮现意义则与之对立,呈现出非反复、非意愿、强打击力度和严重后果等意义。马晓燕(2007)曾用下面这个"逃避肇事责任"的实例来说明A、B两式的意义对立,我们觉得比较具有说服力。可以设想发生在法庭上的以下这个场景:甲、乙双方发生争斗,乙方被致重伤或死亡。审讯时,为了主观上把自己的打击动机和力度尽可能降到最低,消解结果的严重程度,逃避自己的肇事责任,甲方一定会选用A式为自己辩护:"我不过在他头上打了一拳么,怎么就死了呢?",而一定不会使用强打击力度和造成严重后果的B式来回答:"我一拳打在他头上,他怎么就死了?"。

三、A、B两构式浮现义差异的认知阐释

为什么相同的构件因为不同的句法实现却产生了截然不同的对立意义,人们

在认知A、B两个构式时究竟经历了怎样的认知识解过程？认知语法认为不同的语法构造源于不同的识解方式，反映了不同的认知路径。崔希亮(2001)意识到"在+L"镜像处所构式来源于不同的意象图式，A式来源于容器图式，B构式来源于路径图式，但这仍然不能解释两构式的语义差异。张国宪(2009)试图用扫描方式的差异来解释两个"在+L"构式意义的不同，他认为这两个构式浮现意义的对立主要来自人们对构式组件VP心智扫描方式的差异。我们认为造成A、B两个构式浮现意义差异的原因比较复杂，既与言者对构式组件的认知识解方式有关，也与构式和动词的不同整合关系有关。下面我们主要从认知的视角对A、B两个构式浮现意义的差异成因进行探讨。

1. VP的心智扫描与构式义识解

首先，我们认为人们对A、B两个构式组件VP的识解采取了两种完全不同的心智扫描方式。人们识解A式时是按照次第扫描(sequential scanning)的方式进行心理解读的。次第扫描侧重于可感知对象在各个阶段的变化，它借助时间来反映扫描进展的细节差异。由于次第扫描着眼于行为的连续性，而连续的行为通常需要占据一定的时间长度，所以次第扫描对动作过程的长短有一定要求。动作过程较长的动作容易进行次第扫描，而动作过程很短的动作则难以达到次第扫描的要求；对于动程较短的动作，表达者往往会用增加动作的行为数量来延伸动作过程的长度，从而达到次第扫描的要求(张国宪2009)。A式中的动词多为打击类的动词，如"打、踢、砍、抽"等，这些动作显然是一些难以支撑较长时间的动作，因此，为了满足次第扫描对动作过程的需求，A式往往会用反复动作的行为数量的方式来延续动作进行的时间，如"打两拳、踢几脚、砍三刀、抽几鞭"等，这也是A式会呈现反复义的真正动因。另外，次第扫描要求动作具有长时特征，这在一定程度上削弱了动作的打击力度，因为根据相关物理原理，动作的打击力度与持续时间是成反比的。持续时间越长，则打击力度越小。因此A式会呈现弱打击力度的浮现意义。

而人们对B式进行心理解读时则是采用总括扫描(summary scanning)的方式。总括扫描侧重于对认知对象从宏观上作整体性观测。由于总括扫描时动作整体被视为一个完形，因此A式会浮现为非反复性的一次性动作意义。另外，与次第扫描要求动作具有连续性特征相对，总括扫描则要求其动作具有瞬时性特征，动作过程越短越易于采用总括扫描观测。而从物理的角度来看，速度越快的动作冲击力就越大，这也是B式会呈现为强攻击力度的意义浮现的原因所在。

通过前面的分析不难看出，心智扫描其实包括了依据"图形-背景"来构建情景的能力。次第扫描的情景建构是将"部分"前景化、整体背景化，而总括扫描则相反，其情景建构是将"部分"背景化、整体前景化。这种扫描方式的差异直接导致了

A 式呈现反复义、弱打击力度,B 式呈现非反复义、强打击力度的浮现意义的差异。

2."在+L"的句位义对构式义的贡献

陈昌来、雍茜(2015)认为人们对处所短语"在+L"的关注度不同会影响其所在构式动作结果义的表述,我们比较认同他们的观点。下面我们将采用 Langacker(2000)的"舞台模型"(stage model)来阐释言者对 A、B 构式"在+L+VP+一+M$_{借}$"与"一+M$_{借}$+VP+在+L"对应的事件的主观认知体验。

如图 6-6 所示,"舞台模型"主要由四个因素组成：观察者(viewer)、最大视野区(maximal field)、舞台表演区(onstage region)和焦点(focus)。观察者代表台下观看演出的观众,最大视野区是观众目光所能观测到的一个最大区域,而"舞台表演区"是演员进行表演的区域,也是观众视觉关注的重点区域,而且,在表演区里还存在着"场景"(道具、背景)和"参与者"(演员)两大角色。观看演出时,观众的注意力通常会聚焦在表演的演员,即参与者身上。舞台上最凸显的参与者是射体(trajector),次凸显的则成为界标(landmark)。在 A 构式"在+L+VP+一+M$_{借}$"中,动作主体,即舞台上的表演者通常位于主语位置,成为射体,受到了关注。从体验的角度感悟,观众在看演出时,与其说是关注演员,不如说是关注表演,所以该构式中构式组件 VP 是心智中的聚焦成分,即人或物在空间的运动成了关注所在。而状语"在+L"只是提供了动作得以进行的场所,是一种道具,并不是观察者特别关注的角色。相比较而言,B 构式"一+M$_{借}$+VP+在+L"表达的是动作结束后的结果呈现状态,动作的施事不再是舞台的表演者,而结果状态达成的对象成了最凸显的参与者(射体),位于补语位置的"在+L"被有效地关注,放在了句末焦点的位置充任界标,成为构式侧重的参与角色,被前景化进入了"注意窗"(window of attention)。因而 A、B 两个构式在表述动作结果义时,差异主要体现在处所短语"在+L"的关注度上。A 式中"在+L"作为动作进行的场所,充当道具的作用,并不是舞台模型中的凸显成分,通常不会受到观众的关注。而 B 式中位于句末焦点位置的"在+L"在舞台场景中充当了界标的角色,处于比较凸显的位置,也容易纳

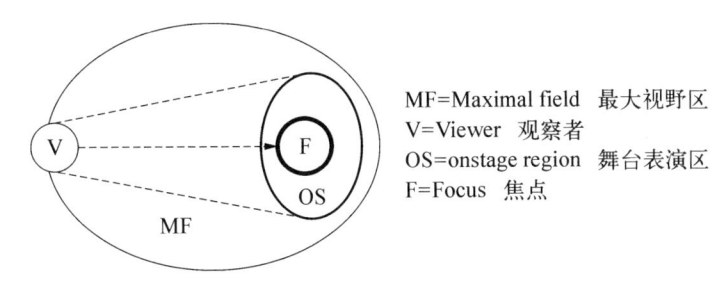

图 6-6　Langacker(2000)的舞台模型图

入观众的关注范围。这种认知关注度的差异在句法表现中也可得到验证,如:

(188) 周涛怒不可遏,猛地在桌子上擂了一拳,"这是市委办公室,不是家里!"
(188′) 周涛怒不可遏,猛地擂了一拳,"这是市委办公室,不是家里!"
(189) 朱海鹏眼睛马上湿润了,一拳打在墙上,"我们来晚了。"
(189′) *朱海鹏眼睛马上湿润了,一拳打,"我们来晚了。"

例(188)中动词前的处所短语"在桌子上"仅仅作为道具出现,如果去除,并不会影响表演进行,因此例(188′)的变换仍然成立;而例(189)中处于句末焦点位置的处所短语"在墙上"是受到关注的角色,若去除,则会影响表演的进行,所以例(189′)的变换不成立。

综上所述,构式"在+L+VP+一+M$_借$"和"一+M$_借$+VP+在+L"在表示动作结果义时,差异主要体现在对处所短语"在+L"的关注度上。由于"在+L"的句法位置不同,在舞台场景中受到的关注程度也不同,对动作结果的呈现也完全不同。而且据范继淹(1982)考察"在+L"相关构式中的"L"除了表示处所义外,还具有一定的受事义。根据前文分析得知,A 式中的"在+L"处于注意脱漏(gapping)状态,作为道具的受事,其认知地位的背景化也在一定程度上弱化了受事的受影响程度,这也是 A 式中受事浮现为非严重后果的意义来源。而 B 式中的处所短语"在+L"受到注意的窗口化,构式着重表示动作结束后的结果状态,处所兼受事"L"的凸显和前景化则强化了受事的受影响程度,这也是 B 式中受事浮现为严重后果义的原因。

3. 构式与动词的论元熔合及语义浮现

Goldberg(1995)认为构式意义的表述还受到动词与构式不同的整合方式以及二者角色的熔合情况的影响[①]。我们发现 A、B 两构式中动词与构式的整合方式以及参与者角色和构式角色的熔合情况并不相同,这也会导致它们出现浮现意义的差异。

我们认为,在 A 式"在+L+VP+一+M$_借$"中,动词事件与构式事件通过子类关联的方式进行整合,即动词所表示的核心事件作为构式动作事件的一个实例,二者具有子类关系。Goldberg(1995)认为,当动作事件作为构式事件子类关系存在时,由于"动词自身意义与构式意义相同,因此构式意义完全是多余的,动词仅仅为构式表示的事件添加信息",而且与动词相联的参与者角色和与构式相联的论元角

---

① Goldberg(1995)认为熔合(fusion)是指与动词相联的参与者角色和构式的论元角色同时受到的语义限制。如果一个动词是与构式规约联想的某类动词的成员,那么该动词的参与者角色在语义上与论元结构构式的论元角色熔合。

色在熔合时一般存在一一对应的关系。我们可以把下例(190)A式中动词和构式的角色熔合情况表示如图6-7所示。

(190) 他在小腿上又割了一刀。

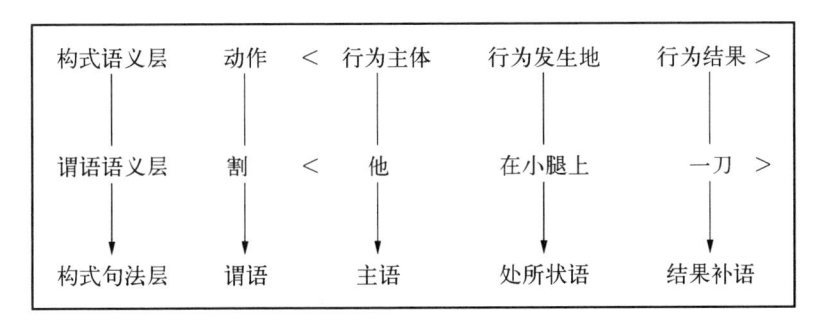

```
构式语义层    动作    < 行为主体    行为发生地    行为结果 >
               ↓          ↓            ↓           ↓
谓语语义层    割     <   他        在小腿上      一刀   >
               ↓          ↓            ↓           ↓
构式句法层    谓语       主语       处所状语     结果补语
```

图6-7 A式中动词和构式的角色熔合

动词"割"与构式共享三个参与者：动词"割"的施事角色"他"和构式的角色——行为主体共享，动作"割"的附着地——"在小腿上"与构式的角色——行为发生地共享，动作产生的结果——"一刀"与行为结果共享。其中，动作施事"他"与构式中的侧重角色"行为主体"的角色熔合，对构式浮现意义产生了一定影响，我们可以看到，行为主体(施事)的主观能动性在整个行为事件的进行中起着主导作用，影响行为事件的各个方面，例如：

(191) 他们有时要故意<u>在沙堆的边上去踩一脚</u>，在滚落下来的石子上站一站。

(192) 狄玉明<u>在他背上不轻不重地打了一巴掌</u>。

(193) 敌兵小队长残忍地<u>在她腿上连刺三刀</u>。

上面几例中的"故意""不轻不重"和"三刀"等词语无不体现了构式A所表达的行为事件是行为主体(施事)有意的、可控的目的性行为，即充分体现了这些行为事件的主观意愿性的浮现意义。

在B式"一+M借+VP+在+L"中，动词VP所代表的动作与"在+L"存在时间先后的关系，动作事件先发生，"在+L"则指明了动作结束后到达的地方，因此动作事件成了构式事件实现的前提。当动词表示的核心事件作为构式事件的前提时，会与构式整合出新的构式义，即表示动作对象或结果经过某动作后存在于某地。因此以下例(194)B式中动词和构式的角色熔合情况可图示如下：

(194) 他一刀砍在胡媚脖子上。

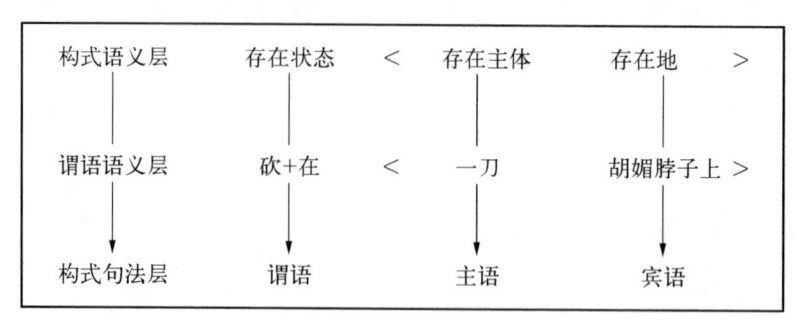

```
构式语义层      存在状态   <   存在主体   存在地   >
                  ↓              ↓          ↓
谓语语义层      砍+在    <   一刀      胡媚脖子上 >
                  ↓              ↓          ↓
构式句法层      谓语           主语       宾语
```

图6-8 B式中动词和构式的角色熔合

从图6-8不难看出,上述角色熔合中,动词侧重的施事角色"他"并未在构式中得到体现,Goldberg(1995)将构式中得不到表达的侧重角色现象称作为"角色剪切(cut)"。那么例(194)中出现的动作施事角色"他"又应当如何理解呢?陈昌来、雍茜(2015)认为这种构式外的施事角色可以理解为句子的主题。因为汉语的本质特点之一体现为主语和谓语之间的语义关系松散,汉语的主语有时可以理解为句子的主题。如果构式外的施事角色作为句子的主语,可以理解为句子的主题,那么构式中表述的状态事件则是用于说明这个主语——施事产生的结果。该构式中施事的角色剪切在句法上也可得到验证,因为它们并不能在构式层面得到表达,所以试图在以下例(195)、(196)构式中补出施事的变换式(195′)、(196′)是不合法的:

(195) 她<u>一棍子打在两个人的头上</u>,大家忍着痛,谁也不好承认。
(195′) *一棍子(被她)打在两个人的头上,大家忍着痛,谁也不好承认。
(196) 张<u>一拳打在罗凤仙左眼下部</u>,伤口达1.8厘米,血流不止。
(196′) *一拳(被张)打在罗凤仙左眼下部,伤口达1.8厘米,血流不止。

因为施事的"角色剪切",B式侧重于动作结果状态的呈现,而动作的结果状态往往不是施事所能控制的,因此自然浮现出动作事件的非意愿性意义,句法形式上表现为构式会常和意外类词语"不知、竟、不小心、却"等搭配使用,例如:

(197) 话音未落,不知是谁<u>一拳打在她的背上</u>,帽子被打飞了,手表也被挤掉了。
(198) 洪战勇给他打了一杯水,劝他休息,他不听,竟破口大骂,还<u>一脚踢在洪战勇的身上</u>。
(199) 上了山,他一个顶俩,干得又快又猛,不小心<u>一刀砍在手上</u>。
(200) 他本想射击一批松鸡的,却<u>一枪打在狗的身上</u>了。

四、小结

本节在充分描写 A、B 两个构式的构件及构式浮现义差异的基础上,试图从认知的视角对造成这种差异的原因进行探讨。我们通过 A、B 两个构式内部构件差异的比较,进一步验证了构件与构式义的互动作用。虽然这两个构式中的构件具有不同的特点,但是都以服务构式整体意义为基础,并体现了构件与构式的互动。如 A 式通常呈现的是一个反复义、强意愿性的动作事件,所以其中的构件"一+M"中的数词比较自由,VP 多为自主性强的打击义动词短语。B 式表达的是非反复义和非意愿性的动作事件,所以进入该构式的数词通常限于"一",其中的 VP 可为非自主动词。

"在+L+VP+一+M借"和"一+M借+VP+在+L"两个带借用动量词的动所镜像构式在[±反复]、[±意愿]、[±强攻击力度]、[±严重后果]等构式浮现意义上呈现出鲜明对立。造成它们浮现意义差异的原因比较复杂,既来自人们对动词扫描方式和构件注意凸显角度的认知差异,也与动词和构式的角色熔合密不可分。

首先,言者对动词的不同心智扫描方式会让两个构式浮现出不同的构式义。人们在识解 A 式时,主要运用的是次第扫描的方式,次第扫描的连续性特征要求动作呈现可反复性特征,而其延时性特征在一定程度上则削减了动作本身的打击力度,因此 A 式会呈现弱打击力度的浮现意义。人们在识解 B 式时主要运用的是总括扫描的方式。总括扫描的完形性特征使得动作只能作非反复性一次事件呈现,而其非延时性,即瞬时性特征增强了动作强打击力度的识解。

其次,人们对构件"在+L"的关注度不同也会影响构式结果义的表述。在关注 A、B 构式时人们通常会参照"舞台模型"来识解,由于"在+L"的句法位置不同,在舞台场景中受到的关注程度也不同,对动作结果差异的呈现也完全不同。A 式中的"在+L"处于注意脱漏状态,该构式中的"L"是作为道具的受事出现,其认知地位的背景化一定程度上弱化了受事的受影响程度,使 A 式浮现为非严重后果义。B 式中的处所短语"在+L"受到注意的窗口化,构式着重表示动作结束后的结果状态,处所兼受事"L"的凸显和前景化则强化了受事的受影响程度,这也是 B 式中受事浮现为严重后果义的原因。

最后,A、B 两式中动词和构式角色熔合情况并不相同,这也会导致它们出现浮现义的差异。A 式中的动作和构式的整合是通过子类关联建立联系,动作施事与构式行为主体熔合,体现了施事在行为事件中的主导地位,使得构式呈现出强主观意愿性的浮现意义。B 式中的动作施事角色在该构式中被"角色剪切",得不到表达,成为句子的主题,构式侧重动作结果状态的呈现,而动作的结果状态往往不是施事所能控制的,构式自然浮现出非意愿义。

总之,由于人们对 A、B 两构式构件心智扫描和认知凸显的差异,以及构件与论元熔合方式的不同,因而产生了不同的识解效果和浮现意义。

第四节 本章小结

构式语法作为一种新的语法理论,对于语言研究显然有其特定的贡献。陆俭明(2004)将构式语法理论的贡献归纳为以下五个方面:(1)有助于解释一些先前不好解释或先前想不到去解释的语法现象。(2)有助于进一步探索句子意思的组成和影响句子意思的因素。(3)有助于说明各种不同句式产生的原因与理据。(4)可以避免将句式的语法意义误归到句中某个虚词头上。(5)有助于扩大语法研究的视野,开拓"构式"研究的新领域。本章我们借鉴构式语法的相关理论对借用动量构式"一 + $M_{借}$ + VP""VP + N + $M_{借}$"以及两个带借用动量词的镜像构式所作的分析,确实体现了构式语法理论对汉语语法事实的解释力。如我们对动词前"一 + $M_{借}$"功能问题的探讨,对动词后借用动量短语"$M_{借}$"论元地位的重新思考,正是遵循构式语法"自上而下,由句式意义来判断进入句式的词汇特性"的研究思路展开的,突破了传统语法"自下而上"进行分解的研究方法,体现了构式语法的整体观和完形功能,帮助我们解释了先前一些不好解释的问题。而在构式凸显观、互动观的视角下,"在 + L + VP + 一 + $M_{借}$"与"一 + $M_{借}$ + VP + 在 + L"A、B 两个镜像构式的浮现义差异、"一 + $M_{借}$ + VP"两个同形构式的语义分化都能得到较为合理地阐释。同时,通过对几个典型借用动量构式构件特征以及动词与构式整合关系的分析,我们看到了构式意义与词汇意义之间的互动影响,体现了构式的压制观(coercion)。总之,每个借用动量构式都是一个"完形(gestalt)",只有在把握构式整体意义情况下,才能更好地概括构式义和合理解释其产生机制。

第七章 结 语

第一节 本书的主要创获

本书立足结构主义语言学的研究方法,以认知语言学和构式语法理论为指导,对现代汉语中的借用动量词及其相关构式作了一个较为全面的系统分析,主要研究创获如下:

第一,研究内容上,紧扣学术热点,针对当前汉语量词研究的薄弱点进行系统性探究。量词一直是汉语语法界关注的热点问题,以往研究比较注重专用名量词和动量词的研究,而对借用动量词的研究大都比较零散薄弱。本书通过对量词系统中的非典型成员——借用动量词的分析探讨,有利于深化人们对整个量词系统性质和功能的认识。注重对语言事实的描写分析是我国语法研究的优良传统,本书详细挖掘并描写了借用动量词的语言事实。我们分别对名词、动词借用为动量词的语义条件及非范畴化表现、句法语义特征、认知机制、构式表现等进行了较详细地考察和阐释,在描写语言事实的基础上力图挖掘名词、动词借用为动量词的语法、语义规律及认知动因。比如,对于借用动量词和专用动量词的句法语义差异,以往的研究往往不作区分,通过我们的对比分析,我们发现二者实质上在句法语义上存在一定程度的互补性,这也印证了借用动量词存在的实际价值。还比如我们对借用动量词认知生成机制的探讨,对于借用动量词构式的宏观考察及认知识解的阐释等也是以往研究没有注意到的。

第二,学术观点上,努力进行认知理论上的探讨和创新,提出新观点。首先,运用认知语法的动态词类观,对借用动量词的词类性质和功能进行再审视。我们认为借用动量词的产生是语言表达和创新的需要,其借用过程呈现出非范畴化的动态特征。借用量词和专用量词并不是非此即彼的对立关系,它们之间呈现出"名词/动词—借用量词—专用量词"的连续统。其次,通过对借用动量词形成的认知基础和生成机制的分析,我们发现认知凸显性和认知经济性原则是借用动量词得以形成的主要动因,而转喻机制和语素离析机制是它们生成的两种基本途径。再次,基于 Goldberg 的构式语法理论和 Langacker 等的认知语法理论,我们对借用动量构式的整体分布特征、论元实现和句式构建作了宏观层面的考察和认知阐释。

考察发现造成借用动量构式分布差异的原因既与借用动量词自身特征有关,也与构式本身有关。借用动量短语作为表量构式的标志性成分,本身并不能构成动词的基本论元,只能作为具体构式的论元得到允准。另外,受事论元在借用动量构式中常常被隐省,我们认为这与借用动量词的认知凸显特点相关,它们的语义自足性要求它占据句末的焦点位置,且不与其他论元共现。在借用动量构式的认知识解方面,我们认为人们对三类借用动量构式的认知识解采取了两种完全不同的心智扫描方式。动后构式的扫描方式侧重于次第扫描,而动前构式和独用构式采用的是总括扫描方式。从主观化识解角度来说,我们认为动后、动前和独用构式经历了由客观的描述转变为主观的"识解",主观性不断增强的过程。而在句式构建层面,可以看出借用动量构式中主语和宾语的选择从根本上来说是由认知主体对焦点和背景的主观选择来决定的。最后,我们从微观层面对借用动量词构式的几个典型个案进行了考察分析,验证了我们在宏观层面的论证和假设,体现了构式语法和认知理论对借用动量构式的解释力,作到了共性分析与个案分析相结合,深化了我们对借用动量词及其相关构式的认识。

第三,在研究方法上,注重收集新材料和采用新的分析手段。相比以往分类举例式地描写分析,本书自建大规模的语料库对借用动量词及相关构式作定量的语料分析和统计。同时,我们还比较注重语言事实对比,包括借用动量词与专用动量词的对比,汉语与亲属语言及其他语言事实的对比分析。并采用认知语言学和构式语法的研究范式,力求全面阐释借用动量词的使用特点和规律。在具体的行文过程中,我们还努力作到描写和解释相结合、定性与定量相结合、演绎和归纳相结合的原则和方法。

第二节 研究局限与待研问题

虽然本书对借用动量词及其相关构式进行了较为详细的考察,探讨了它们的借用条件、词类性质和功能、句法语义特征、认知机制以及构式表现与认知识解等问题,但由于本人理论水平及有关条件的限制,我们的研究也存在着一些局限和不足。

首先,语料的选择上可能没法作到绝对纯净。一方面,由于借用动量词与名词和名量词都存在一定交叉扭结关系,尽管我们尽量从形式标准上找到辨别依据,但仍难避免语料甄别的绝对纯净;另一方面,我们的语料来源比较多样,综合采用了语料库、网络、词典以及前人研究的成果作为语料,也可能造成语料的不够纯净。

其次,理论方法的运用有待进一步融会贯通。认知语言学和构式语法是本书

第七章　结　语

的主要指导理论,但我们在书中的不同章节运用了认知语言学的多种理论方法进行阐释,比较分散,对问题研究不够深入,系统性有待加强。同时,如何将认知语法和构式语法理论有机地结合起来,对借用动量词和相关构式的使用特点和规律作出更为合理的阐释,需要在今后的研究中进一步思考与突破。

此外,由于时间、作者眼界学识和主观能力等各方面的原因,有些问题未能展开分析。如对专用动量词和借用动量词的比较区别不够,对汉语借用动量词与亲属语言和跨语言的相关语言现象的对比也只是蜻蜓点水,未能深入探讨。另外,我们虽然对借用动量构式作了宏观考察和个案分析,但限于个人能力和时间限制,我们未能对不同借用动量构式之间的承继关系作进一步梳理。还有,本书只是立足借用动量词的本体研究,未能结合语言教学实际进行分析。以上这些课题有望在以后的研究中进一步地深入探讨。

参 考 文 献

阿黛尔·戈德伯格 2007 《构式：论元结构的构式语法研究》[M]，吴海波译，北京：北京大学出版社。

安丰存 2009 《从量词的语法化过程看语言结构的内部调整》[J]，《汉语学习》第4期。

陈望道 1976 《修辞学发凡》[M]，上海：上海教育出版社。

曹秀玲 2005 《"一(量)名"主语句的语义和语用分析》[J]，《汉语学报》第2期。

曹秀玲 2005 《现代汉语量限研究》[M]，延吉：延边大学出版社。

崔希亮 2001 《语言理解与认知》[M]，北京：北京语言文化大学出版社。

陈昌来 1998 《汉语语义结构中工具成分的性质》[J]，《世界汉语教学》第2期。

陈昌来 1998 《论现代汉语"工具"成分在话语中的隐现》[J]，《山西师大学报(社会科学版)》第2期。

陈昌来 2001 《工具主语和工具宾语异议[J]，《世界汉语教学》第1期。

陈昌来 2002 《现代汉语动词的句法语义属性研究》[M]，上海：学林出版社。

陈昌来 2003 《现代汉语语义平面问题研究》[M]，上海：学林出版社。

陈昌来 2007 《"给予"类三价动词构成的句式及其论元缺省的认知解释》[J]，《汉语学习》第3期。

陈昌来、雍 茜 2015 《构式语法的论元熔合观——以"在＋L＋VP着"构式为例》[J]，《汉语学报》第4期。

陈重瑜 1978 《动词体特征及方位词的相应位置》[J]，《中国语言学报》第1期。

陈 欢 2004 《器官量词的多视角研究》[D]，湖南师范大学硕士学位论文。

陈 平 1987 《释汉语中与名词性成分相关的四组概念》[J]，《中国语文》第2期。

陈 平 1988 《论现代汉语时间系统的三元结构》[J]，《中国语文》第6期。

陈 平 1994 《试论汉语中三种句子成分与语义成分的配位原则》[J]，《中国语文》第 3 期。

陈前瑞、王继红　2006　《动词前"一"的体貌地位及其语法化》[J],《世界汉语教学》第 3 期。

大河内康宪　1993　《量词的个体化功能》[A],《日本近、现代汉语研究论文选》[C],北京:北京语言学院出版社。

戴浩一　1975　《现代汉语处所状语的两种功能》[A],《语言研究译丛》[C],天津:南开大学出版社。

戴浩一　1988　《时间顺序和汉语的语序》[J],《国外语言学》第 1 期。

丁声树　1979　《现代汉语语法讲话》[M],北京:商务印书馆。

丁　勇　2002　《汉语动宾型离合词的语用分析》[J],《语言研究》特刊。

董秀芳　2002　《词汇化:汉语双音词的衍生和发展》[M],成都:四川民族出版社。

董秀芳　2013　《从现代汉语个体量词的名性特征看其内部差异》[J],《世界汉语教学》第 1 期。

范方莲　1964　《试论所谓"动词重叠"》[J],《中国语文》第 4 期。

范继淹　1982　《论介词短语"在＋处所"》[J],《语言研究》第 1 期。

范　利、聂春梅　2001　《从认知语言学看名词临时作量词的语义演变规律》[J],《湖南第一师范学报》第 1 期。

范　伟　2001　《现代汉语个体量词语法特点的认知解释》[J],《南京师范大学文学院学报》第 2 期。

范　晓、杜高印、陈光磊　1987　《汉语动词概述》[M],上海:上海教育出版社。

范　晓　1996　《三个平面的语法观》[M],北京:北京语言学院出版社。

方　梅　1993　《宾语与动量词语的次序问题》[J],《中国语文》第 1 期。

冯凌宇　2008　《汉语人体词汇研究》[M],北京:中国广播电视出版社。

高名凯　1986[1948]　《汉语语法论》[M],北京:商务印书馆。

高　航　2008　《动词化机制的认知语法考察》[J],《解放军外国语学院学报》第 5 期。

高　航　2018　《同源动量构式中单音节动词的名词化》[J],《汉语学习》第 4 期。

高　航　2022　《现代汉语工具动量词的指称功能考察:认知语法视角》[J],《外国语》第 5 期。

顾　阳　1999　《双宾语结构》[A],《共性与个性:汉语语言学中的争议》

[C],北京：北京语言文化大学出版社。

郭　锐　1993　《汉语动词的过程结构》[J],《中国语文》第 6 期。

郭　锐　2000　《表述功能的转化和"的"字的作用》[J],《当代语言学》第 6 期。

郭　锐　2002　《现代汉语词类研究》[M],北京：商务印书馆。

郭先珍　2002　《现代汉语量词用法词典》[M],北京：语文出版社。

过国娇、陈昌来　2016　《"一＋$M_借$＋VP"构式的语义分化、认知动因与语用功能分析》[J],《上海师范大学学报(哲学社会科学版)》第 2 期。

过国娇　2019　《汉语工具动量词的共时、历时及认知研究》[M],上海：学林出版社。

过国娇　2022　《两个带借用动量词的"在＋L"构式浮现义差异的认知阐释》[A],《汉语句式研究(第四辑)》[C],上海：学林出版社。

过国娇　2023　《事件给予类双及物构式"V＋N＋$MP_借$"解析》[J],《对外汉语研究》第 28 期。

韩　芸　2007　《"经济原则"发展概述》[J],《中国外语》第 6 期。

何　杰　2001　《现代汉语量词研究》[M],北京：民族出版社。

侯　敏　1992　《"在＋处所"的位置与动词的分类》[J],《求是学刊》第 6 期。

胡　附　1984[1957]　《数词和量词》[M],上海：上海教育出版社。

胡裕树　1995　《现代汉语(重订本)》[M],上海：上海教育出版社。

黄碧蓉　2010　《人体词语语义研究》[M],上海：复旦大学出版社。

黄伯荣、廖序东　1980　《现代汉语》[M],兰州：甘肃人民出版社。

姜望琪　2005　《Zipf 与省力原则》[J],《同济大学学报》第 1 期。

蒋宗霞　2006　《现代汉语动量词与动词的语义类别及其搭配关系》[J],《语文研究》第 4 期。

金福芬、陈国华　2002　《汉语量词的语法化》[J],《清华大学学报(哲学社会科学版)》第 S1 期。

黎锦熙　2000[1924]　《新著国语文法》[M],北京：商务印书馆。

李福印　2008　《认知语言学概论》[M],北京：北京大学出版社。

李金兰　2006　《现代汉语身体动词的认知研究》[D],华东师范大学博士论文。

李锦芳　2005　《汉藏语系量词研究》[M],北京：中央民族大学出版社。

李临定　1984　《动词的宾语和结构的宾语》[J],《语言教学与研究》第 3 期。

李临定　1984　《双宾句类型分析》[A],《语法研究和探索(第二辑)》[C],北京：北京大学出版社。

李临定　1990　《现代汉语动词》[M]，北京：中国社会科学出版社。

李人鉴　1964　《关于动词重叠》[J]，《中国语文》第4期。

李善熙　2003　《汉语主观量表达研究》[D]，中国社会科学院博士学位论文。

李　湘　2011　《从实现机制和及物类型看汉语的"借用动量词"》[J]，《中国语文》第4期。

李晓蓉　1995　《浅议动量短语的前置现象》[J]，《汉语学习》第2期。

李文浩　2010　《量词重叠与构式的互动》[J]，《世界汉语教学》第3期。

李文浩　2011　《基于凸显观的构式研究——以现代汉语若干"全量/强调"义构式为例》[D]，上海师范大学博士学位论文。

李艳华　2006　《现代汉语动量短语及相关问题研究》[D]，安徽师范大学硕士学位论文。

李艳惠、陆丙甫　2002　《数目短语》[J]，《中国语文》第4期。

李勇忠　2005　《语言结构的转喻认知理据》[J]，《外国语》第6期。

李宇明　1998　《"一量VP"的语法、语义特点》[J]，《语言教学与研究》第3期。

李宇明　2000　《动词重叠与动词带数量补语》[A]，《语法研究和探索（九）》[C]，北京：商务印书馆。

李宇明　2000　《量词与数词、名词的扭结》[J]，《语言教学与研究》第3期。

李宇明　2000　《汉语量范畴研究》[M]，武汉：华中师范大学出版社。

刘晨红　2008　《名词作临时物量词的认知机制》[J]，《西北第二民族学院学报(哲社版)》第4期。

刘大为　2001　《比喻、近喻与自喻——辞格的认知性研究》[M]，上海：上海教育出版社。

刘丹青　2001　《汉语给予类双及物结构的类型学考察》[J]，《中国语文》第5期。

刘丹青　2002　《所谓"量词"的类型学分析》[Z]，北京语言大学对外汉语教学研究中心演讲稿。

刘丹青　2003　《语序类型学与介词理论》[M]，北京：商务印书馆。

刘丹青　2008　《语法调查研究手册》[M]，上海：上海教育出版社。

刘　辉　2009　《现代汉语事件量词的语义和句法》[D]，上海师范大学博士学位论文。

刘街生　2003　《现代汉语的动量词语义特征分析》[J]，《语言研究》第2期。

刘街生、蔡闻哲　2004　《现代汉语动量词的借用》[J],《世界汉语教学》第3期。

刘劼生　2000　《表示事件的"数+N"结构》[J],《世界汉语教学》第1期。

刘润清、刘正光　2004　《名词非范畴化的特征》[J],《语言教学与研究》第3期。

刘世儒　1959　《汉语动量词的起源》[J],《中国语文》第6期。

刘世儒　1965　《魏晋南北朝量词研究》[M],北京：中华书局。

刘月华　1984　《动量词"下"与动词重叠比较》[J],《汉语学习》第1期。

刘子平　1996　《汉语量词词典》[M],呼和浩特：内蒙古教育出版社。

刘正光　2005　《语言非范畴化的工作机制》[J],《外语研究》第1期。

刘正光　2005　《非范畴化与功能多义性》[J],《中国外语》第3期。

刘正光　2006　《语言非范畴化》[M],上海：上海外语教育出版社。

刘正光、刘润清　2005　《语言非范畴化理论的意义》[J],《外语教学与研究》第1期。

林杏光等　1987　《简明汉语义类词典》[M],北京：商务印书馆。

陆丙甫　2000　《汉语的认知心理研究——结构　范畴　方法》[M],北京：商务印书馆。

陆俭明　1987　《数量词中间插入形容词情况考察》[J],《语言教学与研究》第4期。

陆俭明　1988　《现代汉语中数量词的作用》[A],《语法研究和探索（四）》[C],北京：北京大学出版社。

陆俭明　1993　《八十年代中国语法研究》[M],北京：商务印书馆。

陆俭明　2004　《"句式语法"理论与汉语研究》[J],《中国语文》第5期。

吕叔湘　1979　《汉语语法分析问题》[M],北京：商务印书馆。

吕叔湘　1982[1942]　《中国文法要略》[M],北京：商务印书馆。

马建忠　2000[1898]　《马氏文通》[M],北京：商务印书馆。

马庆株　1983　《现代汉语的双宾语构造》[A],《语言学论丛（第十辑）》[C],北京：商务印书馆。

马庆株　1990　《数词、量词的语义成分和数量结构的语法功能》[J],《中国语文》第3期。

马庆株　1998　《汉语语义语法范畴问题》[M],北京：北京语言文化大学出版社。

马晓燕　2007　《两种带借用动量词的"在+处所"句式考察》[D],吉林大学硕士学位论文。

孟繁杰、李如龙　2010　《量词"张"的产生及其历史演变》[J],《中国语文》第5期。

孟　琮、郑怀德等　2005　《汉语动词用法词典》[M],北京:商务印书馆。

聂春梅　2009　《论"一动量VP"的语用价值》[J],《语文学刊》第4期。

彭　赏、刘正光　2008　《非范畴化与现代汉语中的"名词状语"》[J],《外语教学》第6期。

齐沪扬　2007　《现代汉语》[M],北京:商务印书馆。

人民教育出版社中学汉语编辑室　1956　《暂拟汉语教学语法系统》[M],北京:人民教育出版社。

阮贵义　2007　《汉语借用动量词及相关问题研究》[D],北京语言大学硕士学位论文。

邵　丹　2009　《现代汉语"一＋借用动量词＋VP"句式研究》[D],华东师范大学硕士学位论文。

邵敬敏　1993　《量词的语义分析及其与名词的双向选择》[J],《中国语文》第3期。

邵敬敏　1996　《动量词的语义分析及其与动词的选择关系》[J],《中国语文》第2期。

邵敬敏　2001　《现代汉语通论》[M],上海:上海教育出版社。

邵　勤　2005　《汉语动量词认知研究》[D],华东师范大学硕士学位论文。

沈家煊　1995　《"有界"与"无界"》[J],《中国语文》第5期。

沈家煊　1999　《转指和转喻》[J],《当代语言学》第1期。

沈家煊　2001　《语言的"主观性"和"主观化"》[J],《外语教学与研究》第4期。

沈家煊　2002　《如何处置"处置式"——论把字句的主观性》[J],《中国语文》第5期。

沈家煊　2006　《概念整合与浮现意义——在复旦大学"望道论坛"报告述要》[J],《修辞学习》第5期。

石定栩　2006　《动词后数量短语的句法地位》[J],《汉语学报》第1期。

石毓智　2000　《语法的认知语义基础》[M],南昌:江西教育出版社。

石毓智　2001　《表物体形状的量词的认知基础》[J],《语言教学与研究》第1期。

宋玉华　2009　《表动量的"一＋N＋VP"格式的多视角研究》[D],华中师范大学硕士学位论文。

束定芳　2000　《隐喻学研究》[M]，上海：上海外语教育出版社。

谭景春　2000　《词的意义、结构的意义与词典释义》[J]，《中国语文》第 1 期。

谭景春　2001　《从临时量词看词类的转变与词性标注》[J]，《中国语文》第 4 期。

王冬梅　1997　《现代汉语量词研究综述》[J]，《扬州大学学报（人文社科版）》第 6 期。

王　还　1957　《说"在"》[J]，《中国语文》第 2 期。

王　还　1963　《动词重叠》[J]，《中国语文》第 1 期。

王　还　1980　《再说说"在"》[J]，《语言教学与研究》第 3 期。

王海峰　2011　《现代汉语离合词离析形式功能研究》[M]，北京：北京大学出版社。

王继同　1991　《"一＋动量词"的重叠式》[J]，《中国语文》第 2 期。

王　静　2001　《"个别性"与动词后量成分和名词的语序》[J]，《语言教学与研究》第 1 期。

王　珏　2001　《现代汉语名词研究》[M]，上海：华东师范大学出版社。

王　珏　2004　《汉语生命范畴初论》[M]，上海：华东师范大学出版社。

王　力　1980[1958]　《汉语史稿》[M]，北京：中华书局。

王　力　1985[1943]　《中国现代语法》[M]，北京：商务印书馆。

王素梅　1999　《论双音节离合词的结构、扩展及用法》[J]，《沈阳师范学院学报（社会科学版）》第 4 期。

王　伟、周国炎　2005　《布依语基础教程》[M]，北京：中央民族大学出版社。

王晓强　2003　《数量短语及其相关问题》[D]，山西大学硕士学位论文。

王艳滨　2016　《现代汉语借用动量词的转喻类型研究》[J]，《外语教学》第 3 期。

王　寅　2007　《认知语言学》[M]，上海：上海外语教育出版社。

王　寅　2011　《构式语法研究（上卷）：理论探索》[M]，上海：上海外语教育出版社。

王占华　2001　《工具动词及其相关的句法语义结构》[A]，《从语义信息到类型比较》[C]，北京：北京语言文化大学出版社。

王振来　2001　《"一 M＋VP"的语义特征及相关问题》[J]，《辽宁广播电视大学学报》第 1 期。

参 考 文 献

王正元　2009　《概念整合理论及其应用研究》[M],北京:高等教育出版社。

温格瑞尔·汉斯、尤格·施密特　2009　《认知语言学导论(第二版)》[M],彭利贞、许国萍、赵微译,上海:复旦大学出版社。

吴　迪　1994　《是补语,还是定语?——兼谈动量词的语法功能》[J],《逻辑与语言学习》第5期。

吴福祥　2007　《魏晋南北朝时期汉语名量词范畴的语法化程度》[A],《语法化与语法研究(三)》[C],北京:商务印书馆。

吴福祥、冯胜利、黄正德　2006　《汉语"数+量+名"格式的来源》[J],《中国语文》第5期。

吴继光　2003　《现代汉语的用事成分与工具范畴》[M],武汉:华中师范大学出版社。

吴为善、夏芳芳　2011　《"A不到哪里去"的构式解析、话语功能及其成因》[J],《中国语文》第4期。

吴为善　2011　《认知语言学与汉语研究》[M],上海:复旦大学出版社。

吴为善　2023　《构式语法与汉语构式》[M],上海:学林出版社。

邢福义　1993　《现代汉语数量词系统中的"半"和"双"》[J],《语言教学与研究》第4期。

邢福义　2000　《说V一V》[J],《中国语文》第5期。

熊仲儒　2003　《量词"口"的句法认知基础浅探》[J],《巢湖学院学报》第2期。

徐　丹、傅京起　2011　《量词及其类型学考察》[J],《语言科学》第6期。

徐　杰　2001　《普遍语法原则与汉语语法现象》[M],北京:北京大学出版社。

徐默凡　2004　《现代汉语工具范畴的认知研究》[M],上海:复旦大学出版社。

许先文　2014　《语言具身认知研究》[M],北京:人民出版社。

延俊荣、潘　文　2006　《论"给予"的非典型参与者之建构》[J],《汉语学习》第1期。

杨剑桥　2009　《汉语动量词不产生于先秦说》[J],《语文研究》第4期。

杨　娟　2004　《动量短语在句法结构中的位置和意义》[D],南京师范大学硕士学位论文。

杨　坤　2015　《认知构式语法的基本思想及最新发展》[J],《西南大学学报(社会科学版)》第1期。

杨素英、黄月圆、曹秀玲　2004　《现代汉语数量表达问题研究》[J],《语言文字应用》第 2 期。

姚双云、储泽祥　2003　《汉语动词后时量、动量、名量成分不同现情况考察》[J],《语言科学》第 5 期。

姚振武　2008　《〈汉语"数＋量＋名"格式的来源〉读后》[J],《中国语文》第 3 期。

叶桂郴、罗智丰　2007　《汉语动量词形成的原因》[J],《古汉语研究》第 3 期。

殷焕先、何　平　1991　《现代汉语常用量词词典》[M],济南：山东大学出版社。

殷志平　1996　《试论"一 V 一 V"格式》[J],《中国语文》第 2 期。

殷志平　1999　《动词前成分"一"的探讨》[J],《中国语文》第 2 期。

殷志平　2000　《动量词前置特点论略》[A],《语法研究和探索（九）》[C],北京：商务印书馆。

袁毓林　2004　《论元结构和句式结构互动的动因、机制和条件——表达精细化对动词配价和句式构造的影响》[J],《语言研究》第 4 期。

俞咏梅　1999　《论"在＋处所"的语义功能和语序制约原则》[J],《中国语文》第 1 期。

雍　茜　2012　《"在＋L"类构式与动词的语义整合》[D],上海师范大学硕士学位论文。

张伯江、方　梅　1996　《汉语功能语法》[M],南昌：江西教育出版社。

张伯江　1999　《现代汉语的双及物结构式》[J],《中国语文》第 3 期。

张伯江　2009　《从施受关系到句式语义》[M],北京：商务印书馆。

张　斌　1998　《汉语语法学》[M],上海：上海教育出版社。

张　斌　2002　《新编现代汉语》[M],上海：复旦大学出版社。

张　斌　2005　《现代汉语语法十讲》[M],上海：复旦大学出版社。

张　斌　2010　《现代汉语描写语法》[M],北京：商务印书馆。

张　斌、齐沪扬　2000　《现代汉语短语》[M],上海：华东师范大学出版社。

张　赪　2000　《现代汉语"V 一 V"式和"VV"式的来源》[J],《语言教学与研究》第 4 期。

张　赪　2012　《类型学视野的汉语名量词演变史》[M],北京：北京大学出版社。

张国宪　2009　《"在＋处所"构式的动词标量取值及其意义浮现》[J],《中国语文》第 4 期。

张　辉、孙明智　2005　《概念转喻的本质、分类和认知运作机制》[J]，《外语与外语教学》第 3 期。

张　辉、卢卫中　2010　《认知转喻》[M]，上海：上海外语教育出版社。

张洪明　2005　《汉语"被"的语法化》[A]，《汉语语法化研究》[C]，北京：商务印书馆。

张　静　1979　《论汉语动词的重迭形式》[J]，《郑州大学学报（哲学社会科学版）》第 3 期。

张　黎　2003　《"有意"和"无意"——汉语镜像表达中的"意合"范畴》[J]，《世界汉语教学》第 1 期。

张　黎　2007　《汉语句法的主观结构和主观量度》[J]，《汉语学习》第 2 期。

张美兰　1996　《论〈五灯会元〉中同形动量词》[J]，《南京师大学报（社会科学版）》第 1 期。

张美兰　2001　《近代汉语语言研究》[M]，天津：天津教育出版社。

张　敏　1998　《认知语言学与汉语名词短语》[M]，北京：中国社会科学出版社。

张旺熹　2006　《汉语句法的认知结构研究》[M]，北京：北京大学出版社。

张谊生　2000　《现代汉语副词研究》[M]，上海：学林出版社。

张谊生　2003　《从量词到助词——量词"个"语法化过程的个案分析》[J]，《当代语言学》第 3 期。

张　媛　2012　《现代汉语动量词层现的认知研究》[D]，山东大学博士学位论文。

张　媛　2012　《现代汉语动量词层现的认知模式假说—心智哲学与认知语言学的交叉研究》[J]，《当代外语研究》第 8 期。

张　媛、刘振前　2015　《现代汉语"动词＋借用动量词"构式的认知研究》[J]，《山东外语教学》第 3 期。

张　媛　2016　《现代汉语动量构式的认知研究》[J]，《外语教学》第 3 期。

张志公　1982　《现代汉语》[M]，北京：人民教育出版社。

赵艳芳　2001　《认知语言学概论》[M]，上海：上海外语教育出版社。

赵元任　1979　《汉语口语语法》[M]，吕叔湘译，北京：商务印书馆。

周长银　2000　《现代汉语"给"字句的生成句法研究》[J]，《当代语言学》第 3 期。

周　娟　2011　《器官名词借用为动量词的语义条件》[J]，《韩山师范学院学报》第 2 期。

周　娟　2012　《现代汉语动词与动量词组合研究》[M],广州：暨南大学出版社。

周　娟、张玉洁　2013　《状中型"一＋量＋VP"构式分析》[A],《南方语言学(第五辑)》[C],广州：暨南大学出版社。

周　芍　2006　《名词量词组合的双向选择研究及其认知解释》[D],暨南大学博士学位论文。

周绍珩　1980　《马丁内的语言功能观和语言经济原则》[J],《当代语言学》第4期。

周小兵　1997　《动宾组合带时量词语的句式》[J],《语言教学与研究》第4期。

周一民　1998　《北京口语语法(词法卷)》[M],北京：语文出版社。

中科院语言研究所词典编辑室　2016　《现代汉语词典(第7版)》[M],北京：商务印书馆。

钟小勇　2020　《汉语及物性研究的几个问题》[J],《汉语学习》第4期。

朱德熙　1979　《与动词"给"相关的句法问题》[J],《方言》第2期。

朱德熙　1981　《"在黑板上写字"及相关结构》[J],《语言教学与研究》第1期。

朱德熙　1997　《朱德熙文集》[M],北京：商务印书馆。

朱德熙　2000[1982]　《语法讲义》[M],北京：商务印书馆。

宗守云　2008　《汉语量词研究方法论的嬗变》[J],《扬州大学学报(人文社会科学版)》第1期。

宗守云　2010　《集合量词的认知研究》[M],北京：世界图书出版公司。

宗守云　2012　《汉语量词的认知研究》[M],北京：世界图书出版公司。

Allan K.　1977　*Classifiers*[J]. *Language* 53(2).

Aikhenvald Alexandra Y.　2000　*Classifiers: A Typology of Noun Categorization Devices*[M], New York：Oxford University Press.

Aikhenvald Alexandra Y.　2006　*Classifiers and Noun Classes: Semantics*[A]. Brown Keith (ed.)：*The Encyclopedia of Language and Linguistics. 2nd Edition*[C]. Oxford：Elsevier.

Barcelona A.　2000　*Introduction: The Cognitive Theory of Metaphor and Metonymy*[A]. Barcelona(ed.)：*Metaphor and Metonymy at the Crossroads*[C]. Berlin、New York：Mouton de Gruyter.

Barcelona A.　2002　*Clarifying and Applying the Notions of Metaphor* and Metonymy within Cognitive Linguistics: An Update[A]. Dirven R.,Porings R. (eds.): Metaphor and Metonymy in Comparison and Contrast[C]. Berlin、New York: Mouton de Gruyter.

Bisang W.　1999　Classifier in East and Southeast Asian Languages Counting and Beyond[A]. Gvozdanovic Jadranka (ed.): Numeral Types and Changes Worldwide[C]. New York: Mouton de Gruyter.

Bisang W.　2018　Nominal and Verbal Classification—a Comparative Perspective[A].

William B. Mc Gregor、Søren Wichmann (eds.): The Diachrony of Classification Systems[C]. Amsterdam: Benjamins.

Blank A.　1999　Co-presence and succession: A cognitive typology of metonymy[A]. Panther K-U.、Radden G. (eds.): Metonymy in Language and Thought[C]. Amsterdam: John Benjamins.

Croft W.　1993　The Role of Domains in the Interpretation of Metaphors and Metonymies[J]. Cognitive Linguistics 4(4).

Croft W.　1994　Semantic Universals in Classifier Systems[J]. Word 45(2).

Croft W.　2001　Radical Construction Grammar: Syntactic Theory in Typological Perspective[M]. New York: Oxford University Press.

Fauconnier G.　1994　Mental Spaces: Aspects of Meaning Construction in Natural Language[M]. Cambridge: Cambridge University Press.

Fauconnier G.　1997　Mapping in Thought and Language[M]. Cambridge: Cambridge University Press.

Fauconnier G.、Turner M.　2002　The Way We Think: Conceptual Blending and The Man's Hidden Complexities[M]. New York: Basic Books.

Fillmore C.　1968　The case for case[A]. Bach E.、Harms R. (Eds.): Universals in linguistic theory[C]. New York: Holt, Rinehart and Winston.

Fillmore C.、Kay P.　1988　Regularity and Idiomaticity in Grammatical Constructions: the Case of LET ALONE[J]. Language 64(3).

Gerner M.　2006　Noun Classifiers in Kam and Chinese Kam-Tai Languages[J]. Journal of Chinese Linguistics 34(2).

Gerner M.　2009　Instruments as Verb Classifiers in Kam (Dong)[J]. Linguistics 47(3).

Gerner M.　2014　Verb Classifiers in East Asia[J]. Functions of Language

21(3).

Givón T. 1979 *On Understanding Grammar*[M]. New York: Academic Press.

Goldberg A. E. 1995 *Constructions: A Construction Grammar Approach to Argument Structure*[M]. Chicago: The university of Chicago press.

Goldberg A. E. 2006 *Constructions at work: The Nature of Generalization in Language*[M]. New York: Oxford University Press.

Goldberg A. E.、Jackendoff R. 2004 *The English Resultative as a Family of Construction*[J]. *Language* 80(3).

Grice H. P. 1978 *Further Nnotes on Logic and Conversation*[A]. Cole P. (ed.): *Syntax and Semantics: Pragmatics*[C]. New York: Academic Press.

Halliday M. A. K. 1970 *Language Structure and Language Function*[M]. John Lyons(ed.): *New Horizons in Linguistics*[C]. Harmondsworth: Penguin Books.

Hopper P.、Thompson S. 1980 *Transitivity in grammar and discourse*[J]. *Language* 56(2).

Hopper P.、Thompson S. 1984 *The Discourse Basis for Lexical Categories in Universal Grammar*[J]. *Language* 60(4).

Hopper P.、Traugott E. C. 1993 *Grammaticalization*[M]. Cambridge: Cambridge University Press.

Johnson M. 1987 *The Body in the Mind: The Bodily Basis of Meaning, Imagination and Reason*[M]. Chicago: Chicago University Press.

Kövecses Z.、Radden G. 1998 *Metonymy: Developing a Cognitive Linguistic View*[J]. *Cognitive Linguistics* 9(1).

Lakoff G.、Johnson M. 1980 *Metaphors We Live By*[M]. Chicago: University of Chicago Press.

Lakoff G. 1987 *Women, Fire, and Dangerous Things: What Categories Reveal about the Mind*[M]. Chicago: University of Chicago Press.

Lakoff G. 1993 *The Contemporary Theory of Metaphor*[A]. Andrew Ortony(ed.): *Metaphor and Thought*[C]. Cambridge: Cambridge University Press.

Langacker R. W. 1987 *Foundations of Cognitive Grammar. Vol. 1: Theoretical Prerequisites*[M]. Stanford: Stanford University Press.

参 考 文 献

Langacker R. W. 1990 *Settings, Participants, and Grammatical Relations*[A]. Tsohatzidis S. L. (ed.): *Meanings and Prototype: Studies in Linguistic Categorization*[C]. Oxford: Routledge.

Langacker R. W. 1991 *Foundations of Cognitive Grammar. Vol. 2: Descriptive Application*[M]. Stanford: Stanford University Press.

Langacker R. W. 1993 *Reference-point constructions* [J]. *Cognitive Linguistics* 4(1).

Langacker R. W. 2000 *Grammar and Conceptualization*[M]. Berlin、New York: Mouton de Gruyter.

Langacker R. W. 2009 *Metonymic Grammar* [A], Panther K-U.、Thomburg L.、Barcelona A. (eds.): *Metonymy and Metaphor in Grammar*[C]. Amsterdam: John Benjamins B. V.

Leech G. N. 1983 *Principles of Pragmatics* [M]. London: Longman Group Ltd.

Li Xuping、Walter Bisang 2012 *Classifiers in Sinitic Languages: From Individuation to Definiteness Marking*[J]. *Lingua* 122(4).

Lyons J. 1977 *Semantics. Vol. 2*[M]. Cambridge: Cambridge University Press.

Martinet A. 1962 *A Functional View of Language*[M]. Oxford: Oxford University Press.

Niina Zhang(张宁) 2013 *Classifier Structures in Mandarin Chinese*[M]. Berlin、New York: Mouton de Gruyter.

Niina Zhang(张宁) 2017 *The Syntax of Event-internal and Event-external Verbal Classifiers*[J]. *Studia Linguistica* (71)3.

Panther K-U.、Radden G. (eds.) 1999 *Metonymy in Language and Thought*[C]. Amsterdam: John Benjamins.

Panther K-U.、Thornburg L. 1999 *The potentiality for actuality metonymy in English and Hungarian*[A]. Panther K-U.、Radden G. (eds.): *Metonymy in Language and Thought*[C]. Amsterdam: John Benjamins.

Panther K-U.、Thornburg L. (eds.) 2003 *Metonymy and Pragmatic Inferencing*[C]. Amsterdam: John Benjamins.

Paris M. C. 2013 *Verbal Reduplication and Verbal Classifiers in Chinese* [A]. Cao G. et al. (eds.): *Breaking Down the Barriers: Interdisciplinary*

Studies in Chinese Linguistics and Beyond[C]. Taipei: Academia Sinica.

Perber D., Wilson D. 1986 *Relevance: Communication and Cognition* [M]. Oxford: Blackwell.

Radden G., Kovecses Z. 1999 *Towards a Theory of Metonymy* [A]. Panther K., Radden G. (eds.): *Metonymy in Language and Thought* [C]. Amsterdam、Philadelphia: John Benjamins Publishing Company.

Rosch E. H. 1978 *Principles of Categorization*[A], Rosch E. H.、Lloyd B. B. (eds.): *Cognition and Categorization* [C]. Hillsdale, NJ: Lawrence Erlbaum Associates.

Ruiz de Mendoza F. J. 1997 *Cognitive and Pragmatic Aspects of Metonymy*[J]. *Cuadernosde FilologiaInglesa* (612)2.

Ruiz de Mendoza F. J. 2000 *The role of Mappings and Domains in Understanding Metonymy*[A]. Barcelona A. (ed.): *Metaphor and Metonymy at the Crossroads: A Cognitive Perspective* [C]. Berlin、New York: Mouton de Gruyter.

Ruiz de Mendoza F. J.、Hernandez L. P. 2001 *Metonymy and the Grammar: Motivation, Constraints, and Interaction* [J]. *Language and Communication* 21(4).

Ruiz de Mendoza F. J.、Campo J. L. Otal. 2002 *Metonymy, Grammar and Communication*[M]. Granada: Editorial Comares.

Seto K. 1999 *Distinguishing Metonymy from Synecdoche*[A]. Panther K-U.、Radden G. (eds.): *Metonymy in Language and Thought*[C]. Amsterdam: John Benjamins.

Smith C. 1991 *The Parameter of Aspect*[M]. Dordrecht: Kluwer.

Sperber D.、Wilson D. 1986 *Relevance: Communication and Cognition* [M]. Oxford: Blackwell.

Tai James H-Y (戴浩一)、Lianqing Wang. 1990 *A Semantic Study of the Classifier Tiao*[J]. *Journal of the Chinese Language Teachers Association* 25(1).

Tai James H-Y (戴浩一)、Fang-yi Chao. 1994 *A Semantic Study of the Classifier Zhang*[J]. *Journal of the Chinese Language Teachers Association* 29(3).

Talmy L. 1983 *How Language Structures Space*[A]. Pickand Acredolo (ed.): *Spatial Orintation: Theory, Resarch and Application* [C]. Plenum Press: New York.

Talmy L.　1988　*Force Dynamics in Language and Cognition*[J]. *Cognitive Science* 12(1).

Talmy L.　2000　*Toward a Cognitive Semantics*[M]. Cambridge: MIT Press, Bradford.

Taylor J.　1995　*Linguistic Categorization: Prototypes in Linguistic Theory, 2nd edition*[M]. Oxford: Oxford University Press.

Taylor J.　2002　*Cognitive Grammar*[M]. Oxford: Oxford University Press.

Traugott E. C., Heine B. (eds.)　1991　*Approaches to Grammaticalization, 2 Vols*[A]. Amsterdam: Benjamins.

Ungerer F., Schmid H. J.　1996　*An Introduction to Cognitive Linguistics*[M]. London, New York: Longman.

Werner H., Kaplan B.　1963　*Symbol-formation: An Organismic-developmental Approach to Language and the Expression of Thought*[M]. New York: Wiley.

后　　记

　　笔者一直以来比较关注量词的相关问题。攻读硕士期间,选择了专书量词的研究作为自己的毕业论文选题。硕士毕业以后,我对汉语量词的兴趣没有减弱,一直关注着学术界的研究。2012年,非常有幸再次跨入上海师范大学这片语言学沃土,师从陈昌来教授门下继续深造。期间读到先生有关汉语工具语义范畴的相关论文,深受启发,于是结合自己的兴趣,把名词借用为动量词——主要是工具动量词作为自己博士论文的研究选题。在先生的鼓励和悉心指导下,我的博士论文得以顺利完成。之后还完成了教育部人文社科青年基金课题一项,并出版了专著《汉语工具动量词的共时、历时及认知研究》。近年来,随着认知语言学和构式语法的发展,觉得可以从新的视角对借用动量词作一个更为全面系统的观察,于是便又申请了教育部人文社科青年基金项目并幸运地获得立项。这本书便是这个课题的终期成果。本书的部分章节曾以论文的形式在期刊或论文集上发表过,为了保持全书的体例一致,已作了一些修改调整。因眼界学识和研究能力所限,本书的错谬之处一定不少,敬请专家、读者批评指正。

　　在这本小书即将出版之际,我深深地感到,这薄薄的文字里凝结着许多关心、爱护和帮助我的人们的心血。我的导师陈昌来教授多年来对我学业、工作和生活的关心和照顾,我的丈夫和家人对我的理解和支持,上海师范大学对外汉语学院诸多师长和同事也给予了我不少启发和帮助,都是我所不能忘记的。

　　本书得以顺利出版,还要感谢学林出版社和吴耀根先生一直以来的支持。感谢本书的责任编辑陈天慧女士,她认真负责,耐心细致,乐于助人,为本书的出版付出了辛勤的劳动。在本书的写作过程中,借鉴了国内外诸多专家学者的观点,在此也向他们表示诚挚的谢意。

　　路正长,唯有感恩前行!

过国娇
2024 年 5 月 27 日

图书在版编目(CIP)数据

汉语借用动量词及相关构式的认知研究 / 过国娇著
. —上海:学林出版社,2024
ISBN 978 - 7 - 5486 - 2007 - 5

Ⅰ.①汉… Ⅱ.①过… Ⅲ.①汉语—词类—研究
Ⅳ.①H146.2

中国国家版本馆 CIP 数据核字(2024)第 094968 号

责任编辑　陈天慧
封面设计　严克勤

汉语借用动量词及相关构式的认知研究
过国娇　著

出　　版	学林出版社
	(201101　上海市闵行区号景路 159 弄 C 座)
发　　行	上海人民出版社发行中心
	(201101　上海市闵行区号景路 159 弄 C 座)
印　　刷	上海商务联西印刷有限公司
开　　本	720×1000　1/16
印　　张	12.25
字　　数	23 万
版　　次	2024 年 6 月第 1 版
印　　次	2024 年 6 月第 1 次印刷

ISBN 978 - 7 - 5486 - 2007 - 5/H・161
定　　价　68.00 元